北田暁大 実況中継・社会学

等価機能主義から学ぶ社会分析

有斐閣

Chapter**6**　中間考察・等価機能主義の方法規準
　　　　――なんの比較か？
141

Chapter**7**　等価機能主義の／からの問題①
　　　　――社会理論の飽和と社会問題の社会学
169

著　者（講義担当者）

北田 暁大（きただ あきひろ）

東京大学大学院情報学環教授

1971 年生まれ。東京大学大学院人文社会系研究科博士課程退学後，同大助手，
　筑波大学社会学系講師，東京大学社会情報研究所助教授，同大学大学院情報学
　環准教授等を経て現職。

博士（社会情報学）。

専門は理論社会学，メディア史。

　主著に，

『広告の誕生』（岩波書店，2000 年。のちに岩波現代文庫，2008 年）

『広告都市・東京──その誕生と死』（廣済堂出版，2002 年。のちに増補版，ち
　くま学芸文庫，2011 年）

『責任と正義──リベラリズムの居場所』（勁草書房，2003 年）

『嗤う日本の「ナショナリズム」』（NHK ブックス，2005 年）など。

　近著に，

『社会にとって趣味とは何か──文化社会学の方法規準』（解体研との共編著，河
　出ブックス，2017 年）

『そろそろ左派は〈経済〉を語ろう──レフト 3.0 の政治経済学』（ブレイディみ
　かこ・松尾匡との共著，亜紀書房，2018 年）

『終わらない「失われた 20 年」──嗤う日本の「ナショナリズム」・その後』（筑
　摩選書，2018 年）

『社会制作の方法──社会は社会を創る，でもいかにして？』（けいそうブックス，
　2018 年）

『社会学はどこから来てどこへ行くのか』（岸政彦・筒井淳也・稲葉振一郎との共
　著，有斐閣，2018 年）など。

Chapter **1**

社会学はなんでもありなのか？

1 おもしろ社会学と 職業社会学のあいだ

「社会学者」とは だれか？

「社会学」という言葉はよくメディアに登場してくるので知っている人も多いでしょう。テレビのコメンテータなどをみても「社会学者」を名乗っている人たちがけっこうな数いて，社会や世界で起こった出来事や事件を解説してくれています。なかには本当は哲学とか批評が専門なのに，なぜか社会学者と呼ばれてしまう人たちもいて，たとえば批評家の東浩紀さんなどはだいぶ困っていたようです。

しかし，活字・放送メディアでばっさりと世の中で起こっていることの「原因」や「問題点」を鮮やかに示す，といった言論活動をしている人を「社会学者」と呼ぶのは，いつのまにかすっかり定着してしまい，東さんや，「社会的」活動をしている言論人のかたたちには申し訳ないのですが，実際，そういう了解がなんとなくできあがってしまっているのは事実であり，言論の内容や精度をみても，意見の差はあっても，それほど大きな方法論的な違いはないようにも思えます。

昔，批評家とか文化人と呼ばれていた職業カテゴリーが，ざっくりと「社会学者」にまとめあげられているわけで，社会学なんていう学問がテレビに登場することなどめったになかった時代の記憶を持つ身としては，とても不思議な感じです。1971 年生まれの私ですらそうなのですから，もっと上の世代の人たちにとっては信じがたい風景でしょう。

実際，論壇・批評・思想の有名どころをほんの半世紀ほどさかのぼってみると，だいたいは小林秀雄や柄谷行人，江藤淳といった文芸批評家か，鶴見俊輔などの哲学者，あとは細川隆元のような政談批評か，国際ジャーナリストとか……評論家，エコノミストといった肩書を持つ「政治」「経済」「文化」批評家たちです。日本の論壇というのはともかくも文芸批評が圧倒的に強く，また社会科学系ではマルクス主義の力が大きかったので，社会学者が出る幕はあまりありませんでした。

戦後多くの大学で（当時の覇権国アメリカではとにかく社会学ブームでしたし）

2

社会学科が日本全国につくられましたが，その多くでは，西洋の社会学理論の研究や地域調査，フィールドワークなどが地味に行われていました。論壇史に名前が残っているのは，せいぜい清水幾太郎ぐらいで，かれもまた社会学者とは言い切れない「思想家」でした。「社会学者」がメディア有名人となるようになったのは，1980年代以降だと，フェミニストの上野千鶴子さんや『まなざしの地獄』『気流の鳴る音』など独自の社会学を展開した見田宗介さんぐらいからなのではないでしょうか。

　私が思想書などを読みはじめたのは高校生ぐらいからですが，その頃は佐伯啓志さんや西部邁さんのような，王道の現代経済学から外れつつ，とはいえマルクス主義には与しない「経済倫理」の本がわりと書店に並び，東京大学の相関社会科学からは，国際政治学の舛添要一さん，西部さんという変わり種が，テレビを舞台としはじめていました。しかし，かれらはもちろん社会学者ではありませんし（西部さんの『ソシオ・エコノミクス』は社会学の影響が色濃く落ちているのですが），見田さんや上野さんはテレビにはほとんど出ませんでした。後続世代にあたる大澤真幸さんや宮台真司さんもそうですね。

　それがいまやテレビで「時事批評」する人たちだれもかれもが自称・他称にかかわらず社会学者と呼ばれ，経済から国際政治，文化，芸能情報まで語っています。このあいだテレビをつけたら××社会学者を名乗っている人がいたので，「そういう分野もあるのか」と思いググってみたところ，経歴的にも議論の構成に関しても社会学とはまったく縁のないかたであることがわかり，びっくりしたことがありました。

　別に社会学者を名乗るのは自由だと思うのです。むしろ，「社会学者」といえば，「あー，だいたいこういう人ね」という了解が視聴者のほうに成り立っていなければ，こういう肩書きの自己呈示はありえないわけで，それほどまでに社会学という言葉がポピュラーになっていることに驚きを覚えたわけです。テレビに出るタイプの社会学者をものすごく嫌がる職業社会学者というのはけっこう多いのですが，私はどうでもいいです。むしろ，社会学という言葉で人びとがどのような学問を想定しているかを示してくれるいい社会学的資料だと思うのです。皮肉ではありません。

コメンテータ社会学

とはいえ，テレビに出てくるような「コメンテータ社会学」が，おおよそ学問的な社会学と異なっていて，また専門社会学の領域での知見そのものと齟齬をきたすものも少なくないのは事実で，「おいおい，そんなこと言ってしまっていいの？」と首をかしげることはたしかにあります。

　一番よくみられるのは，「消費社会的な記号，SNS 的な自己目的的な記号交換の戯れのなかで，若者たちがコミュニケーションの現実感を支える『身体性』を喪失しつつあり，○○という問題が起こっている」といったような図式です。

　どこかで見聞きしたことがあるでしょう。もしみなさんが受験生で小論文に苦しんでいるようでしたら，この図式でだいたい乗り切れますし，大人受けもよいです。SNS で対面的コミュニケーションが少なくなるのと同時に，逆に常時接続されているようなものなので，友人関係そのものが負担となったりする。これはちゃんとした調査でも確かめられていますから，ググったり CiNii などで関連論文をいくつか読んで，それらを適切に引用しつつ（コピペはいけません），「したがって，対面的・身体的な関係性を取り戻し，他者を自らと異なる，しかしかけがえのない他者として受け止められるようにしなければならない」「他者の痛みは自らの痛みである」などとそれらしいつなぎを入れて，「そのためには組体操も仕方がない」とでも結論づければ，あの犯罪的なまでに危険な組体操も正当化できてしまえるかもしれず，小論文ではいい点数すらもらえるかもしれません（小論文は結論で提示される価値は採点対象になりませんから）。

　逆に，そうした精神論が嫌いなら，「SNS で対面的交遊は減っているが，それは人びとの関係性を多元化・複数化している。政治・社会といった大きな『物語』ではなく，『ちいさな他者との連帯』のなかにこそ，現代的な政治の可能性がある」とか「SNS でコミュニケーション志向になってるのが，なぜ悪いの？ いつでも切れるし，コスパのいい幸福度増幅器じゃないですか」とか言ったりしてみてもいい。とにかく，一片の事実と，それらしい「つなぎ」と「べき論（べきとかどうでもいい論も等価ですね）」を混ぜ合わせれば，小論文，というか，大学のレポートぐ

らいは「いっちょあがり」といえなくもありません（大学の先生のなかにはこういうレポートを死ぬほど嫌う人もいて，講義中にダメ出ししている人も多いので，講義はちゃんと出ましょう。それが受験小論文との違いです）。

　さて，みなさんが実際に首尾よくこうしたレポートを書けるかどうかは別として，なんとなくテレビのコメンテータ社会学者って，こういうことを言っている気がしませんか。かりそめにも経済学者であれば実質所得，名目所得，金融緩和，流動性選好などの「専門用語」が使われるというのに，コメンテータ社会学にはどうもそういう共通専門用語がないようです。その代わりに「融解する……」「リキッド化する……」「プラスチック化する……」といった「固い絆が弱まる」という古典的な図式に新しい意匠を与えたコピーが差し出されます。そういうのが，どうも世の中の平均的な「社会学」イメージとなっているようです。[1]

　「そんなのは社会学じゃない！」と怒っている社会学者も多くいます。[2]ツイッターなどで若手の論客にダメ出ししている私の同世代も少なくないです。とくに若手論客や世間のイメージとかはどうでもいいや，と思ってしまう私からすると，「えらいなぁ」と思うのですが，かれらには怒らねばならない相応の理由があるのです。

　それがなにかというと，大学生や大学院生への社会学指導，卒論指導です。

社会学教育の困難

　私は国立大学の大学院部局に属しているので，ゼミなどでコメンテータ社会学的な発表があっても，周りの院生が次第に学問的社会学のほうに導いてくれるのですが（他力本願），学部生だとなかなかそうはいきません。大人数講義などではさらに指導で骨が折れることでしょう。そうした場で社会学指導にあたっている教員にとって，コメン

1　逆にきわめて高度に専門的で，専門的社会学者に共有されているわけではない専門概念（オートポイエーシスなど）をとくだんの説明もなく使用しているケースもみられます。こちらは概念の使用としての適正さを確認できないという意味で，わかりやすい「コメンテータ社会学」よりも学問的には罪深いといえるかもしれません。たとえば，思想系読者に人気のある宮台真司さんの著作は，私にとってきわめて難解であり，なぜそれほど一般の読者が「わかった」という気持ちになれるのか，よくわからないでいます。社会学の専門概念がちりばめられているのですが，その原義にそくすると解釈がきわめて困難になってしまうのです。典型的には（中期？以降の）宮台さんのルーマンのシステム理論の「援用」でしょうか。
2　怒っているわけではありませんが，「専門的社会学」と「売れる社会学」の分岐とその意味については佐藤俊樹さんの論考「サブカルチャー／社会学の非対称性と批評のゆくえ」（『思想地図 vol.5』NHK出版，2010年）を参照してください。

テータ社会学は困りものなのです。

　最近はすっかり本が売れなくなって，昔からのことですが，学生も本を読みません。読んでくれても廉価な新書であったりして，しかもその新書で売れ行きのいいのはたいていコメンテータ社会学であり，出版社も自然とそういう書き手に仕事を依頼するようです。実際そういう本は相対的に売れるので，ネットで感想を書かれることも多く，検索すると上位にそうした本への言及がきます。教員としては「先行研究が大事だ」と口酸っぱくいうわけですが，それなりの社会的地位のある人がコメンテータ社会学的な本を書いていると学生はそれに倣(なら)ってレポートのテーマを考えたり執筆したりする。それをダメとはさすがに言いにくいので，「それもいいけれども，こういう本もあるよ」といった具合に，あの手この手でなんとか学問的社会学のエッセンスに近いものへと誘導していかなくてはならない。これを毎年何十人もの学生に対して個別に指示していくというのはなかなか骨が折れることです。

　教員としては「それ社会学じゃない……」と言いたいところですが，学生からすればいわれたとおり先行研究を漁って用意してきているわけで，「だったら社会学というのはどういう理論と方法をもっていて，どうやったら社会学といいうる論文になるのかを教えろ」と言いたくもなるでしょう。一理も二理もある話です。

　実際，コメンテータ社会学と学問的社会学の境界線は，それほどきれいに引かれうるようなものではありません。そもそも社会学は（文学研究や政治学，経済学と違って）「対象しばり」がないわけですから，せめて方法や理論がしばってくれないと学生としても困ってしまう。大学院入試対策の基本書といわれるアンソニー・ギデンズの『社会学』（而立書房，2009 年）という，殺傷能力の高い「鈍器」系の教科書がありますが，この本のなかには，労働，文化，ジェンダー・セクシュアリティ，教育，グローバリゼーション，家族，犯罪・逸脱，メディア……と冠社会学がおどり，かつそれらを貫徹する理論や方法があるようには読めません。「理論社会学」という言葉がタイトルにある本を，新書にある『……の社会学』という本と読み比べても，いったいどういう意味で「同じ学問」といえるのか，わからなくても当然です。

　実際，職業的社会学者が共有していなければならない基礎理論なるも

の，ミクロ経済学の入門書に出てくるような基礎的な学的資源は存在しません。「しません」と断言してしまったものの，「ありそうな気はする」のですが，積極的に明示化せよ，といわれると専門社会学者も困ってしまうというのが実情です。

　もちろん押さえておくべき手法はいくつかあります。

　たとえば基礎的な社会統計の知識とかですね。しかしそれはあくまで社会学にとってはひとつの手法，道具であり，また統計学自体に社会学が貢献できることはそれほどありません。[3]質的調査だと，「スノーボールサンプリング」というとなんだか格好いいですが，要するに「友だちの知り合いを紹介してもらう」というだけの場合も多いですし，「ラポール」も立派な響きですが，調査協力者との信頼関係のことを意味するものであり，実際にラポールを築くのは難しい作業ですが，ラポールという概念を理解することは高校生でも可能です。基本的な共通専門用語が存在しない学問を学問ということができるでしょうか。というか，仮にそれが学問であったとして，どうやったら修得できるのでしょうか。

社会学の規準と手続き
　コメンテータ社会学はまずい，ということはいえるのですが，じゃあ何をすれば社会学をしたことになるのか，きっちりしたマニュアルがないということは否定しがたいところです。とはいえ社会学は，書物・テクストの読解を基軸とする思想史・思想研究とは異なり，なんらかのデータにもとづいて「社会」を分析する経験的（empirical）学問です。経験的なのに方法がない，といわれれば困りきってしまいます。「古典を読め」といわれても，たとえばウェーバーをどれだけ読んだところで同人誌や「コミケ」の分析はできそうにありません。というか，遠すぎます。「社会学はいかなる方法と理論をもつのか」

3　よく混同されるのですが，数理社会学と計量社会学は通じるところはあるものの，基本的には異なった研究の領域です。数理社会学が社会関係やネットワークを数的に表現すること，経済学のように数理モデル化することを志向するとすれば，計量社会学は実際に収集された数量データをもとに社会統計学的方法をもとに分析を進めるもので，必ずしも数理モデル化をめざすものではありません。数理社会学について本書ではほとんどとりあげていませんが，いわゆる数理モデル化にそぐわないようにみえる事柄，たとえば「意味」といった事柄にも数理モデルを適用しようとする動向もあります（三隅一人・高坂健次編著『シンボリック・デバイス——意味世界へのフォーマル・アプローチ』勁草書房，2005年）。とはいえ，日本における数理社会学の専門誌である『理論と方法』にはいわゆる計量社会学と呼んだほうがよい論文も掲載されており，両者の境界線もそれほど明確なものではありません。数理社会学に近接するものとしてはむしろ近年では「分析社会学（analytical sociology）」という言葉も使われるようになっています。

が明示できないかぎり（あるいは学問の対象となるものを選別しないかぎり）実はコメンテータ社会学と専門的社会学の境界線が，それほどあきらかなものにはなりえないのです。

そのあいまいさを徹底的に拒絶しようとするなら，「それは社会学ではなく社会学史，『社会学学』ではないか」といわれかねない思想史的研究に向かうしか（「しか」とは言いすぎかもしれませんが）ありません。私は，社会学にとっての社会学史は，物理学における物理学史とは違って内在的な意味を持つと考えていますが，せっかく少子化問題を考えようとして入門したのに，ずっと E. デュルケームの原書講読ばかり受けるのもたしかに苦痛でしょう[4]（すぐにはそうした教育法の意義がわからないでしょう）。

私個人は，わりと社会学の専門性のしばりのゆるい環境で育ち，若い頃に書いた本や論文には，コメンテータ社会学みたいなのもあれば，経験的性格が薄い「理論」研究なども多くあり，あまり偉そうなことはいえません。しかし，教員歴もかれこれ 20 年を超えてきましたので，「**どう書けば社会学になるのか**」という学生の切実な問いに対して，答えなくてはいけない機会も多々あり，いったい自分は何をもって「社会学である／ない」の区別をしているのだろう，と考えるようになりました。

現在はマルチメソッドの文化社会学，社会調査史などオーソドックスな研究スタイルへと保守反動していますが，それも 20 年くらい考えてきた，書いてきたことを振り返っての保守回帰でした。そんなこんなで，「何をしたら社会学をしたことになるのか」という問いにある程度勇気をもって答えなければなぁと考えるにいたり，この本の執筆に着手しました。

たぶんここで書かれていることをある程度なぞれば，それなりの「社会学」ができると思います。これこそが社会学の王道だ，などというつもりはありません。そんなコンセンサスが存在しないことは私自身痛感

4　ただし原書講読というのは，特定の概念をどのような理路のなかに位置づけるかをていねいに位置づけなおしていくという習慣を叩きこんでくれるものであり，甲南大学の田野大輔さんの言葉を借りれば「究極のアクティブラーニング」といえるものです。大学で原書講読というのはなんとも無味乾燥に映るかもしれませんが，考えてみれば超少数の直接指導を語学と専門学問の概念把握のために受けることができる貴重な機会です。かつて社会学では独仏語が必修とされていましたが，現在ではやはり英語の影響力が大きく，第2外国語を学ぶ機会も少なくなってきています。独仏でも何語でもかまわないので，英語と日本語を相対化する「第三の視点」はあったほうが多角的に概念を検討する習慣づけのためには有用であると思います。

しています。この本で書いていくのは，私なりに自分のこれまで読み書きしたものを想定しながら，「こういう規準と手続きがあると社会学になるのではないか」ということを，**等価機能主義** (equivalence functionalism) という理論と方法にそくして再構成したものです。

　これが唯一とはいいません。しかし，私なりに考えてほどほど理に適ったまとめ方ではあると思うのです。新しいことは何もいっていません。ただ「境界線」問題を放置するのを止めるときに，私にとって重要なメディアとなりそうだったのが等価機能主義であったにすぎません。しかし相応の自信をもっておすすめしたい方法ではあります。

2 ｜ 社会学に固有性はあるのか？

計量手法は

社会学に固有のものか

　正直にいって，日本語圏での社会学の現状は，理論や方法の共有がなされているとはいいがたいものです。「アメリカ化」ということが盛んにいわれ，それは要するに計量的な分析への志向を意味するのですが，計量的な手法はきわめて重要な手法ではあるものの，それ自体は社会学の専有物ではありません。実際，政治科学 (political science) や社会心理学，心理学もまた，社会学で用いられるのと同様の統計手法を駆使しています。

　むしろ日本の社会学は，そうした他の学問領域に比して，計量的手法が弱いとすらいえます。太郎丸博・阪口祐介・宮田尚子「ソシオロジと社会学評論に見る社会学の方法とトレンド 1952–2008」（ウェブ公開，2009年）という論文によると，日本社会学のトップジャーナルである『社会学評論』や『ソシオロジ』では，「アメリカ化」「計量志向」が進むどころか，かえって非計量的な手法（事例分析，言説分析など）が増加傾向にあるといいます。

　日本の書店や図書館で「文化社会学」と題された書籍をめくると圧倒的に質的・歴史的研究が多いのですが，英語系文化社会学の中核誌 *Poietics* や *Cultural Sociology* では計量的手法を採った論文のほうが多数派です。全体的に計量的手法の浸透度が強く，また人文的アプローチ

による文化研究が多くみられる，というのが日本語圏の社会学の特徴です。こうした人文的アプローチがどんどん取り潰されているというのがアメリカやイギリス，ドイツなどでの趨勢なのですが，なぜか日本では根強く人気があるし，ポストも（まだまだ）ある。これがなぜなのか，というそれこそ知識社会学的課題は別の本に譲るとして，「コメンテータ社会学」と「学問的社会学」とを分かつ指標が計量的か否か，という点にはない，ということはいえそうです。

フィールドワーク

では，フィールドワークはどうでしょうか。フィールドワークは長年の蓄積を持つ重要な社会学の方法ツールですが，これもまた必ずしも社会学の専有物ではありません。近いところでは文化人類学や民俗学，相互行為分析なども含めるならエスノメソドロジーや会話分析などでも「フィールドワーク」は採用されます。経営学や法社会学などもそうですね。もちろん，「いかにも社会学」という感じのフィールドワークと他領域のそれとは区別できてしまえるのですが，初学者には難しいですし，そもそも修得するためには実習・訓練が不可欠です。社会と直接触れ合ってしまうのですから，実は机上の分析以上に方法論的に詰めて考えなくてはならない手法なのですが，一方で数量化することともまた会話分析のようなトランスクリプトをつくることとも違うので，これまた経済学の教科書のようなわけにはいきません。

　近年では前田拓也さんや岸政彦さんらにより興味深い，かつ共有可能性の高い質的調査の教科書が書かれていますが（前田拓也ほか編『最強の社会調査入門』ナカニシヤ出版，2016 年。岸政彦ほか『質的社会調査の方法』有斐閣，2016 年），それはよく精査されたものであるがゆえに，他領域にも適用可能であり，社会学のみに限定された固有性を示すのは難しいといえるかもしれません。

歴史社会学

ミシェル・フーコーの影響もあって 1990 年代以降一挙に社会学を席捲した観のある歴史社会学はどうでしょうか。私自身もここに一番近いところにいるわけで，身内びいきではありませんが，一定の成果を残してきたように思います。とりわけ現在の私たちが前提としてしまっている社会的カテゴリーの歴史性を考えていく，という基本

的な視座は，国民国家批判，反本質主義を掲げる社会構築主義の潮流などとも連動し，1980 年代以前にはほぼみられなかった歴史社会学の成果が次々と生み出されています。

しかし，です。当然のことながら歴史史料を漁るという作業は社会学者の専売特許ではないばかりか，むしろ歴史学者と比べてしまうと社会学者は素人に近いといわざるをえません。このことを認めない歴史社会学者はいないでしょう（両領域で活躍している研究者ももちろんいます）。歴史学における史料批判というのは本当に厳しいもので，新聞のデータベースや図書館でコピー可能なせいぜい 19 世紀後期以来の史料に限定する社会学者が，事実認定レベルで歴史学者と勝負することは無謀というものです。

理論知

方法しばりが難しいのであれば理論はどうか。しかしこちらも，というかこちらこそ社会学者であれば共有していてしかるべき固有の理論があるとはとうていいえない状況です。

人間行動についての学ではあっても，経済学のような数理モデルが得られれば，十分な抽象化と一般化ができるわけで，理論としての頑強性がぐっと高まります。そういう数理モデルの構築ということでいえば「数理社会学」という分野があります。

ここではかつての交換理論の潮流を汲みつつ，社会的選択理論やゲーム理論，厚生経済学などとも概念の共有を図り，社会学が問題にしてきたような事象を数理モデル化，フォーマライズすることがめざされています。しかし，いま私が「分野」という言葉を思わず使ってしまったことからもわかるように，こうした数理社会学的なアプローチを知らないと社会学はできない，ということには残念ながらなっていません。効用関数とかナッシュ均衡，一般不可能性定理などの概念を知らなくても社会学はできてしまえますし，逆に十分咀嚼しないで数理モデルを乱用するのは危険ですらあります。効用などを基軸の概念として相互行為やその結果をモデル化すること自体は経済学の範疇に収まるものであり，たとえば意味といった内包的概念を数理モデルに組み込もうとすると，無理をしてしまうか，あるいはきわめて些末な推論を記述するだけのことになってしまいかねません。

あくまで私の印象ですが，数理社会学に親和性の高い社会学者は総じて優秀な人が多いものの，数理社会学だけというのではなくかなり柔軟に経験的な計量分析に移行しているように思えます。社会生物学や進化心理学，行動経済学にならずに数理社会学が可能か，このことは慎重に検討されるべき課題であると思います。

ブルデューの試み　数理モデルにまで一般化するのは難しいけれども，人びとの社会生活をある掛け金を携えたモデルのようにして理解してみようという志向は，ピエール・ブルデューというフランスの社会学者によって追究され，かなりの成果を収めました。ブルデューの初期の作品に『美術愛好——ヨーロッパの美術館と観衆』（山下雅之訳，木鐸社，1994 年）という本があるのですが，そこでは芸術に関する趣味行動・慣習の数理的なモデル化が試みられています。しかしあまり成功していると思えません（モデル化しないでも説明可能なように思えるのですね）。

　その後『ディスタンクシオン』（石井洋次郎訳，藤原書店，1990 年）という文化社会学の大著においてかれは，文化資本，象徴闘争，界といった概念を提示し，人びとの社会関係を一種の投資・分配ゲームのように描くことを試みます。ここではあまりに「意味」等を扱うのに困難な数理モデル化は断念され，盟友のジャン=ポール・ベンゼグリが開発した対応分析（correspondence analysis）という統計手法が使用されています。

　この手法から得られる図を起点として，ブルデューはインタビューや写真分析などさまざまな手法を駆使して，現代の社会学では異例ともいえる豊饒な共有知を創り出すことに成功したといえます。しかし，このブルデューの野心的な試みは，それまでの階層研究の蓄積を踏まえた論者たちから厳しい批判を受けており，私自身も他の本で書いたように，大きな可能性を感じつつも懐疑的な立場をとっています（北田暁大・解体研編著『社会にとって趣味とは何か』河出書房新社，2017 年）。

　また対応分析を援用するというアイディアは次第に薄れていき，「界」を伝記的な史料にもとづいて分析するなど，かれ自身の方法論も安定していない部分がありました。そのため，ブルデューのフォロワーのなかには，対応分析使用の成否や計量分析としての妥当性の検討を措いたまま，文化資本，軌道といった用語だけを借用する向きもあり，数理モデ

ル化から統計分析を援用した分析枠組の提示へというプロジェクトはや
や道を逸れてしまい，わりと使い勝手のいい「概念の道具箱」として使
われているふしもあります。とても重要な論者であると思いますが，一
般理論を構築したといえるほどには十分な論理や基本概念の構成，経験
的妥当性が確認されているとはいえません（もちろん，「順応できる」と言い
切れる論者が他にいるかといわれると口ごもるしかないのですが……）。そのあた
りのあいまいさが，専門的社会学の外にいる批評家たちにもブルデュー
の用語が愛用されるひとつの理由となっているといえるかもしれません。

　社会学は「意味」を扱う以上，数理モデル化は難しい。しかし，なんと
かそれに近い一般理論を構築しようとした代表者がタルコット・パーソ
ンズでしょう。パーソンズのアイディアは社会秩序が成立している状況
を一種の均衡点，解として捉え，新古典派経済学における均衡概念に近
い理論モデルを提示しようとするものでした。これは実はとても画期的
な発想で，私は十分に評価されるべきパーソンズの業績であると考えて
います。ですが，やはり，期待効用のような関数化しやすいアイテムが
見当たらなかったため，「期待の期待」というケインズ的，ミュルダー
ル的な論点に迫りつつ，[5] フォーマライズは難しく，結果的には相当に
演繹的な（経験的な記述としての成功条件が不明の）システム理論になってし
まったというのが，私の見立てです。社会学の大学院をめざす人は
「AGIL 図式」「パタン変数」といったパーソンズの概念を暗記しなくて
はならないのですが，それを実際の社会学研究で使っている人は現在ほ
とんど見当たりません。使うにはあまりに理論的な負荷が大きすぎるの
です。

社会学が手放した

共有知

こうなってくると理論によるしばりもだいぶ難し
く感じられてきます。パーソンズ以降もブルデュ
ーと同世代で一般理論の構築をめざしたビッグネ
ームはいるにはいます。たとえば，フランクフル

5　スウェーデンの経済学者グンナー・ミュルダールは，1930 年代には「貨幣的均衡論」と呼ばれる経済主
体の事前期待と事後結果とを組み込んだ動的な経済理論を展開しましたが，それはしばしばケインズ経済学
との相同性を指摘されるものです。「事前の期待」という要素がどのようにシステムを動態化するか，とい
う問いは，まさにパーソンズの「期待の相補性」という問題意識と折り重なるものでした。学問的な継承関
係はほぼみられませんが，1930～40 年代にかけて「期待の期待」という問題設定が社会学・経済学でも共
有されていたことは留意しておいていいでしょう。ちなみにミュルダールは社会学者にとってもなじみの深
い『アメリカン・ジレンマ』（1944 年）の総指揮者であり，社会調査史的にも重要な人物です。

ト学派第2世代をけん引したユルゲン・ハーバーマスの「コミュニケーション的行為の理論」「討議倫理学」や，ギデンズの「構造化理論」など，同時代の思想・哲学の展開も踏まえながら社会学のグランドセオリーを構築しようとした人たちの功績はけっして小さくありません。しかし，これまた「それを知らないと社会学できない」ようなものであったかというとそうではないのです。ハーバーマスに関してはむしろ，初期の『公共性の構造転換』（原著 1962 年）が英訳された 1990 年代以降，「公共圏（Öffentlichkeit）」のほうが，経験的研究を駆動させる枠組として機能したように思います。とはいえ，それもまた「それを知らないと社会学ができない」類の概念ではないのですが……。

　社会学の歴史をつくったといってもいいアメリカ社会学（第二次世界大戦のため生まれ故郷の独仏では発展が難しかった）において，共有可能な知的コモンズとしての理論が継承されたのは，社会学というよりは，むしろ社会心理学においてでした。

　アメリカ社会学のグローバル化・計量化に大きく貢献したともいえるポール・F. ラザースフェルドは，1940 年代から 60 年代にかけて圧倒的な影響力と存在感を持った社会学者ですが，その研究の詳細については，おそろしいことに日本ではほとんど知られていません。というか，「社会学史」のなかにはほぼ記載されず，社会心理学やマス・コミュニケーション史の文脈でかろうじて語り継がれているというのが実情です。いかに日本語圏の社会学が独仏志向であったのかを示すものですが，かれこそがウェーバーやデュルケームの時代と一線を画する現代社会学をつくったといっても過言ではありません。先に触れたブルデューもラザースフェルドをずっと意識して仕事を進めていました。[6]

　そうした忘却が示すとおり，「相対的剥奪」「準拠集団」「ホーソン効果」といった「中範囲の（middle range）」理論は，日本語圏においてことごとく心理学や社会心理学が請負先となってしまいました。それぐらいにマルクス主義とウェーバーの引力が強かったということですが，結果的に日本語圏の社会学の大勢は，経験的研究のための理論の道具箱の中身を充実させていく心理学や社会心理学と袂を分かっていくこととな

6　こうした点については北田「社会学にとって『アメリカ化』とは何か──ポール・ラザースフェルドと『アメリカ社会学』」（『現代思想』42〔16〕，2014 年）を参考にしてください。

りました。心理学や社会心理学に定番の教科書があるのに対して，社会学にそれがないというのは，日本にかぎられない現象ですが，いずれにしても共有言語となりうる理論の構築には失敗してしまったわけです。当然ですが，このラザースフェルド時代の遺産を奪還しようとするなら，現代だと社会心理学，心理学となってしまいます。社会学固有の理論とはいえない，というか社会学がみすみす手放してしまった理論の系譜といえるでしょう。

3 | 等価機能主義へのいざない

経験科学の矜持

もうこうなると，方法でも理論でも対象でもしばりきれない，専門家のコンセンサスがとれない，しかし経験科学を標榜する社会学というのは，どうにも立ち行かなくなっているようにも感じます。実際そんな理由で，英米圏では社会学は制度的に縮小傾向にあるようです。社会統計するなら経済学に，歴史研究するなら歴史学に，中範囲の実験的研究をするのであれば社会心理学や行動科学に，——これはごく当然の考え方です。そんな状況下で，この日本において社会学がなんとか成り立っているのは奇跡に近いことですし，もしかするとコメンテータ社会学のおかげでもっている部分もあるかもしれません。「じゃあ，解散！」[7]とでも言いたくなるところですが，幸いにも日本語圏では人気のある社会学，私も社会学者の一人として大切に後続世代に伝承していきたいところです。

　しかしこの伝承がいまのままでは，一子相伝，師匠の背中をみて学べ，みたいなことになってしまうなら，社会学は淘汰されても仕方がないと思うのです。そうならないよう，なるべく伝承可能なかたちで自分なりの社会学の仕方を書き留めておきたいというのが本書のねらいです。

　では，いったい何を軸として提示するのか。それが，**等価機能主義**という考え方です。

7　岸政彦・北田暁大・筒井淳也・稲葉振一郎『社会学はどこから来てどこへ行くのか』（有斐閣，2018年），p. 130 での岸の発言より。

機能主義というのは，もともと文化人類学，社会人類学の流れにおいて生成し，パーソンズやロバート・マートンによって社会学に導入されたものの，その「現状維持」的な背景理論ゆえに，批判理論やコンフリクト（葛藤）理論によって完膚なきまでに批判しつくされ，なぜかドイツのニクラス・ルーマンによってかろうじて命脈が保たれている，といったイメージで，過去の遺物扱いをされがちな理論です。さきほど言及したようにパーソンズの過剰なまでの抽象化志向や秩序問題への拘泥が，そうした批判を呼び込み，かつ科学哲学的にも機能主義の説明能力に疑義が提示されたため，そうした扱いになっても仕方がありません。

　またルーマンの理論は，その議論の抽象性，概念の難解さゆえに，多くの社会学者にその理論が自らの研究を指し示す理論として共有されているとは言いがたく，なぜか日本語圏では人気がある（というか翻訳が大量にある）ものの，欧米の大学では，博士課程レベルの，そのなかでもさらに奇特な学生でないと読むこともない，というものです。放っておけば，思想史の対象としては残るでしょうが，経験的研究の指針として使われることのないまま忘却されそうなぐらい無駄に難解にも思えます。[8]

　またマートンにしても，機能主義者としてはパーソンズの格下としての位置づけしか与えられておらず，欧米学者の研究が大好きな日本にしては珍しく，あまり学説史的な研究の対象となっていない人です。要するに哲学的な深みがないんですね。かれの名は，パーソンズよりぬるい機能主義者，きわめてプリミティブな科学社会学者，中範囲の理論という意味不明といえば意味不明なキャッチフレーズを提供した人物ぐらいの位置づけしか与えられていません。コミュニケーション研究の分野でいえば，ラザースフェルドのおまけといった感じでしょうか。しかしこのマートンがいなければ，はたしてパーソンズに師事したルーマンが現在にいたるまで一部の熱い支持をえるほどまでに，十分に機能主義を展開することができたかというと疑問です。

8　というのは本音ではありません。しかしルーマンを「使う」にはあまりにさまざまな注意点というか，理論的な問題に取り組まねばなりません。私自身ルーマンに関する解釈は20年ほどのあいだに微妙にぐらついています（北田「他者論のルーマン──経験的science としての社会システム理論」『現代思想』45〔6〕，2017年）。ルーマンの最良の入門書・研究書は長岡克行さんの『ルーマン／社会の理論の革命』（勁草書房，2006年）であり，これを読むことのできる言語環境にあることは日本語話者にとってとても幸運なことです。第6章のブックガイドでも触れています。

等価機能主義宣言

そろそろ立場をあきらかにしましょう。**本書では，「固有の経験的科学として成り立ちうる学問領域」としての社会学の方法論的な基軸に，マートン≒ルーマンの等価機能主義を設定する。その立場から，適切に意味システムとしての社会を描き出す学として社会学を位置づけ，多くの専門的社会学者が使用している機能分析，因果分析に包括的なかたちで指針を与える等価機能主義の性能を確認する。さらに「社会問題解決の学」としての社会学のアイデンティティを確認していきたいと思います。**

　等価機能主義を，唯一不可謬の理論であるとは考えていません。しかし，私が知るかぎりでの計量社会学，フィールドワーク，比較社会学，歴史社会学の優良な成果を包摂し，かつ，具体的な経験的研究への指針となりうるとは考えています。等価機能主義に包摂することによってメタ社会学を構築したいわけではありません。そうではなく，等価機能主義のもとで再構成することによって，社会学において採用されているさまざまな方法や理論，分析の手続きを比較可能なものとし，「社会学ってなに？　どうやったら社会学的といえるの？」という問いに答えていくこと，これが本書のねらいです。

　なので，本書は学説史でも思想書でもありません。どうやったらルーマン的な問題設定を経験的研究の指針とすることが可能なのか，その際にどのような手法が採用されるべきなのか，を指し示していくことが根本的な課題です。それは同時に，ルーマンを過剰に「思想的」に読み込み，その理論のポテンシャルを潰してしまっている人たちへの牽制ともなるでしょう。しかしそれはおまけにすぎません。重要なのは，コメンテータ社会学とは異なる専門的社会学の領分を，私なりに明示化することであり，それによって後続する研究が生み出されることです。その意味で，社会学を「現代思想のおもちゃ箱」と思う人や，経験科学としての社会学のあり方に興味のない人も，お読みにならないことをおすすめします。

　本書は「概念をつくることが社会学の課題である」という珍妙な社会学観を治癒すること，そして社会問題の学としての社会学の位置づけの再確認を目的としています。

本書のキーワード

本書でキーワードとなるのは，①**等価機能主義**と②**準拠集団**です。

なにやら最初から難しげですが，そんなに難しいことではありません。等価機能主義においては，全体／要素の画定，機能的等価物の設定の仕方，「社会はいかにして（how）あるのか」（機能論的説明の根拠・システム作動の記述）といった問題系が，準拠集団の理論では，集団の内外を区別する経験主義のドグマ，合理性想定と進化倫理学的考察との関連，カテゴリー使用＝システムの作動の原因，「なぜこのような社会状態になっているのか」（因果的説明と変数の統制）などが問題とされます。こう一挙に書いてしまうとえらく難しそうですが，具体的な研究を追尾しながら，機能論と因果論の関係，モデル化を目的としない社会記述のあり方を説明し，とにもかくにも「こうすれば社会学できる！」という規準を明示していきたいと思います。

その規準はあくまで規約主義な（convential）ものにすぎませんが，規約もないところでは研究の道しるべもありません。使ったら捨ててよい，梯子というか道しるべとして本書を活用していただきたいと思います。卒論や修論で使ったら外すべき梯子となることこそが本望です。

だいぶ前口上が長くなってしまいました。まずは，等価機能主義の理論と方法およびその規範論的射程を述べ，その後に，ウェーバー，デュルケーム，ブルデューといった先人たちの業績を再構成し，「使える（けど楽じゃない）社会学」を提示していく予定です。

フォローアップ[10]

「専門的社会学」と「売れた社会学」の関係については，『思想地図』vol.5（NHK出版，2010年）所収の**佐藤俊樹「サブカルチャー／社会学の非対称性と批評のゆくえ──社会を開く魔**

---

9 概念を創り出すことも人文科学のひとつの役割でありますが，無駄に概念を増やして議論の行き違いを増幅するような概念の扱いは，あまり感心ができません。概念を増やすことによる存在者の扱いといった哲学的にも大きな問題と対峙せざるをえず，むしろ概念の交通整理をすることこそが専門的な人文学者の仕事であると考えます。ありていにいえばウィトゲンシュタイン的な哲学観を社会学にも持ち込む，無用な概念産出，概念作用の混乱による疑似問題を回避する，ということです。

10 「フォローアップ」では，比較的初心者にも読みやすい，章ごとのおすすめ文献を紹介します。ネットでも拾えるものもとりあげますので，次章へと読み進む前になるべく読んでおいてほしいと思います。

法・社会学編」を読んでみましょう。ここで佐藤さんは，論壇などで「売れる社会学」と，職業的社会学との違いを理論的な水準から深めて考察しています。絶版してしまったちょっと入手しにくい本だと思いますが，図書館などで探してみてください。

　ウェブで閲覧が可能なものとしては，私と岸政彦さんの連載対談「**社会学はどこからきて，どこへ行くのか？**」（『書斎の窓』有斐閣，2015〜2016年。有斐閣ウェブサイト）をご覧ください。社会学は本来なにをめざしている学問なのか，「鋭い社会批評」ではなく調査研究を踏まえた社会学のおもしろさと意義はどのあたりにあるのか，そして経験的な学としての社会学はどこへ向かうべきなのか，といったことが，雑談気味に（？）論じられています。ここで一番の話題となっていることは，いかに鋭くて人目を引くようなものでも調査や資料にもとづかない「おもしろ社会学」は結局長期的に考えると「おもしろくない」ということです。逆に，連綿と継続してきた社会学という知の共同体のなかで，泥臭くもみえる調査の蓄積を踏まえつつ研究をすることの醍醐味がフィールドワークを主たる方法とする岸さんと，机上が大好きな私とのあいだで熱く語られています。この対談をもとに内容をふくらませて1冊の本にしたものが『**社会学はどこから来てどこへ行くのか**』（有斐閣，2018年）です。

　またオーソドックスとされるアメリカ社会学のスタイル（計量分析やフィールドワーク）が，どのような社会的・知的環境のなかで可能となり，どのような目的をもって，いかなる試行錯誤を経て確立されていったのか，ということについては北田暁大「**社会学にとって『アメリカ化』とは何か──ポール・ラザースフェルドと『アメリカ社会学』**」（『現代思想』42〔16〕，2014年）で概括的に述べています。ラザースフェルドという，ピエール・ブルデューが，社会学の「御三家」の一人とみたこの日本では有名とはいえない先人について論じています。「日本では有名ではない」というのは，要するにウェーバーやデュルケーム，ジンメル，ハーバーマス，ギデンズ，ブルデューのように「学説史入門書」で頻繁に登場するビッグネームと異なり，「教科書」にあまり出てこない人である，ということです。しかしこの人は社会学（方法のみならず，研究室のスタイルや資金調達など含めて）の歴史を一新したともいえるとんでもない大物です。おおよそ人智を超える難解な文章で知られるテオドール・アドルノ

（こちらは世界中で有名）と共同研究したことでも知られます。このあたりの事情は**奥村隆「亡命者たちの社会学──ラザースフェルドのアメリカ／アドルノのアメリカ」**（『応用社会学研究』55，2013年。立教大学学術リポジトリでネットで読めます）をお読みください。

課題 11

文中（p. 14）に「『それを知らないと社会学ができない』類の概念」とあるが，「それを知らないと……学ができない」類の概念とは，どういうことか。500字程度で説明せよ。

ヒント。解答の際には，高校生までに習った理科（物理・化学・生物・地学）などを思い出してみるといいかもしれません。「大学入学共通テスト」の科目「理科」のなかで，地学はあまり採用校も受験者も多くありません。そのあたりを踏まえると……。

発展 12

テレビに出てくるコメンテータと専門的社会科学の線引きに困惑しているのは，社会学だけではありません。その代表例が「政治学」といえるでしょう。アメリカ合衆国の大統領選から自民党の総裁選，永田町の人脈，住民投票や社会運動にいたるまで，いろんな人たちが「政治」を語ります（それは当然です）が，「コメンテータ政治学」と学問としての政治学とを分かつものはなんでしょう。いかに無節操なテレビでも，病気に関することは医師や看護師，経済に関することは経済学者・エコノミストにコメントを依頼します。ところが，政治については芸能人でもだれでもコメントOKということになっている気がしなくもありません。現在，日本語圏で政治学と呼ばれるものには，

---

11 「課題」では，章で扱われた事柄への理解を深めるために，「宿題」を出してみます。残念ながら模範解答を私が書くことはできません。なにしろ本文で述べているのですから。解答のためのヒントも出しますので，友人や先生などと話し合いながらでもよいです，なんらかのかたちで解答を書いてみてください。こういう練習問題欄は読み飛ばす人が多いのですが，「解答を書く」ことは文章の理解を深めます。半分は入試の現国みたいなものなので，必ず取り組んでみてください（たまに，「大学生であれば」頑張って読んでほしい英語文献なども含めます）。

12 「発展」では，背伸びをしたい読者向けに1冊，少しだけ難しい本を紹介し，読む際の「課題」を提示します。時間がゆるせば，ぜひトライしてください。

実は伝統的に「政治学（politics）」と呼ばれる
思想・学問領域（ホッブズとかルソーとか，アリス
トテレスとかの政治理論を論じるタイプのものです）と，
政治科学（political science）と呼ばれる計量的な
研究を主軸としたチャールズ・E.メリアム以
来の新しい（とはいえ20世紀初頭にさかのぼります
が）タイプの「科学的」研究のスタイルがあり
ます。**ゲアリー・キング＝ロバート・O.コヘ
イン＝シドニー・ヴァーバ『社会科学のリサー
チデザイン──定性的研究における科学的推**

論』（真渕勝監訳，勁草書房，2004年）は，質的であれ量的であれ，思想史
や床屋政談とは異なる「経験的学としての政治学」の範囲を画定し，量
的／質的研究の共有事項，調査設計のための共有可能な方法論をまとめ
あげたものです。

　学部1年生ぐらいだと，少し骨が折れるかもしれませんが，頑張れば
とくに特殊な知識を前提とすることなく，経験的学としての政治学のメ
ソッドを豊富な事例分析とともに学ぶことができます。社会学者にも重
宝されている一書です。

　さて，**この本のなかでキングらは，なにをもって「科学的な政治学」
とそうでない政治談議を識別しているでしょうか。**この論点を念頭にお
きながら読み進めていってください。

　ちなみにこの本に対して質的分析を重視する政治学者たちが応戦した
ものが**ヘンリー・E.ブレイディ＝デヴィッド・コリアー編『社会科学
の方法論争──多様な分析道具と共通の基準〔原著第2版〕』**（泉川泰
博・宮下明聡訳，勁草書房，2014年）です。こちらもあわせておすすめです。

Chapter **2**

社会学の「下ごしらえ」

1 | 経験科学をあきらめない

社会学は科学か　前章で述べたように，社会学の現状は，十分に理論的・方法論的語彙が共有されているとはいいがたく，「社会学者の数だけ社会学がある」などと揶揄(やゆ)されたりもします。逆にそういう理論不在の状況を社会学の自由度を示すものとして自慢げに語ったりする人もいなくはありません。それなら専門的な「学」「科学」を謳(うた)うことなどできず，コメンテータ社会学との違いも示せなくなるはずなのですが，どういうわけか，理論や方法が統制されていないことをいいことのように語る人ほど，コメンテータ社会学に厳しいような印象があります。どうも，学問的とされる知識を多く持っている場合には，理論や方法に縛られることのない自由度を持つことは「よい」ことのようにいわれるようですが，それはいくらなんでも無責任にすぎます。学問的な言明の真偽や適切さを判定する規準（これを成功条件と呼びましょう）が揃っていないところで，自律した学問を僭称(せんしょう)するのは感心できることではありません。

「社会学」や「社会」といった概念の歴史的経緯についておそろしいほどの知識があるとしても，それはあくまで思想史や社会史といった他の学問が，社会学や社会の概念を分析対象としたのと同じ土俵に立っているのであり，それ自体は社会学とはいいがたいものです。そういう場合は，社会学者と勝負するというよりは，むしろ社会思想史家と勝負すべきでしょう。どれほどウェーバーやデュルケーム，オーギュスト・コントなどの思想の歴史的背景に詳しくても，それだけでは，その人がやっていることが社会学であることを保証してくれません（もちろんそういう知識はあったに越したことはないのですが）。

1　むろん社会思想史家のなかには，その歴史記述自体がきわめて興味深い社会学的考察となっている場合も少なくありません。例を挙げると，隠岐さや香さんの『科学アカデミーと「有用な科学」——フォントネルの夢からコンドルセのユートピアへ』（名古屋大学出版会，2011 年）や，木村直恵さんによる一連の「society」の概念史をご覧ください（「《society》と出会う——明治期における「社会」概念編成をめぐる歴史研究序説」『学習院女子大学紀要』9，2007 年。「西周『百学連環』講義における「相生養之道」——維新期洋学者たちの《society》概念理解」『学習院女子大学紀要』10，2008 年。「《society》を想像する——幕末維新期洋学者たちと〈社会〉概念」『学習院女子大学紀要』11，2009 年）。

社会学は経験的（empirical）な学です。その本義をまっとうするのであれば，学説史研究は，たしかに経験的（テクスト分析にもとづいている）ではありますが，社会そのものの分析とはいいがたく，また，それを踏まえないと社会学ができない，などというと廃業しないといけない専門社会学者は多数に上るものと考えられます。「経験的に社会を分析する」という課題を社会学の最大公約数に掲げるかぎり，学説史はそのものとして「社会学であること」を保証してくれるものではありません[2]。むしろ思想史（intellectual history）や歴史学の土俵で勝負すべきでしょう。

　また，社会学における理論と方法の不在を自慢する人たちのなかには，「社会学は科学ではない」という言い方をする人もいます。そういう人はたいていの場合，科学という言葉を science という英語に引き付けて考えていて，それを自然科学，わけても，基本的な法則の演繹的正当化と経験的実証性の担保を実現しているかに思える物理学を模範としたサイエンス，「ザ・科学」を想定している場合が少なくありません。こうした考え方は，とっくに滅びたはずの論理実証主義の科学像を引き継いでおり，科学という概念を狭くとりすぎています。science というとなにか数理モデルと観察命題とが密接に関連し，方法が統制されていて，検証可能性や反証可能性に開かれた知的フィールドであるかのように思えますが，それは science の捉え方としてもずいぶんと狭い考え方で，その論でいくと，現在科学的実践と呼ばれているものの少なくないものが，科学から排除されてしまいます。

　実証派の社会学者のなかには，反証可能性（反証主義）というカール・ポパーの議論を前提として，「科学的である／ない社会学」とを区別する人もいますが，反証主義というのは，現実になされている科学の実践を観察して得られた反証可能な理論ではなく，それ自体ひとつの規約（convention）です。厳密に反証主義を適用するなら，社会学のみならず，

2　しかし前章で述べたように，社会学における社会学史は，物理学における物理学史とは異なっており，学説史は現在の社会学的実践にある程度内在的であると，私は考えています。イアン・ハッキングの言葉でいえば「未成熟な学問（unmature science）」である社会学は，物理学や数学のように原典にあたらずとも教科書的な知識を蓄積・指示できるような学問ではなく，またその学問の歴史をたどること自体が，「社会を分析する」という実践の歴史社会学ともなりうるタイプの学問です。また近代において生成した若い学問であり，「近代とは何か」という大問題を社会学的に考えるうえでも社会学史は重要な意味を持ちます。デュルケームの「集合的沸騰」「アノミー」といった概念をデュルケームの議論の限定的文脈から引きはがして濫用するタイプの議論への免疫をつくるうえでも大切です。
3　批判的合理主義の根元的な規約的性格（決断主義）についてはポパー自身が自覚的でした。批判的合理

歴史学や文学はもちろん，経済学や政治科学，医学薬学，生物学や工学，そして理論物理学の一部に関しても多くのものが科学を名乗れないことになります。

大きな心構えとしてはそこそこ納得いく話ではあるのですが，厳密に反証主義を適用すると進化生物学，社会生物学なども総崩れとなる可能性もあります。science を過剰に様式化した考え方が「社会学は科学でなくてもいい」という自嘲的というか自慢げな言葉に表れています。そもそも，science にあたるドイツ語 Wissenschaft は「学」という程度の意味であり，その学のなかに「個性記述的／法則定立的」という区別が成り立つのではないか，と考えたのがヴィルヘルム・ヴィンデルバントやハインリッヒ・リッカートといった新カント派と呼ばれる人たちでした。

このおおよそ知識社会学的・科学哲学的に擁護することの難しい「個性記述的／法則定立的」という区別を採用するのでなければ，安易に「社会学は科学ではない」などと開き直ってはなりません。いうならば，コメンテータ社会学を批判すべきではありません。

科学観を持ち直す　中核に疑うのがきわめて難しい理論的命題があって，それをさまざまな水準の経験的命題が覆っており，境界線は明確ではないけれども，知識や信念の固有のネットワークを持っていること——科学・学であるとはなにか，という問いに対しては，この程度のゆるい回答（ウィラード・フォン・オーマン・クワインの全体論的科学観）でとりあえずは満足しておくべきです。経済学にしても，その基準に応じる程度には科学的であり，反証可能性（だいたい効用の序数的解釈というのはちっとも経験的な判断ではありません）を充足しえないからといって，経済学が社会科学と呼ばれえない，などということはありえません。問題は，中核にある

主義・反証主義それ自体は，反証不可能な命題群から成り立つ規約であり，科学の「あるべき像」を科学的実践との関係から整序したものではあるものの，科学の実践そのものを記述した（真偽値を与えうる）命題群・理論ではありません。マートン的な科学社会学の構想（彼のモデルももちろん限定的ですが）とは異なる地点から議論が展開されている点に注意しましょう。批判的合理主義はクワインの全体論的科学観に厳しく対峙しましたが，科学的命題使用の実践にそくしてみた場合，はたして批判的合理主義と全体論とのいずれが「近似している」かは難しい問題です。

4　クワインの全体論については，直接クワインの著作にあたるよりも，まずは大庭健『はじめての分析哲学』（産業図書，1990 年）の後に，丹治信春『クワイン——ホーリズムの哲学』（講談社，1997 年）を精読することをおすすめします。

理論や方法的な言明がどの程度共有されているか，です。

　もし社会学が哲学のように，中核にある理論そのものの論理的・経験的妥当性を問う学問であるとするならば，「社会学は科学でない」ということも不可能ではありませんが，そこまで本気で哲学的な問いに踏み込んでいる専門社会学者がそんなにいるとは思えません。

　またそうした問題に真面目に取り組もうとするのであれば，それは哲学と呼ばれるべきであり，経験的学としての社会学の範疇を超えるものといえるでしょう。安易に「社会学は科学ではない」というのは，実は哲学的に不誠実なことであるかもしれないのです。

　本書では，ある意味だらしない（というか全体論的〔holistic〕・プラグマティックな）科学観をとり，社会学を明確に科学として捉え，その中核にある理論命題や方法論，経験的観察のあり方を「**等価機能主義＋システム理論**」というかたちで提示したいと思います。もちろんそれのみが社会学の唯一の体系性の構成の仕方であるとは思いません。しかし，はなっから「科学ではない」と開き直るのも，「反証可能性テストが重要だ」という多くの自然科学ですら守りえない過大な要求を社会学に対して課すのも，どうもいただけません。

　社会学という学問領域のある種の統合性，したがって，学習可能性を保証する際に，等価機能主義＋システム理論（or 準拠集団論）というセットは，きわめて有力な候補たりうると私は考えています。まずはこのプログラムを提出して，オルタナティブに開いておく，というのが本書の立場です。

2 | 等価機能主義のプログラム
──全体と単位の同時決定

準拠問題という考え方

　なんだか抽象的な話になってしまいました。哲学的な議論はおいおいフォローしていくとして，ともかくも社会学の論文やレポートを書かねばならない人たちに向けて，私の考える（そしてたぶんこれを充足すれば専門的社会学とみなされる

と考えられる）社会学のやり方を，示しておきましょう。とりあえずその理論基盤を，等価機能主義と呼んでおきます。

　まず社会学とはそもそもどんな学問なのか。

　これは，社会学にかぎらず経済学でも政治学でも難しい問いなのですが，ここでは**「社会学とは，社会問題とみなされうる事柄を，社会の成員が用いるカテゴリーや理由に着目しつつ，記述・分析し，社会問題の他なる解決法を指し示していく学問である」**ということにしておきたいと思います。こういう抽象的な定義は，多くの場合は役に立たないのですが，ここでは①「社会問題」，②「社会の成員が用いるカテゴリー」，③「他なる解決法」という３つのかなり大胆な構成要件が掲げられています。その成否は追って確認していただくこととして，これから紹介する等価機能主義は，この３点にもっともよく適合した理論モデルであると，私は考えています。その前提で，等価機能主義の論理を確認していくことにしましょう。

　ものすごく単純化して進めますね。

　まず，あなたの**問題設定**および**準拠問題**（reference problem: RP）が「クラスのなかにおけるいじめとその解消法」にあるとしましょう。クラスのなかのいじめというのは「解消されるべき問題」です（①）。ごく簡単にいえば，このいじめのメカニズムを記述・分析し，現在試みられていない処方箋を差し出すのが，社会学的な思考の基盤となります。

　いじめは，たしかに解消されるべき「問題」なのですが，この問題が，どのような意味において「問題たりうるのか」を考えなくてはなりません。たとえば「いじり」というのがありますね。これはある行為者が自分に与えられた「揶揄される」役割を肯定的に引き受けている状況で，相互行為の連接に貢献する行為であり体験です。通常，それは「いじめ」とは区別されますが，同時に「いじめ」と「いじり」が概念上地続きであることもまた，よく知られていることです。とすると，①の問題提起に先立って，というか同時に，「いじめ／いじりが人びとにどのように理解されているか」が問題化されなくてはなりません。

　また，その「問題」や概念使用が共有されている，人間関係の範囲や

5　「かわいがり」とか「歓迎」というカテゴリーもありますね。

行為の理由の妥当範囲が定められねばなりません（②）。

　ある小学校の3年1組のいじめと，私が想定する大学院や大学という職場でのいじめとは，まったく異なった事柄であるかもしれません。というか間違いなくそうでしょう。なのでまず，自分が焦点を当てる範囲を決定し，そのなかでのいじめを画定（identify）する必要があります。じゃあどうやっていじめという行為を定義づけるか，あるいは調査によって抽出するか。これはそのクラスに実際に出向いて成員の定義づけ，意味づけ，なにをどのようにいじめと認識しているのかを調べないとわかりません。

　「そんなことあるわけないじゃないか，科学であれば『いじめる』『いじめられる』の定義ができるはずだ」と思われるかもしれません。しかし，そうではないと考える点に社会学の固有の特徴があるのです。

　もちろん，いじめという行為を「多数派の威圧もしく潜在的な暴力発動の可能性にもとづき，ある集団内の特定の個人あるいは，特定の属性を共有する集団に対して発動される身体的・精神的抑圧のこと」と定義づけることは可能です。法学的な文脈や学内での懲戒処分を下すにあたっては，こうした定義が厳密になされる必要があるでしょう。

　しかし問題なのは，「いじめる」「いじめられる」といった行為や体験が，社会学者や法学者によって定義される以前に，社会の成員によって実践されており，その成員の常識的な知識を後追いして学問的定義もなされている，ということです。これは自然科学の対象とは大きく異なる点です。

　たとえば原子という概念はかつて「分割不可能な物質の構成最小要素」とされていたわけですが，後々，原子よりも基礎的な単位である分子や素粒子が「発見」され，もともとの定義は無効化してしまいました。定義が対象から離れてしまったわけですね。とはいえ，原子は原子という単位性を失ったわけではなく，粒子や元素が発見されようと，もともとの定義からは離れてしまうものの，相変わらず原子という単位は世界に存在しています。自然界の物質的な単位や存在は変わらないまま，人間による呼び名と定義が変わっただけのことです。ところがいじめとな

6　実はこのあたり，言葉が変わっただけなのか，対象の外延も「変わった」といえるのか，という問題は相当に厄介な哲学的問題を孕んでいます。社会学でもよく引用されるトマス・クーンの「パラダイム」とい

るとそうはいきません。

「問題」のつくられ方

ここで少し事例を変えて DV（Domestic Violence）という概念を考えてみましょう。**図 2-1** は「配偶者暴力相談支援センターへの相談件数」を内閣府男女共同参画局が発表したものですが，2014 年には 2002 年の相談件数と比べてみても約 3 倍の増加が確認されます。それは事実（fact）です。では，これをもって「2002〜2014 年の約 12 年間に DV 急増，3 倍に」と主張してしまってよいのでしょうか。

答えはもちろん「No」です。これには 2 つの意味合いがあります。

まず第一に，DV を法的な案件として正式に認知する契機となった「配偶者からの暴力の防止及び被害者の保護等に関する法律（DV 防止法）」は，2001（平成 13）年，つまりこのグラフの前年に成立しています。つまり，法やメディアで DV という用語が「なんらかの対処が必要な事態」を指す言葉として認識されたのが，このグラフの緒点ぐらいの時期で，逆にいうと，DV 法成立時には，「DV」という言葉も概念も知ることなく，相談案件としなかった人が多数いることが予想されます。ある特定の社会問題が名前を与えられ，それが普通名詞として流通し，それまでそのカテゴリーでは理解されてこなかった出来事に適用されるにはある程度の浸透期間が必要です。

「セクハラ」などもそうですが，法制定に向けての言論活動がなされていた時期には，「民事不介入」という刑事捜査の根幹がゆるがされるのではないか，公権力が私的な事柄に干渉するのは正当化されうるのか，といった疑念が多々提示されていました。そうしたなか「自分が暴力を受けているのは，実は自分が悪いからなのではないか」「夫婦関係というのはこういうものなのではないか」というように，家庭内暴力の露見を抑止する心性が被害者側にもあったことでしょう。

「一家の恥」という考え方は，いまなお生活保護受給世帯や精神的障がい者を持つ家庭・家族に少なくない傾向です。「自分の受けている仕打ちは暴力（DV）である」という認知，そして「DV」を相談すること

う概念は，「対象が変わらず呼び名が変わったのか」「呼び名とともに対象も変わったのか」「変わる前と後とで『違う／同じ』ということはいかにして可能か」といった共訳不可能性問題と呼ばれる問題を喚起しました。興味のある方は注 4 でも挙げた大庭『はじめての分析哲学』（産業図書，1990 年）をご覧ください。

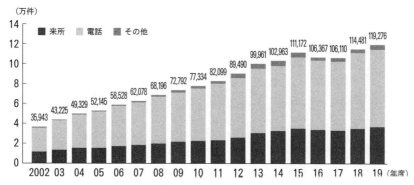

（万件）

凡例: ■ 来所　□ 電話　▨ その他

35,943　43,225　49,329　52,145　58,528　62,078　68,196　72,792　77,334　82,099　89,490　99,961　102,963　111,172　106,367　106,110　114,481　119,276

2002　03　04　05　06　07　08　09　10　11　12　13　14　15　16　17　18　19（年度）

（注）　配偶者からの暴力の被害者からの相談などを受理した件数。配偶者とは，婚姻の届け出をし
　　　ていないが，事実上婚姻関係と同様の事情にある者を含む。なお，元図の「備考」には配偶者か
　　　らの暴力の防止及び被害者の保護等に関する法律（通称：DV 防止法）の法改正にともなう計上
　　　方法の変更がくわしく記載されているが本書の目的に沿って割愛した。
（出所）　内閣府男女共同参画局の資料より簡略化して筆者作成。配偶者暴力相談支援センターにお
　　　ける相談件数などが集計された結果が図示されている。

図 2-1　配偶者からの暴力に関する相談件数

は恥ずかしいことではないのだ」という行動へのハードル設定が適切な
かたちに収まるにはある程度の時間がかかります。いじめにしても同じ
ことです。「認知」「行動」の 2 段階はゆるやかに相応の時間をかけて広
がっていくものです。

　さて，もう一度「いじめ」のほうに戻りましょう。**図 2-2** は文部省・
文科省の調査にもとづき作成された「いじめの認知件数」の推移を示し
たものです。

　いじめという行為自体はすでに 1980 年代から問題になっていました
が，2000 年頃になってようやく社会や政府が抑止しなくてはならない
「社会問題」として認知されるようになりました。ですから，「いじめ」
の「認知件数」そのものが少なくても，1990 年代以前に「いじめ」が
少なかったとはいえません。というかありましたし，実際，そう呼ばれ
ていました。

　しかし，**図 2-2** が示すのは，「いじめ」という概念の認知，相談とい
う行動への転化が「2010 年代に急増した」ことを意味するだけで，「そ
れ以前にいじめがあったか」「実際にいじめは増加したのか」というこ

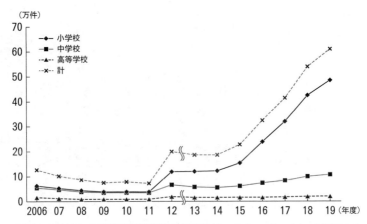

(万件)

（注）　2013 年度から高等学校通信制課程を調査対象に含めている。また，同年度から
　　　いじめの定義を変更している。
（出所）　文部科学省「令和元年度 児童生徒の問題行動・不登校等生徒指導上の諸課題
　　　に関する調査結果の概要」より。

図 2-2　いじめの認知件数の推移

とを表現したものとはいえません。認知の欠如（被害者や家族が「この程度
はいじめと考えない」），行動の欠如（いじめとはいえ，これは個人間の問題であり，
公的機関に相談するべきことではない）が，そこそこに解除され，認知件数・
相談件数と，被害件数とが近接したと判断することができてはじめて，
「いじめの増減」を語ることができます。

　ひるがえって**図 2-1** の DV のほうをみると，来所して直に相談した
人の増加の割合が，電話などの間接的な相談に比して伸び率は高いので
すが，電話の相談実数を考えても，それはむしろ電話でも相談できるこ
とにより心理的な障壁が低くなったことと解釈ができます。その意味で
も，行動へのハードルは低くなってきたことがうかがえます。もちろん，
語や概念の広がりだけではなく，地方自治体，児童相談所の対応体制，
相談センターの増設なども増加をみていくうえで重要なポイントです。

定義に先立つ

ものを考える

　ここでみてきたのは「社会の構成員自身が，ある
出来事群を『DV』『いじめ』とカテゴリー化し，
そのカテゴリーにもとづいて公的機関などが数的
に集計し，それがいじめ防止のための提言のなか

に含まれる」という循環です。もちろん，いじめについて分析者が客観的な定義を与えることも不可能ではありません。たとえば，「ある集団内のある人，あるいはある属性を共有する集団が，多数派の物理的・心理的暴力の行使可能性によって特定の人の社会生活に著しい支障をもたらすこと」など。案外この定義は的はずれではないようにも思えますが，社会の構成員はこんなに難しいことを考えて行為に及んでいるわけではないですし，そもそもそうした分析者による定義がつくられる前から，「いじめ」は存在していたわけで，それにもとづいて公的定義のほうもつくられているというのが実情です。

　定義はある時点でのある社会問題状況のスケッチとして捉えるべきものでしょう。「定義を立てて，それに沿って発生件数を数える」というのが，「新しい逸脱行為」の場合，非常に困難なのです。カテゴリーの普及が遅れていたり，行動への移行ハードルが高いと考えられている場合，発生件数と認知件数はなかなか近づきません。

　さてこのような場合，「DVは社会問題だ」「いじめは解決しなければならない」というふうに問題を立てたとしても，問の立て方次第でその解決がいくつかのレベルに分かれていることがわかると思います。

　なんらかの定義が与えられるDVを解消したい，減らしたい，という準拠問題RPが当然のことながら大きな問題意識を形成するわけですが，当のDVの実数が正確にはわからない，というのがここまでの議論でした。定義に当てはまるような社会の出来事の実数は，もちろん認知件数・相談件数より上回るはずです（論理的には低くなる可能性もありますが）。ですから，RPを貫こうとすれば，rp1「人びとにある行為・出来事をDVとして捉えてもらうには？」とか，rp2「DVの相談をすることは悪いこと，恥ずかしいことではないと知ってもらうには？」というやや水準の異なる準拠問題の設定が必要となります。

　なにしろ，「社会問題としてのDVを減らす」という問題意識を貫くためには，「DVに対する効果的な救済措置を講じる」「介入効果を検討するために原因（どのような手段が問題解消に有効か）を考える」といった作業が不可欠なわけですが，DVの原因や効果的な防止法を考えるには，社会にいる人びとがDVをDVとして認識し，報告したり相談してもよいと考えてくれないと，DVの実数も，個別のDVを生み出している

原因も，したがって DV そのものの原因も理由も分析しようがないのですから。

　もちろん実際には，少しずつ増えていく報告の事例分析から原因や理由や傾向をつかみ，DV の防止のための措置を講じるわけですが，そうなると認知件数・相談件数にかんして，「認知が広まって増えた部分」と「防止策によって減った部分」を識別できないと，いわゆる因果関係（原因と結果）を正確に把握することはできません。ということは，RP「社会問題としての DV を減らす」という問題意識における「DV」という対象は，自然科学の対象のように（量子力学がなんというのかは措いておくとして）それ自体を理想的環境のもとで，つまり条件を揃えた実験室環境のもとで「（時間経過以外に）変わらない」ものとして扱うわけにはいかず，分析者の問題意識そのものによって「変わってしまう」，さらには「変わることが倫理的に望ましい」ものということになります。しかし分析者の問題意識によって変わってしまうような対象をどうやったら，因果分析のような通常の科学的説明にかけることができるでしょうか。なにやら面倒ですね。

　この面倒さのことを**再帰性**（reflexibility）といったりしますが，ここでは，**問題への回答の仕方そのものが，問題の立て方に規定されている**，ということが大切です。こう書くとものすごく哲学チックになってしまい，思想青年の心をつかんでしまいそうですが，そう哲学的な深みのある話ではありません。

　自然物が対象の場合は，分析者が，対象の状態変化の傾向性を観察し，因果関係を帰属し，原因と結果を示して，結果が異なるように他の原因を介入させる（もし，ものすごく熱いスープを飲みたければ，「沸点が高い液体は過熱すると高い温度になる」という一般的な傾向・法則を用いて，スープの沸点が高くなるように他の原材料を加える）というかたちで「問題解決」が図られるわけですが，どうも社会問題についてはそのように簡単にいきそうにありません。

　これはどういうことを意味するのでしょう。

3 | カテゴリーの問題

ループ効果をふまえる

まずひとつには,「いじめ」にせよ「DV」にせよ, 法的・社会学的な定義そのものが社会に生きる人びとの定義, つまり日常的な行為や出来事のカテゴリー化にもとづいてなされているため, 数量化しようとしても, 当の概念を知っている人, 運用できる人の数によって, 観察できる数が変わってしまう, ということがあります。

　社会学者により「客観的」になされる定義のことを**操作的定義**(oprative definition) と呼びます。では, 操作的定義には当てはまるものの, 分析者のみならず本人もまた DV として認知できないような出来事・行為は, はたして DV といえるのでしょうか。認知されていない以上, これを調査のために数えることは物理的に不可能です。また本人がなんらかのかたちで DV ではないと考えているものを分析者が「それは間違っている」ということはできるでしょうか。[7]

　DV (と私たちが考えるような言動) を受けている人のなかには, 自分がおかれている状態を DV であり, 適切なかたちで対処されるべき (されてもよい) 事態として認識していない人もいます。「男というのはそういうもの」「妻は耐えるべき」「考えすぎではないか」「あなたも悪いところがあるんじゃないか」といった周囲のアドバイスが, 認知を難しくすることも少なくありません。また「本当はこういう人ではない。実はいい人で, たまたまいま自分に甘えているんだ」というふうに状況そのものに適応できるように自分の信念システムを組み替えてしまう人もいます。

7　これを「虚偽意識」として「間違っている」, 正しい理論を知っていればその間違いは解消される, というのが悪しき意味でのイデオロギー論です。ただ, イデオロギー論的な操作を社会学が完全に逃れることはできない, と考えています。「少年犯罪は急増している」という言説に「違う」とデータをもって示すのも社会学者の仕事の一つであり, 「暴露啓蒙」を社会学が完全に手放すのは困難です。教育社会学における格差の扱いだってそうです。問題はそのイデオロギー的な要素を, どこまでも明快な手続きによって「他でありうるのにそうなっていないのはなぜか」を探究する態度です。これをルーマンは「社会学的啓蒙 (Soziologische Aufklärung)」と呼んでいます。

みなさんは，成績をよくすることをいいことだと思い，勉強すること
があるかもしれません。しかしそのとき「学歴による分断・格差社会に
加担している」といわれたら納得できるでしょうか。加担者の一人とし
てカウントされることを善しとするでしょうか。分析の対象が，イア
ン・ハッキングという科学史研究者・哲学者が言う「人工種（artificial
kind）」である場合，自然科学の対象のような「自然種（natural kind）」
と異なり，こうした面倒くさい問題が起こったりします。「人びとの漠
然とした社会問題の把握→分析者によるカテゴリー化，定義→そのカテ
ゴリーの人びとによる使用→分析者のカテゴリー化の修正」といった循
環のことを，ハッキングは**ループ効果**（looping effect）と呼びます。「社
会問題の学」としての社会学にとっても，これは回避不可能な事柄です。

準拠問題 RP の　　　こうした社会学の対象の特性は，問題意識のさら
　　　　　　　　　　　なる検討を必要とします（ループ効果の指摘だけでも
射程範囲　　　　　十分に社会学的であるとはいえますが，本書ではそうした
　　　　　　　　　　　立場をとりません）。わりと漠然としていた当初の
準拠問題 RP「いじめを記述・分析し，他なる解決策を見いだす」とい
う分析者の問題意識は，上記のループを適切なかたちで切断することに
よって，具体的な研究ができる程度には切り詰められねばなりません。

　ここでようやく，分析のための準拠問題が立ち上がります。たとえば
準拠問題 rp1「ある学校 X におけるいじめの分析・記述」ぐらいまで
絞り込むこととしましょう。すると，とりあえず，

①学校 X において「なにが，どのような出来事や事態が，いじめと
　して捉えられているか」を調べる作業からとりかかり，
②そのいじめがどのような理由や原因でなされているのかを調査し，
③RP にそくして，「いじめはよくありません」という教師の道徳訓
　（理性啓蒙）や「いじめっ子への負のサンクション（処罰）」といった，
　複数の解決策を考えること

ができるでしょう。
　実はこの作業は「とりあえず」と留保をつけたように，1 回かぎりで
終わるタイプのものではないのですが，まずは「とりあえず」作業の出
発点を定めて分析をはじめてみましょう。

いじめといっても多種多様です。現在ではいじめについての行政的定義はある程度固まりつつあるとは思いますが[8]，それでも具体的な状況で，なにが「理由」「原因」となるか，そしてなにが「いじめ」となるかは状況によって変わります。

　まずは学校Xに行って，しかるべき許可をとって，生徒や教師に「なにをいじめとみているか」「身近ないじめはどのようなものか」「いじめの理由はなんであるのか」などをアンケートやインタビューで把握します[9]。このとき，たとえば「……さんをいじめた経験がある」「……さんにいじめられた経験がある」「……さんのいじめについて知っている」という質問項目を設けたとしたとすると，学校Xにおけるいじめの数を知ることができるはずです。仮にすべての生徒が正直に答え，「aさんがbさん，cさんにいじめられた経験を持つ」と答えたら，bさんとcさんは「aさんをいじめた」と回答するはずであり，全生徒の行動を把握しているスーパー理想教師であれば「aさんへのいじめ」を把握しているはずで，それは1件もしくは2件の「いじめ」案件としてカウントされる「はず」です。しかしそうはなりそうもありません。

　一つには，生徒すべてが正直に答えない（アンケート調査が先生に漏れるのを危惧して）ということがありえますし，スーパー理想教師など実在しません（教育委員会に漏れるのを心配して認知しないことにする教師もいるでしょう）。そういう単純に技術的な意味でいじめの数は定まらないでしょう。

　それは当然のことなのですが，ここで重要なのは，そういう技術的な問題ではなくて，生徒や先生が仮に完全に正直であっても「数」が揃わないであろう，ということです。

　というのも，aさんとbさんとcさん，そして教師のあいだで，「いじめ」の定義が異なるとすれば，まったく同じ言動・出来事についての記憶をもっていたとしても，それをいじめと認定するか否かは，人によって異なっている可能性があるからです。「殴る」「恐喝する」（最近では

8　何回かの改訂を経て文科省が2013年に提示したいじめの定義は次のようなものです。「いじめ」とは，「児童生徒に対して，当該児童生徒が在籍する学校に在籍している等当該児童生徒と一定の人的関係のある他の児童生徒が行う心理的又は物理的な影響を与える行為（インターネットを通じて行われるものも含む）であって，当該行為の対象となった児童生徒が心身の苦痛を感じているもの。」とする。なお，起こった場所は学校の内外を問わない。http://www.mext.go.jp/a_menu/shotou/seitoshidou/1302904.htm
9　さらりと言ってしまいましたが，こうした調査をどうやってするのかが大問題であり，別に調査法の入門書を読んでいただくほうがよいでしょう。

それをいじめとはいえないとする識者もいるそうですが)「無視をする」「悪口をいう」ぐらいまでなだらかにいじめの外延は広がっていますが,「カエルを触らせる」「歌を歌わせる」「あだ名をつける」ぐらいになってくると,生徒それぞれの関係性によって「いじめか否か」が変わってきてしまいます。それでも「被害者」のaさんがいじめと感じればいじめといえますが,当のaさん自身が本気でいじめではない,と思っていたとすれば,それを無理にいじめにカウントするというのも妙なことです。

そういえば,私が小学生のとき,「センパイ」というあだ名の同級生がいました。なぜそう呼ばれていたかは思い出せないのですが,とにかく成績優秀でスポーツマン,身長も高く絵もうまい,ということで,小学生にとってはなじみのない「先輩」という響きがおもしろかったのでしょう。しかしあるとき音楽の先生に「なんでO君をセンパイというのか。あなたたちは同級生で対等なのだからそういう言い方はダメだ」と,ものすごく怒られた記憶が鮮明に残っています。そもそも先輩という呼称が上下関係を示すものだというその先生の認識もいかがなものかと思いますが,先生の言わんとしていることはわかりますね。

しかし私たちはかれのことをセンパイと呼んでいたからといって,O君に服従しているつもりは毛頭もありませんでした。実際,センパイのほかに「Oっち」などとも呼んでいたのですから。もしこの先生が職員会議で,センパイというあだ名を問題化していたとすれば,ちょっと私たちとしては「??」となってしまうところです。大人や分析者が勝手に人間関係のカテゴリーを読み込み,それを問題化することは問題なしとはいえません。

それはさておき,当然のことながら私自身も,いじめは(たとえ本人たちがそう意識していなくとも)教師にとってそう映ったのであれば,ある種の兆候をみたということで,注意深く対応すべきと考えます。DVもそうです。仮にいわゆるSM行為のような,どうみても物理的には「暴力的で非対称的な権力関係」の発露に映るものでも,信頼できる制度のもとで,当事者の同意があれば性的嗜好の正当な発露として捉えるほうが適切です。なので,「定義」を知る観察者の視点から「いじめ」とみえるとしても,世界に生じている出来事としてそれをいじめとカウントできるかは微妙であることには変わりません。

問題はこうなります。初発の準拠問題 RP（問題意識といってもいいでしょう）は「いじめを記述・分析し，その解決策を探る」でした。さらに絞り込んで，rp1「学校 X におけるいじめの記述・分析」としても，いじめというのは人びとの関係性次第で定まるものであり，定義にそくした外形的行為による判断は兆候でしかないのは事実なので，容易にはカウントできない。ところで私たちがめざしているのは，認知件数の減少ではなく，いじめという出来事が世界から減少することでした。認知件数すら把握が困難な状況でどのようにしてこの RP，rp1 の問題の記述を実行するか。そこがポイントです。

分析対象の

単位と全体

ここで私たちが設定しなくてはならないのが，分析の対象であるいじめという出来事・行為（タイプ的に同一な出来事）[10]，つまり分析対象を構成する単位（unit）と，その単位を包摂する全体（totality）です。重要なのは，**分析対象の「単位」が，「全体」ととともに，準拠問題にそくして，論理的に同時に決定される**ということです。

　詳細な哲学的議論は，ここでは敷衍しませんが，ポイントは「単位を決めるということは単位によって構成され，単位を包摂する全体を決める」ということです。その単位は**相互行為**（interaction）と呼ばれるものですが，これが単位であるというのが社会学の社会学たるゆえんといえます。

　この相互行為というのも，たんにある行為・行動が次の行為・行動に連続するというだけではなく，相互行為に携わる人びとによって理解・説明可能なかたちで，ある行為・行為連接「として」受け止められうる，ということを含意します。簡単にいえば，人と人との行為連接が，たんなる行動や身体的動作の連鎖ではなく，関与者にとって理解可能であるということ，その理解可能性が担保されたかたちで一定のパタンが見いだされるとき（行為・相互行為タイプとして捉えることができるとき）に，それの連鎖・相互関係のあり方を分析対象＝社会の単位と呼びます。

　たとえば，私がスマホの通話で友人と宴会の約束をしているときに，

10　タイプとはある対象・事象を把握するうえで抽象的にその同一性が帰属された概念（たとえば「部屋のなかのネコ」）のことであり，トークンとは，実際に個別の対象として存在としている「部屋のなかのネコ」のことです。タイプは特定の時間的限定の拘束を受けない概念です。

その背後でちょうど同じ時に全然知らない他人がスマホで話しながらデートの約束をしているとします。それを第三者が録音すると、「明日の件だけどさ」「うん」「6時に渋谷でいいかな」「そうだね、それがいいね」というふうにいっけん、相互行為の連鎖であるように聞こえるかもしれません。けれども、それは相互行為ではありません。私とその他人との偶然的な相互行為っぽいものは、ちっとも私とその他人との意思疎通を図ったものではないからです。そうではなくて、参与する人びとが相互に「これはコミュニケーションである」と思える（伝達意図がある）ことを前提におりなされる身体や発話の動静の意味的な行為の連接が、相互行為と呼ばれうるものです。[11]

　現代のメディア環境のもとでは、こうした相互行為は日々いつでもどこでも伝達意図を持つ人間がいれば、必ずしもその場を共有していなくても展開されるものであり、世界中に無数存在しています。

　それと同時に、私たちは反復されるある種の相互行為のパタンを名づける、カテゴリー化することがあります。「いじめ」とはそうした相互行為の一種であるといえるでしょう。相互行為自体はいつでもどこでもさまざまなかたちでなされるわけですが、私たちはそれを名づけ、意味を定型化し、反復的な使用に耐える概念とし、自分たちの世界の認知的複雑さを縮減して捉えなくては、とうてい生きていくことはできません。約束とか任命、宣言、命名といった行為は、しかるべき役割を持つ人がしかるべきかたちですれば、人びとのその後の振舞いを規定する（やぶられることも含め）ものです。[12]「じゃあ、明日6時にハチ公で」という発話行為は、約束を意味するのであり、「で、ハチ公がなに？」などと聞き返すことは通常はありえません。役割と実行行為（発話）をもって、私

11　伝達意図／情報意図についてはD.スペルベルとD.ウィルソンによる『関連性理論——伝達と認知〔第2版〕』（研究社出版、1999年）を参照。コミュニケーションにおける伝達意図（コミュニケーションしようという意図）の持つ働きと論理的問題については、ポール・グライス『論理と会話』（勁草書房、1998年）、飯野勝己『言語行為と発話解釈——コミュニケーションの哲学に向けて』（勁草書房、2007年）などを参照。

12　この点を前面化したのがJ. L.オースティンやJ.サールによる、「言語行為論」と呼ばれる言語理論でした。発語内効力が慣習（convention）によって支えられるという言語行為論の規定は、こうした発話者同士がある程度の相互行為のパタン（発話行為の行為としての意味）を理解できている、という想定によるものです。「相互行為のパタン」については、それが前提とされていないと逸脱もなにもないので、パタンからの逸脱を含む反復可能性とか言語行為の寄生的性格といったJ.デリダの批判はなんら批判として機能していません。北田『社会制作の方法——社会は社会を創る、でもいかにして？』（勁草書房、2018年）も参照。

たちは相互行為をパタンとして認識しているわけです。このパタン化された相互行為のカテゴリーが，記述上の単位ということになります。ゲオルク・ジンメルの形式社会学は，こうした相互行為パタン・タイプを抽出することを社会学の課題としました。

　「いじめ」もまたある種の相互行為のパタン・タイプを記述したものです。実際に，個別のいじめを特定化しようとすると，人によって想定するパタンの内容は異なりますから，なかなかひとつには定まりません。世の中には，中学生が同級生に150万円を「譲渡した」ことを，いじめと呼ばない人もいます。しかし，とはいえ私たちは，実際には「これはいじめである／ない」と議論できる程度には，いじめという相互行為のパタンの理解可能性を共有しています。共有というと強いかもしれませんが，著しい齟齬が生じない程度には理解できてしまえています。

　個別に生起するいじめと呼ばれうる「実態としての単位」を，私たちは他者との学習のなかで学び，記述上の単位として捉え，運用し，ときにそれを数えたりします。このトークンとしては多様な相互行為を，タイプ的に類型化するとき，社会学が記述する出発点が得られることになります。タイプ的な相互行為は分析者による定義による一般化とも，トークン的な相互行為とも異なるものですが，人びとがタイプ的に捉えていると判断できるとき，それは社会学的分析の単位であると考えることができます。

単位と全体は
　　　　　　　この単位を特定化するとき，単位を包摂する全体もまた同時に特定化されていること，というか，特定の準拠問題に立ってはじめて，単位／全体を
同時に特定化される　見定めることができる，という点に注意しましょう。

　学校Xの学級Y（準拠集団）では，朝の朝礼前に教室に登校した生徒同士でハイタッチすることが慣例化しており，それをしない，拒まれる，ということが，「いじめ」とみなされる（生徒に聞けば，それをいじめであるといったり，いじめではないということができる）場合，かつY以外の学級ではそのような慣習がない場合，私たちは，「ハイタッチの拒絶」という（非）行為を，「学級Yにおけるいじめを記述する」という準拠問題にそくして，いじめであると判断し，同時に「学校Xにおける学級Yの相

互行為の総体」という「全体」を想定しているわけです。ある相互行為がいじめと呼ばれうるかどうかを判断することは、「学校 X における学級 Y の相互行為の総体」との関係においてのみ可能です。ふつうの会社・職場などではこのようなタイプの相互行為（非行為）は「いじめ」とは呼ばれないでしょう（強制されるなら、ハラスメントとすらいわれるでしょう）。

　私たちは、ある出来事を特定の相互行為タイプとして捉えるとき、同時にその相互行為が属する（文脈となる）全体を想定しているのです。このことは社会学に固有の問題ではありませんが、社会学は、こうした**単位と全体の特定の（論理的）同時性**を非常に重視します。別の言い方をすれば、あるパタン化された相互行為をタイプとして記述し「単位」とするとき、どのような準拠問題 RP にそくして、それが単位であるといいうるのか、その単位を包含する全体はなにか、ということを明示化しなくてはならない、ということでもあります。

　準拠問題を明示化する、というのが機能主義的社会学のはじめの一歩です。これをしなければ、次章でみていく「単位が全体のなかで持つ機能 f」なるものも明示できないわけですから。

4 ｜ 全体／単位の論理的同時性

準拠問題の明示化

どうやって（全体に属する）単位を見いだすのかといえば、まずは、準拠問題を明示化したうえで、その単位の使用に関連する人びとに、インタビュー調査・参与観察などの調査を行い、相互行為タイプを見いだし、その相互行為タイプの使用が有効な範囲＝全体を見きわめる。これが機能主義社会学の第一歩です。

　相互行為はだれしも体験していることですし、とくに社会学者がその達人というわけではありません。社会学者は、人びとのトークン的な相互行為の観察・理解のなかから、相互行為の**タイプ**（パタン）を特定化し、その特定化に相応した全体を明示化、つまりは準拠問題を明示化できなくてはなりません。逆にいうと、準拠問題を明示化できないようで

あれば，それは社会学であるとはいえません。適当にいじめの定義をして，準拠集団である学校 X とか地域 A を全体として分析を進める，というのは，メディアでよくみられる分析手法ですが，それはおおよそ社会学的であるとはいえません。「スマホのゲームに熱中する」という単位を置いて，準拠問題を明示しないまま，その行為タイプが「全体社会」「日本社会」にもたらす負の機能を語るといった振舞いは，社会学とはいえません。

　やや，小難しい話をしてしまいましたが，言っていることは単純です。

①社会学者は，分析の対象とする社会問題の「単位」と「全体」を，
②人びとのカテゴリー・行為タイプ運用から摘出するのと同時に，
③その運用が依拠している準拠問題を明示化しなくてはならない。そして，
④そうした相互行為のタイプ化は人びとの実践（トークン）の観察から得られ，かつ実践により修正の可能性に開かれている。

　これが本章で述べてきた社会分析の基本中の基本です。要するに「DV」とか「いじめ」とか「差別」といった社会問題を，分析者の「操作的定義」によって考察しうるという考え方からいったんは距離を置き，その社会問題の成り立ちを，準拠問題とともに，人びとの実践（発話や行為）から特定化する，というのが社会学の出発点です。

　いやあ，難しいですね。個人の効用関数から売り手・買い手の利害の均衡点を求める，といった経済学の課題に比したとき，えらく面倒であることは否定できません。しかし，ここが直観的にわかるかどうか，が社会学に向いているかどうかの決定的な分岐点となります。いまわからなくてもよいです。繰り返し，繰り返しこの話はしますので，我慢強く読み進めてください。

社会学の難しさと

おもしろさ

輸入・輸出量や金利，金融指標，GDP など，わりと確定しやすい数字が出てくる経済学においては，所定の前提のもとで特定の効用関数を持つ行為者のミクロな経済行動と，マクロな経済の動きとの連関や経済圏同士の比較優位などは，モデル化をゆるす程度には「一般的」です。といっても，意図と同様，効用という個人の「頭の中」

にあり，内容を識別することができない概念については，経済学も「基数的にではなく，序数的に扱う[13]」というなかなか巧妙な解決策でもって対応しています。効用の実質的な大きさは比較できないけれど，選好と効用の順番なら特定することができる，と。効用の大きさの個人間の測定・比較が不可能であっても，順序づけなら可能であるというのはたしかにそのとおりであり，効用を最大化するという行為者の想定も「タイプ的」には可能です。

　しかし，社会学が扱うのは相互行為の相互理解の可能性や伝達意図など，おおよそ順序づけが不可能な事柄です。基数的測定どころか序数的順序づけすら不可能であるからこそ，個人の効用関数等を出発点に置くことができず，したがってモデル化はきわめて難しく（数値の大小に依らない指標づくりなど，いったい可能なのでしょうか），ミクロ—マクロリンクといったことも経済学ほど明快なかたちで扱うことができません。**ミクロな単位を見定めることが同時にマクロの範囲を見定めることになってしまう，という社会学固有の難しさ**はこのあたりに起因します。

　意図にかかわらない効用の最大化という行為者像を前提にしてもよいのですが，それなら経済学に乗っかったほうがよさそうです。ミクロ（相互行為）を扱うときに同時にマクロ（全体）を意味的に含意してしまい，かつそれを数理モデルとして示すことが難しい，というところに社会学の難しさとおもしろさがあります。コメンテータ社会学がつまらないのは，このせっかくのおもしろさ・難しさに向かい合おうとしていないからなのです。

　とはいえ，分析対象となる出来事・相互行為＝部分と部分を内包する全体を抽出する，という基本中の基本が，ずいぶん難しい感じがしますね。分子レベルでの観察や天体の観測をする場合には，それなりの観察装置が必要で，かつ分析者はその使い方もわかっていなければなりません。しかし社会学にそういう装置はあるのでしょうか。残念ながら「ある」とはいえません。じゃあどう検出するのか。

13　古典的功利主義のいう幸福などは私的な感情・情緒に属するものであり，科学的に（客観的な指標と測定装置をもって）基数的に把握することはきわめて難しいので，序数（A＞B＞C）で捉える，という指針です。この選好概念の採用によって，近代経済学の数理モデル化は爆発的な進歩を遂げていくことになります。逆にこの序数的把握が K. アローの決定不可能性定理を呼び込んだともいえるのですが。

その話に入る前に，いま当然のように使っている部分と全体という話を次章でざっくりと理解しておくこととしましょう。

フォローアップ

　社会学の対象である相互行為パタンあるいは集合的行為は，基本的に自然界にそのものとして存在している対象（自然種）ではなく，人びとがカテゴリーを創り出すことによってようやく数え上げることができるような人工種です。この自然種／人工種という対概念については，**イアン・ハッキング『知の歴史学』**（出口康夫ほか訳 岩波書店，2012 年）に収められた論文「人々を作り上げる」を参照してください。この対概念は，自然科学の対象となる自然界に存在するもの／人為的な対象という区別を意味するというよりは，カテゴリーを創り出すことが対象そのもののあり方に，あるいは対象のあり方がカテゴリーのあり方に相互に影響を与えるか否か（相互作用種か否か），という区別を意味するものと考えたほうがよいでしょう。

　あんまり哲学的に難しく考えずに，本章で述べた DV のような行為タイプのことを考えてください。DV というカテゴリーを創り出すことによって，ある種の行為パタンが「DV として」数えられるようになり，数えられることによって DV と名指される行為に法的・行政的・医療的な措置がとられたりします。このように，社会学の対象である（相互）行為パタンは基本的に，カテゴリー（名づけ）と対象（名指されるもの）とのあいだに相互作用の関係を見いだすことができるものであり，この相互作用をハッキングは「ループ効果」と呼んでいるのです。いきなりハッキングの本を読むのはたぶんかなり骨が折れると思いますが，基本的な論点を押さえるためにも，この論文だけは読んでおいてください。

　また，正確にはループ効果とは異なるものといえますが，**ハワード・ベッカー**は社会学の古典となっている**『アウトサイダーズ——ラベリング理論とはなにか』**（村上直之訳，新泉社，1993 年）で，ラベリング理論と呼ばれる議論を展開しました。「社会集団は，これを犯せば逸脱となるような規則をもうけ，それを特定の人々に適用し，かれらにアウトサイダーのラベルを貼ることによって，逸脱を生みだすのである」という定義は難しいですね。ネットで入手できるラベリング論の位置づけについ

ては，横山実「犯罪理論としてのラベリング論——レマート，ベッカー，エリクソンの理論をめぐって」（『犯罪社会学研究』3，1978年）をご覧ください。「不良」というカテゴリー＝ラベルづけが「何が逸脱的か」（髪の毛を染める，ピアスをつける，タトゥーを刻み込む……など）という規則を定め，その規則によって人びとの分類がなされ，その分類を人びとが（「不良」とされる人たちもそうでない人たちも）使うようになり，「不良」という逸脱があたかも自明な属性であるかのように流通してしまう。この過程がラベリング（ラベル貼り）といわれるものです。ちなみにベッカー自身は，ラベリング理論というラベリングに否定的な見解を示しており，自らの議論に「逸脱の相互作用論」という位置づけを与えています。この点については，現代人文社で刊行された『完訳 アウトサイダーズ』（2011年）所収の「ラベリング理論再考」，ネットで拾えるものとして，南保輔「『レイベリング論』から『相互作用論』へ（1）——レイベリング論の自己増幅過程」（『コミュニケーション紀要』22，2011年）をご覧ください。逸脱は自然種ではなく，まさに人工種・相互作用種の典型なわけですが，この点はマートンの「自己成就的予言（self-fulfiling prophecy）」（森東吾ほか訳『社会理論と社会構造』みすず書房，1961年），さらには「われわれは犯罪だからそれを非難するのではなく，われわれが非難するからそれが犯罪になるのである」というデュルケームの犯罪論（井伊玄太郎訳『社会分業論』上・下，講談社，1989年）にもさかのぼることのできる社会学の中核的なポイントです。専門研究者のあいだでは，デュルケーム，ベッカー，マートン，ハッキングの議論の相違点はいろいろと議論されていますが，ここでは，カテゴリーが分析対象を創り出す，という点を確認しておけば十分です。

課　題

p. 29に「いじめという行為を『多数派の威圧もしく潜在的な暴力発動の可能性にもとづき，ある集団内の特定の個人あるいは，特定の属性を共有する集団に対して発動される身体的・精神的抑圧のこと』と定義づけることは可能」とあるが，そうした定義によって「いじめ対策」を小学校の担任教員が行う場合，どのような問題が生じると考えられるか。また，そうした問題を回避するためには，い

じめについてどのような分析方法を講じていくべきか。あわせて 500 字
程度で論じなさい。

犯罪，逸脱，非行など
「社会問題」と呼ばれ
る事柄は，世紀転換期
における都市化，産
業・就労・家族構造の急激な変化に遭遇した欧
米諸国において，きわめて深刻な問題でした。
社会学という学問は，そうした社会問題を記
述・分析し，社会の大変動期における秩序の混
乱に対して処方箋を出す方法論として確立され
ていったといえるでしょう。その意味で「社会
問題の社会学」というのは，数ある冠社会学のひとつ，というよりは，
社会学そのものの根幹をなす研究領域であるといえます。

　最新の文化やニュースを気の利いた言葉で「解説」するようなお気楽
さは，デュルケームにもシカゴ学派にも見いだすことはできません。こ
の社会問題の社会学の系譜を引き継ぎ，方法論的な洗練を図っていった
のが，社会構築主義（social constructionism）といわれる方法・手法です。
デュルケーム→マートン→ベッカーという犯罪・逸脱理論の展開をてい
ねいにたどり，人びとによるカテゴリー執行の実践に徹底的にこだわる
構築主義という方法論が提示された学説史的背景を明瞭に描き出してく
れているのが，**平英美・中河伸俊編『構築主義の社会学──実在論争を
超えて〔新版〕』**（世界思想社，2006 年）です。

　日本語圏で構築主義というと**上野千鶴子編『構築主義とは何か』**（勁
草書房，2001 年）がとりあげられることが多いのですが，この本は，社会
学の伝統に根差した constructionism というよりは，ポストモダン思
想の文脈における反本質主義を先鋭化した constructionism に焦点を
当てたものであり，「カテゴリー」の問題に照準する社会学的な構築主
義とはやや毛色を異にしたものになっています。無関係とはいえません
が，両者は無前提に同一視することのできるものではありません（例外
的にジュディス・バトラーのラディカルな構築主義を経験的な研究へと位置づけ／援

用したものとして，**小宮友根『実践の中のジェンダー——法システムの社会学的記述』**新曜社，2011 年）。中級者向けの入門書ですが，やはり「社会問題の社会学」入門としては，平・中河編著をおすすめします。

Chapter **3**

等価機能主義の理論と方法①

因果的説明と機能的説明

1 | 機能的説明というスタイル

　本章で紹介するのは，機能主義と呼ばれる説明方法のひとつです。機能主義 (functionalism) というのは，さまざまな分野で使われていたり，暗黙のうちに前提とされている説明 (explanation) 様式のひとつです。

　おおざっぱにいうと，「**ある部分 x が，x を含む全体 y に対して機能 f を持つがゆえに存在する** (f は y の存立に寄与する)」と考えるものの見方です。心臓 (x) は心臓を含む人間個体＝身体 (y) に対して f「血液を循環させる」という機能を持ち，f は y の存立に寄与する，といった具合の説明様式ですね。

　一般に，科学には 2 つの説明様式があるといわれます (2 つのみではないのですが)。因果的説明と機能的説明です。説明というのは「……ゆえに……である」という分析のスタイルですが，科学には他の分析・記述のスタイルもあります。たとえば鉱物の組成を調べたり，仏像の製作時期を測定したり，人びとの心理を理解する，といったことも方法を持った科学的記述です。この記述と説明様式が合わさって科学的な分析が可能となるわけですが，ここではいったん記述と説明を分けて話を進めましょう。

因果的説明とはなにか　因果的説明というのは，DN (演繹的法則論的〔deductive nomological〕) モデルと呼ばれ[1] (あるいはポパー的にいうと被覆法則モデル〔covering law model〕)，もっとも多用される，というか，「説明」するときにわたしたちも多く利用してしまっている説明の様式です。

　カール・ポパーの場合であれば，「C は E の原因である (C は E を引き起こした)」という言明は，次のような演繹的推論 (被覆法則モデルと呼ばれる) の省略として理解されます。初期条件 C の連言と普遍法則 H の連[2]

1　被覆法則モデルについては，小河原誠『ポパー』(講談社，1997 年)，北田『社会制作の方法』(勁草書房，2018 年) など参照。なお，K. R. ポパー『科学的発見の論理』(上・下，大内義一・森博訳，恒星社厚生閣，1971-1972 年) においては，被覆法則モデルの初期条件と予測記述の関係を因果関係と呼ぶことを留保されていますが，ポパー『開かれた社会とその敵』(内田詔夫・小河原誠訳，未來社，1980 年) での自己引用では留保は解除されています。

言から演繹的に E を導くことができるとき，C と E は因果的関係にあると（とりあえず）考えられます。この場合，反証とは《(C∧H) →E, H∧¬E, ∴¬H》（C かつ H ならば E, H かつ E でない，ゆえに H ではない）を示すことであり，この反証テストに耐えられた場合暫定的に H は，真であるとされます。

C1, C2, C3……Cn {C1……Cn} は，初期条件（原因）
H1, H2, H3……Hn {H1……Hn} は，法則（仮説）説明項
———————————
E1, E2, E3……En {E1……En} は，予測（結果）被説明項

連言（かつ）の省略という論点は，それはそれで重要な事柄なのですが，ここではその点は措いておいて，被覆法則モデルの構図を，具体的にデュルケームの『自殺論』のケースで考えてみましょう。[3]

プロテスタント信者の自殺率はなぜ高いのか，という問いに対して，エミール・デュルケームは，自殺率と地域，言語圏，宗教などさまざまな原因を調べあげ，最終的に「凝集性」という抽象化された原因を特定しました。凝集性というのは，人びとの絆の強さといってもよいわけですが，デュルケーム自身は明示していないものの，『自殺論』の議論は，最終的には次のような因果的説明になっているように思えます。つまり，「凝集性が低いと自殺率が増える（法則）」「プロテスタント信者は（どの地域・言語圏でも）凝集性が低い（観察命題）」，ゆえに，「プロテスタントは自殺率が高い」と。

しかしデュルケームは，実際のところ，これとは逆の時間的順序で分析を行っています。つまり，解かれるべき問題として観察命題にもとづく「なぜ，プロテスタントは自殺率が高いのか」から出発し，自殺率を高める（低める）原因を模索していきます。プロテスタントの自殺率が高いというのが事実であっても，もしかすると，それは地域や言語圏，都市部／農村部などが「本当の原因」であるかもしれません。

そこで，デュルケームは，

———————————
2 連言とは「かつ」を表す記号「∧」で命題をつないだものです。
3 佐藤俊樹『社会学の方法──その歴史と構造』（ミネルヴァ書房，2011 年）をあわせてご参照ください。以下の説明でも同書の解釈を参照しています。

①プロテスタントの多い地域とそうでない地域の自殺率を比較
②同じ地域（たとえばスイス）のなかの比較でも同様の傾向が観察できるか
③同じ言語圏・文化圏（たとえばドイツ）のなかの比較でも同様のことがいえるか

　②③のような検討を経てもなお①のような全体的傾向が認められることを確認します。これは現代風にいうと，地域や文化圏という変数を統制（コントロール）してもなおプロテスタントという宗教が説明変数として効果を持つか，を調べたということになります。そのうえで，プロテスタントの教義や地域性，文化など固有の効果を持つ原因を「一般化」した概念として凝集性という概念を提示し，それを一般命題（法則）「凝集性が高いと自殺率は低い」にまとめあげます。すると，デュルケームの作業は，事後的には，

法則的命題：「凝集性が低いと自殺率は高まる」
観察命題：「プロテスタントの集団では凝集性が低い」
結　論：ゆえに「プロテスタントの集団では自殺率が高い」

という論理的に正しい三段論法のかたちをもって表現することができます。DN モデルに当てはめることができるわけですね。ポパーやカール・ヘンペルといった科学哲学者はこうした DN モデルへの適合性，因果的説明への還元可能性を科学的説明の基本であるとしました。[4]実際のところ，デュルケームの法則的命題はそこそこの相関関係がみられるだけなので，物理学の法則のような普遍的命題とまではいかないのですが（むしろ確率論的説明を扱ったヘンペルの IS〔帰納的統計的〕モデルのほうに適合的といえるかもしれません），形式上は DN モデルに当てはめて読むこともできます。
　こうした DN モデルは利点をもっています。ひとつには，個別の事

4　ただしヘンペルは，法則が言及されていない歴史的言明を「説明のスケッチ」と呼び，本来言及されるべき法則を省略した不完全な説明であるとしました（C. G. Hempel, 1942, "The Function of General Laws in Hystory," *Journal of Philosophy*, 39.）。同様の考え方は，ポパーはもちろん，社会学者の G. C. ホーマンズにも共有されています（『社会科学の性質』橋本茂訳，誠信書房，1981 年，pp. 50-51）。

例を包摂する普遍命題・法則が得られること，これは科学的知識の発展のためにはとても有益です。法則として確かめられた命題同士を適切な論理で結びつけていけば，理論と呼びうる命題の集合を創り出すことができ，より複雑な現象を（法則の意味と，初等論理学がわかる人であればだれしも）説明することができます。またこのモデルが成り立つならまだ生起していない事態に関する予測をすることすらできます。

　新しい観察命題を書き留め，それを DN モデルのなかに投入すれば，結果が演繹的に導出されますが，それは「結果」と呼ばれてしかるべきものでしょう。また物理学で理論的予測値と呼ばれるような，観察されてはいないが理論的には「観察されうるはずの事象」も考慮に入れ，観察技術を高めていくという道筋もできてきます。天動説ではどうにも説明がつかない観察値を，地動説にすると説明することができる，という観察命題の不整合を糺すために採られた発想の転換は，理論（普遍命題）そのものを抜本的に組み替えて説明するという作業であったといえます。

機能的説明とはなにか

　一方の機能的説明は，観察命題と法則にもとづく演繹的な結果（観察）命題の導出という方向はとりません。「ある部分 x が，x を含む全体 y に対して機能 f を持つがゆえに存在する（f は y の存立に寄与する）」という説明の様式は，観察可能な事態を記述した命題と演繹的推論から成り立っていませんね。問いの立て方自体が異なります。因果的説明の場合は「心臓はなぜ動くのか」というようにトークンとして検証しうる事態を，普遍的な法則によって説明しなくてはならないわけですが，この因果的説明をするのは大変そうですし，たとえ得られたとしてもおそろしく複雑になりそうです。先の被覆法則モデルにそくしていえば，

　（観察命題）O1 かつ O2 かつ O3 かつ O4 かつ O5……On
　（法則）L1 かつ L2 かつ……Ln
　（結論）この心臓は動いている

というかなり長い「かつ」（連言）を含み込んだ説明の様式とならざるをえません。それでもポパーらはこうしたかたちで DN モデルに還元することができることこそ科学的説明の要件であるというわけですが，長

いわりには知見に乏しいモデルです。

　一方で、「心臓は，心臓を含む全体＝個別身体に対して血液を送り込むという機能を有しており，その機能が欠けると全体＝身体の存立に支障が出る」といったほうが，なんとなく知的に「お得」な感じがします。とくに部分と全体とが偶然的・物理的な近接性（その場合でも引力は働くわけですが）ではなく，有機体として一体となっている場合，特定器官の「ある働き」を説明するとき，長々しい DN モデルより，機能的説明のほうが無理なく，理解可能なかたちで，有益な情報を与えてくれるように思います。施術をするとき，肺の一部は切除しても機能しうるが，心臓はそうはいかない，というように，全体への機能とその大きさを知ることは，因果的説明を得るよりも有益な知識となりえます。

機能的説明の問題点　機能的説明がポパーやヘンペルに嫌われたことには一定の理由があります。それは，観察命題が「この心臓は動いている」といった観察・測定しうる出来事（event）の記述ではなく，「心臓はある」といった存在（existence）に関する言明であり，それは現代では科学的とはいえない「……のために存在している」という目的因を呼び込んでしまうからです。これはせっかく近代科学が築き上げてきた（とヘンペルがみる）DN モデルの構図をはみ出し，あやしげな目的因を呼び込んでしまいます。

　ある対象 a の目的因 c1 にはさらに目的因 c2 があり，そこにはさらに目的因 c3 が……と続けていくと，最後はどうなるでしょう。――そう，神様の世界です。あるいは世界がかくあることの奇跡とでもいえるでしょうか。

　目的論的説明は日常的な世界理解では相応に役立つけれども，科学においては観察可能性や観察にもとづく法則の定立からどんどん遠ざかっていく危ない説明方法だ，というのがヘンペルらの懸念です。ヘンペルによる機能的説明批判は，ここで詳述はできませんが，かれはなんとか「心臓が備わっている」という事象を DN モデルに還元していこうとしますが，どうしても「心臓が備わっている」という「仮説」から目的論的性格を抜き出すことができません。それなら，機能的説明はさようなら，というのがヘンペルやトマス・ネーゲルらの見解となります。

54

2 | 機能主義復権

　こうしたヘンペルの批判は単純であるがゆえになかなかに覆しがたい
ものです。この流儀では経済学（効用を観察するというのは大変な作業ですね）
や歴史学も含めておおよそ社会科学と呼ばれるものは科学たりえない，
ということになります。それでいい，ということであれば，それでいい
のですが，社会学者がここで「社会学は科学じゃない」と開き直ってし
まうのはいただけません。それは要するに，コメンテータ社会学との差
異化を不問に付すというのと変わりないことだからです。
　そんなわけで経済学や歴史学の一定の意義を認めていたポパーなどは，
「状況の論理」という，人文社会科学に固有の方法を提示したりするの
ですが（ポパー『開かれた社会とその敵』未來社，1980 年），これはまた後ほど
触れることにしましょう。ここでは，本書の基本的スタンスである等価
機能主義による「反論」を押さえておきたいと思います。
　等価機能主義という言葉自体はルーマンの発明物ですが，機能的等価
物というアイディアは，社会人類学者のアルフレッド・ラドクリフ゠ブ
ラウンやマートンの機能主義までさかのぼることができます。

ラドクリフ゠ブラウン
と人類学
　　　　　　　　　　　ラドクリフ゠ブラウンはイギリスの社会人類学者
　　　　　　　　　　　で，学問世代的にはデュルケーム派第 2 世代のマ
　　　　　　　　　　　ルセル・モースや，アメリカで文化人類学を切り
　　　　　　　　　　　開いたフランツ・ボアズの後続世代となります。
モースは『贈与論』でトロブリアンド諸島における贈与と返礼の慣習行
動を観察しました。それは本人たちには意識されているとはかぎらない
のですが，諸島で個別に行われる贈与と返礼の慣習行動は，直接的な贈
与 - 返礼にかぎらず，諸島全体においていわば円環的になされており，
財自体が全体社会の同一性維持に寄与していると考えました（交換理論）。
また，西洋近代人からみると理解が困難な島民たちの慣習行動も，人び
との「全体社会」と関連する欲求充足という機能をもっており，まった

5　状況の論理については，北田『社会制作の方法』（勁草書房，2018 年）でウェーバーの理念型と対照さ
せて論じています。ご参照ください。

く異なる慣習や規範を持つ人びとの行為や相互行為を，西洋近代の規準で「野蛮」と切り捨てるのではなく，総体的に合理性を持つものとして解釈したわけです。

モースの議論は，たぶんにデュルケームの影響を受けたものでしたが，「個々の行為・相互行為は，いっけん不可解でも，全体として合理性を持つ」という単位／全体の合理的な関係性に焦点を当てたものといえるでしょう。全体としての合理性を「機能充足」と呼ぶことができます。

しかしモースの機能論的全体論は，社会の基本構造を成り立たしめる人びとの基本的（普遍的ともいえる）欲求を基盤として展開されたものであり，当時の言葉でいえば本能社会学（instinct sociology）――人間に普遍的にみられる本能・欲求のリストを基盤として，それが社会でどのように実現形態をとっているかを示す――に近い発想をとったものでした。

ラドクリフ＝ブラウンは，そこから一歩話を進めて，本能や欲求のリスト（機能的合理性の充足条件）ではなく，社会関係を成り立たせていくための機能，必ずしも欲求や本能などと対応するわけではない社会の存立構造と機能とを分析の俎上（そじょう）に上げます。

たとえば船づくりなどの相互行為は，それ単体でみれば「移動交通手段をつくる」という実用的な共同作業にすぎませんが，アンダマン島の人びとにとってそれがたとえできれば回避したい重労働であるとしても，協働者の連帯や関係性の強化，つまり，全体社会の構造の維持に寄与する事象として機能している場合があります。このように単位（相互行為や個々人の行為，風習）を全体的な社会構造との関連において――欲求と必ずしも対応しなくとも――捉えるという機能的説明の方法を説得的なかたちで提示したのがラドクリフ＝ブラウンです。突然「構造」なんていう言葉が出てきてびっくりされているかもしれませんが，とりあえずここでは全体・社会の行動の骨組みぐらいに思っていてください。

もう一人の人類学者，フランツ・ボアズは，とうてい機能主義者といいうる人ではありませんが，デュルケーム派とは異なる角度から，「全体」を考察対象とする方向性を模索した人です。かれはもともとオーストリアの出身ですから，思考の根底にドイツ語圏での文化概念があります。ドイツ語圏での文化という概念は，フランスの合理主義的・産業主義的な文明（civilisation）と対抗的なかたちで18世紀から19世紀にかけ

て再編成された概念で、人為的・合理的な文明と異なり、ある地域や言語圏などで非意識的なかたちで伝承されてきた伝統や習慣，思考傾向などを指す言葉として捉えられていました。

　ボアズも，もともとは頭蓋骨の大きさを測定したりするかなり王道的な人類学者ではあったのですが，北米インディアン（ネイティブアメリカン）のフィールドワークを進めていくなかで，「未開社会」が全体としてそれなりに理に適った文化をもっていることを強調するようになります。文化というのはこの場合，製造物のみならず，生活様式や慣習の総体といったかなり抽象的なものとなります。しかし，そうした全体を理に適ったものとして理解することにより，文化のあいだに優劣はないという文化相対主義の種が生み出されてきます。サピア＝ウォーフ仮説と呼ばれる「使用する言語が，話者の世界の認識を規定する」という議論（雪を見慣れているイヌイットたちは雪の色をきわめて微細に識別する）も，ボアズの影響を受けているとされています。[6]

　このように，人類学的機能主義は，①未開社会の奇妙な生活様式・習慣（単位）を，②全体の維持，全体社会への機能的寄与という観点から合理的に理解し，③文明社会の枠組において理解可能・比較可能なものとする，という問題設定から生成されてきたものです。トーテムやタトゥーはそれ自体としてみれば，意味がわからないか，あるいはヴィクトリア的道徳観のなかでは「非道徳」「野蛮」と映りかねないものですが，機能主義はその文明論的価値判断を抑制し，理解可能な体系として「未開社会」を観察する視点を提供したのでした。そう考えると，DN モデルに当てはまらないからといって機能的説明を全面否定してしまうのは，ややもったいない気がしますね。因果的説明とは異なるけれどもなんらかの知識や情報を私たちに与えてくれることは事実です。

等価機能主義の模索

ものすごく単純にいってしまいましょう。因果的説明たりえないなら，因果的説明ではない機能的説明の利点を明確にし，それを実行する条件を整えてしまえばよいのです。マートン＝ルーマンた

6　Benjamin Whorf, 1956, John B. Carroll ed., *Language, Thought, and Reality: Selected Writings of Benjamin Lee Whorf*, MIT Press. および，E. サピア＝B. ウォーフほか『文化人類学と言語学』（池上嘉彦訳，弘文堂，1995 年）所収の論文参照。

ちは，この方向性を「等価機能主義」という理論にそくして模索してい
きました。

　心臓のケースでいえば，「ある機能 f を持つ器官が存在する」は「心
臓が存在する」の必要条件ではあるものの十分条件ではありません。一
般化すると，「ある機能 f を持つ出来事タイプや慣習的行為・相互行為
が存在する」は「15 歳になるとバンジージャンプを行うという成人儀
礼が存在する」の必要条件ではあるものの十分条件ではない」というこ
とができます。これは言い換えると，f の機能を充足する事象や，相互
行為，器官が「他でもありうること」を意味しています（心臓はかけがえ
のないものですから，機能的説明にはなじまないということになります。というより，
なにも説明していないことになります[7]）。被説明項が，機能的な一般化に関し
て必要にして十分たりえないということを弱点としてではなく，「他で
もありうる」ことを示すことができる，という利点と読み替えるのです。
三谷武司さんの表現でいえば，ヘンペルの批判を「逆手にとる」という
わけです。

　そうすると，機能分析は，「ある相互行為の総体（全体社会）C におい
て，C の存立のためには，機能 f を持った相互行為タイプ I が存在す
る」というだけではなく，「同様の機能 f を持つ相互行為タイプ J や K
……が存在する」という可能性を，全体社会との関連で示すという役割
を担うことができます。

　成人儀礼は，家計を自立して持つことが期待される成人と子ども期と
を分かち，成人役割を自他に期待することを可能にし，全体社会におけ
る労働・家計主体の配置を明示化する，という機能を与えられるかもし
れませんね。ずいぶん大仰ですが，それはそれとして。たしかにどの社
会においても，労働・生産・養育の担い手への役割期待が安定化するこ
とは，経済を回していくうえで「役に立ちそう」です。とすると，別に
それはバンジージャンプによって表現される必要はなく，「高い木にの
ぼる」とか「動物と格闘する」とか「祭り（成人式）を開催する」とか
でもよいわけです。

　相互に顔見知りでないことの多い都市型の社会では，社会の成員がな

7　とはいえ，現代社会では，人工心臓という機能的に等価な装置がある，ともいえるわけですが。

にも儀礼的に成人化を確認する必要はなく（不可能ですし），なんらかの証明書に記載された年齢が成人であることの証拠として機能するわけですが，いまなお成人式というのは日本でも行われていますね（これも近代において再構築されたものですが）。

　こうした等価機能主義の論理が，さまざまに異なる慣習や風習を持つ社会を比較可能にしてくれる，異文化についての情報をもたらしてくれる，異文化を合理的に理解することを可能にしてくれる，といえます。このことが文化人類学において持つ意義は否定しようもありません。

　このように等価機能主義は，ヘンペル的な機能的説明への批判を逆手にとって，因果的説明では難しそうな課題である「合理的理解」「比較可能性」を提供する説明たりうるわけですが，そうすると，全体社会の維持にとって必要とされる機能の要件はどんなものがあるのか，そして全体社会はどのように境界づけられるのか，という問題が浮かび上がってきます。

等価機能主義以前①

マリノフスキーと

質的研究

　モースとパーソンズはこの問題に対して，ある意味で対極的ともいえる，しかし発想としてはよく似た解答を与えました。両者とも，全体社会の統合（integrity）を成り立たしめる機能を直観的・論理的に特定化し，その機能を果たす機能項目（単位）を見いだし，いわば機能の充足条件を整えていきました。

　ブロニスワフ・マリノフスキーにとっては，全体としての文化の維持という機能（全体への機能・関数）と社会成員にとっての機能（個人への機能・関数）の2つが問題であり，それらは生物としての人間が持つ欲求にもとづいて探索されうるものでした。

　たとえば子孫を残していくという人間の基本的な欲求・本能があるとして，そうした欲求を充足させるために結婚という制度が存在する，あるいは，人びとが集団を形成して協同生活をするという本能があるとして，そういったもののために，このような祝祭などの儀式がある，そしてそれら制度は，全体としての文化に貢献している──。人間として生きていくには，生殖という事柄も，食べるという事柄も，身体を増強することも，そして成長する（生育される）ということも必要（needs）です。

成長するという機能 a を可能にするためには，教育制度 E で表現されるような機能 F（a）も必要で，その教育制度は社会の他の部分とかかわりながら，全体社会・全体的文化の統合に対して貢献しており，かつその制度は個々人の「育てる」「学ぶ」という必要にそくした機能を実現しており，個々人の社会生活を成り立たしめるうえで機能的なものとなっている。現代だと冗談のように思えますが，人間の行動や相互行為の様式，制度をそうした根元的な生物学的・社会的な欲求・本能によって説明しうる，という説明の構図は，19 世紀末から 20 世紀初めにかけては結構な影響力を持った理論でした。

　質的な研究，生活史研究の元祖とされる『ヨーロッパとアメリカにおけるポーランド農民』の著者の一人であるウィリアム・I. トマスは，同書以前には男女の本能の差から，同時代的な社会問題を論じる本『性と都市』を書いていますし，イギリスのウィリアム・マクドゥーガルもまた「本能社会学（instinct sociology）」を展開しており，1921 年にいたっても，シカゴ学派の「無冠の俊英」エルスファース・フェアリスが，「本能はデータなのか，それとも仮説なのか？（*Are Instincts Data or Hypotheses?*）」という名論文を書いているぐらいですから，本能は検証されるべき被説明変数ではなく，説明するための説明変数と考えられていたことがうかがわれます。なにしろ科学といえばダーウィニズムという時代ですから，仕方がありません。

等価機能主義以前②

パーソンズの

社会システム論

パーソンズはマリノフスキーやトマス，マクドゥーガルよりも数世代遅れで出現した俊英ですが，かれは，本能という言葉は使わないけれども，1960 年の社会をシステムとしてみる『社会システム論』（邦訳書は『社会体系論』佐藤勉訳，青木書店，1974 年）あたりから，社会が成り立つうえで必要な機能の特定化を試みはじめ，1969 年に出された『政治と社会構造』（上・下，新明正道監訳，誠信書房，1973-1974 年）では機能要件（functional requisity）といういっけんニュートラルな言葉で「社会が社会と呼ばれうるために必要な機能」を定式化していきます。

　もともとはロバート・F. ベールズという社会学者が分析した小集団分析にもとづき，恒常的に定型化された相互行為パタン（構造）を生み

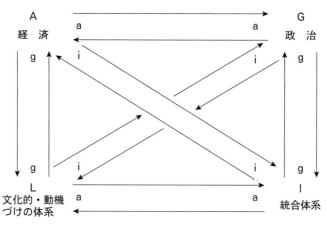

(出所) タルコット・パーソンズ『政治と社会構造』（上），誠信書房，1973
年，p. 346

図3-1　AGIL 図式

出す社会システムの基本的機能の探索をめざしていたのですが，のちに，
AGIL 図式と呼ばれる 4 つの基本機能の摘出を図り，さらにそれぞれの
機能要件を満たすサブシステムにおいても同様の基本的な機能が特定化
されうるとの「仮説」を提示しました。[8]

　AGIL というのは，Adaption（適応），Goal attainment（目的達成），
Integration（統合），Latency（潜在的パタンの維持）という 4 つの機能要
件を指し，それぞれ「経済」「政治」「コミュニティ」「教育組織」など
がその機能を体現するシステムとして指定されます。A を帰属された
経済システムにおいても，その内部で「AGIL」といったサブシステム
が見いだされる，といった具合に，「外部環境との調整／内部関係の処
理」「条件づけ／条件の達成」という 2 つの軸で構成されるこの四象限
図式は，入れ子上の関係性を持っているものとされ，かなり洗練された
機能主義理論が構築されました。

　なぜこの 2 軸なのか，はシステムが作動するための内／外関係，潜在
的条件／顕在化される達成というようにそれなりの説明を与えられてい
るものの，別にこの 2 つの軸しかない，ということが論理的あるいは経

8　この図式の展開の詳細については，溝部明男「パーソンズの AGIL 図式──その形成における基本的問
題」『社会学評論』30〔2〕，1979 年などを参照。

験的に確証されたわけでもありません。このようにしてみると，社会の全体がきれいにみえるよ，ということで，「分析的リアリズム」（分析的に導かれた認識枠組においてであるが，一定の実在性を前提としうる）などと呼ばれたりします。わりとやっつけ気味に，というか直観的に導き出された本能・基本的欲求よりは「なぜこの４つなのか」の意味は洗練されているようにも思えますが，基本的な発想はモースのそれと同様で，基本的機能を直観的に提示し，それによって全体社会の成り立ちを説明するという点で，図式的にすぎることはたしかです。

　モースとパーソンズに共有していえることは，①分析者の問題関心から距離をおいて，客観的なかたちで社会が社会として存立しうる機能要件を特定化しようとしたことであり，②「問題解決」という機能（社会にとっての問題の対処の仕方の可能性）を，分析者が特定化できる，と考えたことです。実は後に述べるマートン型機能主義でもこの点はクリアされていないのですが，等価機能主義という考え方と準拠集団という考え方を提示した時点で，マートン自身はこの問題に肉薄しています。

3 │ 機能主義３つのドグマ

　マートンはマリノフスキー，ラドクリフ＝ブラウンの機能主義が前提とする３つの公準を摘出し，それぞれに鋭い批判を加えています。ここでその批判をクワイン＝デイヴィドソンのドグマ論文の真似をして，「機能主義３つのドグマ」と呼んでみることとしましょう。

批判の矛先①

社会の機能的統一の公準

第１のドグマは「社会の機能的統一の公準」と呼ばれるもので，「すべての文化的に標準化された活動や信念が全体としての社会に対して機能的であり，そこに生活する人びとにとって一様に機能的である」と前提する社会理論です。[9]

　当然のことながら，私たちが「同一の社会」として認識しうる社会内部においても，ある特定の「文化的項目（慣例・信念・行動型式・制度）」

---

9 『社会理論と機能分析』森東吾ほか訳，青木書店，1969年，p.67，訳文の表現を変更，以下同書からの引用はタイトルと頁数のみを記す。

が，社会内の下位集団や個人にとって同じ機能を果たすとはかぎらないということがあります。たとえば，名札をつけるという行為aは，想定される全体社会・学校Xの教師にとっては「人間関係の円滑さをもたらす」という機能（順機能）を持つかもしれませんが，特定の準拠集団R（「不良」グループ）に属す生徒たちにとっては，「既成権力への順応」「仲間への裏切り」といった行為として受け止められる（逆機能を帰属される）可能性があります。

その場合，「不良」たちの準拠集団，つまり自らの価値や正しい信念を供給し正当化してくれる集団Rにとってのaのもたらす機能と，教師たちにとってのaのもたらす機能はまるで異なってきます。ある文化的項目が社会内部で「生活する人びとにとって一様に機能的である」ということは，ありそうもないことなのです。

不良集団Rと教師が，異なる社会に属しているというのであれば話はわかりますが，それは直観に反することですし，なによりそれらが別の社会に属していると判断することによって焦点がぼやけてしまいます。教師たちが「暴走族」と呼ぶような準拠集団Rは，自らに関して「暴走族」とは呼ばず「ホットロッダー」[10]と呼ぶ，といった場合には，教師たちによるカテゴリー化とRの成員による自己認識カテゴリー（「イケてる集団」など）とがずれている，いや挑戦的にずらされている。このズレをズレとして認識するためには両者が同じ社会に属しているといえなくてはなりません。そうでなければ，「暴走族」と「ホットロッダー」の差異そのものを問題化することができなくなってしまいますね。マートンの「社会の機能的統一の公準」批判は，この点を突いたものであったといえます。

この点は，分析の対象とする「全体社会」を，「暴走族／ホットロッダー」という区別を有意味に使用しうる人びとの行為および相互行為の総体として捉える，ということにつながります。「暴走族／ホットロッダー」という区別を用いて自己や他者に帰属しうるカテゴリー，行為および相互行為を説明することができる（accountable）範囲が，この準拠問題にそくした場合の全体社会であり，この区別との関連で有意味に語

10　ハーヴェイ・サックス「ホットロッダー」『エスノメソドロジー──社会学的思考の解体』所収，山田富秋ほか訳，せりか書房，1987年。

られうる行為や発話，相互行為が「単位」となります。

　ここで思い出していただきたいのが，「いじめ」という行為・相互行為＝単位を見定めることが，同時にそのカテゴリーを有意味に使用しうる相互行為の「全体」を見定めることと，論理的に同時であった，ということです。

　ある行為や出来事が，なんらかの機能を持つといいうるためには，ある準拠問題（解決されるべき問題）**にそくして，機能の宛先**（充足することによって同一性を維持しうる範囲）**としての全体社会が特定化されなくてはなりません。マートンが批判した「すべての文化的に標準化された活動や信念が全体としての社会に対して機能的であり，そこに生活する人びとにとって一様に機能的である」という「社会の機能的統一の公準**（ドグマ）**」は，こうした単位と全体措定の論理的同時性を見過ごした粗い機能主義といわなくてはなりません。**

　マートンはさらりと書いていますが，「機能分析の理論的枠組のためには，明らかに，一定の社会的または文化的項目が機能的となる単位を明記しておかねばならない」（『社会理論と機能分析』p.71）というのも，こうした全体と単位の論理的同時性を意味するものと考えられます。この点は，論理的に機能要件を設定したパーソンズやマリノフスキーと異なる点です。「全体社会を想定→その存立条件・機能要件を摘出→個別の出来事（行為・相互行為・制度）の機能性を測定」という論理的順序は，マートンの考えでは成り立ちえないのです。そしてそれが適切であるということは，すでに **Ch.2** でみてきたとおりです。

批判の矛先②

機能主義が普遍的であるという公準

マートンによる批判の第2の矢は「機能主義が普遍的である（universal functionalism）という公準」に向けられています。分析対象となった全体社会に存在するすべての文化的項目が（正の）機能を持つわけではない，ということです。

　マリノフスキーを承けたクライド・クラックホーンは「私の基礎的公準は……いかなる文化形態も何らかの意味で調整的ないし適応的な反応をなすのでなければ残存する者ではないということである」（マートン『社会理論と社会構造』森東吾ほか訳，みすず書房，1961年，第1部第1章第2節）と述べていますが，これは進化論的にいえば自然淘

64

汰の結果残存している事柄にはなんらかの機能（全体社会の統合に寄与する要素）があるはずだ，という強い前提に立つものです。

　ダーウィン的な意味での進化による淘汰は，あくまで自然淘汰であり，目的による淘汰ではありません。ある環境のもとである表現型が複数存在し，そのなかでも環境適応的な表現型が残存する。しかし，その際，のちのち表現型として残存したもの以外のタイプも，偶然やある環境のもとでの適応形態として存在する。その表現型は個体の学習によって習得・継承される（目的因により形質が異なったかたちで遺伝する）ものではなく，環境変化への適合度によって確率論的に相対的に残存する可能性を高めたものにすぎない──これが獲得形質の遺伝というラマルク主義的な進化論が否定された 1930 年代以降の基本認識です。

　なんだか難しげですが，要するに，「残っている」からといって，それがある状況下での最適な表現型であるとはかぎらない，ということです。自然淘汰は，一定程度の遺伝子の浮動を許容し，人為的な学習とは関係なく，表現型の残存／消失を偶然的な環境の変化においてもゆるします。ゆるす，というと目的論的な気がしますが，要するに「一定の幅」を持つように淘汰過程が進むことが，ダーウィン的進化論において重要な意味を持つわけです。人間の腋毛などは，現在おおよそ生物学的機能を持たないように思います。髪の毛にしてもここ 200 年ぐらいの歴史を振り返っても，遺伝子の存続という課題に対する回答にはならないぐらい「惰性」で残っていますね。蒙古斑などもそれです。こうした淘汰が許容する表現型の幅の広さをちゃんと認め，社会に存在するなにからなにまでが意味や機能を持つという前提から離れましょう，というのがマートン第 2 の矢です。

　あまり日本語圏の人間にはしっくりくる話ではありませんが，西欧のサロンや儀式では正装した男性の服の左上にハンカチが添えられています（いたそうです。現代日本でも結婚式などで見られますね）。このハンカチは儀礼上滅多なことでは使ってはならないもので，下手をするとハンカチが固定してある，縫い付けられているスーツもあったほどです。この身だしなみの習慣の発生時には，もしかするとなんらかの機能があったのかもしれません。しかし現在では「そういうものだから」というトートロジカルな機能（別言すると，慣習を破った場合の有徴性）しか，見いだすこ

とはできません。若い人たちがスマホにつけているカバーやアクセサリーは,「他人との趣味の差を示す」という機能を準拠集団内でまだ示すことができそうですが,スーツのハンカチはそれ以上に謎です(考えてみれば亜熱帯気候の日本列島で夏にネクタイをすることの「機能」は謎ですよね)。

　形骸化したマナーというのは,たいていの場合,「礼儀正しさを示す」以外の機能を持たないものであり,ホモサピエンスの尻尾の痕跡並みに機能を欠いたものです。すべての残存形質に機能が帰属されるべきではない,そして機能を特定化する場合にはその場合に機能的寄与を受ける全体を同時に提示できなくてはならない。そうした主としてマリノフスキーを仮想敵とした問題提起が,マートンの放った第2の矢であったといえるでしょう。

批判の矛先③
特定機能項目の
不可欠性の公準

　こうした第1の矢,第2の矢は,めぐりめぐって第3の矢としての等価機能主義へといざない,「同一の項目が多様な機能を持つことがあるように,同一の機能が選択しうる諸項目のどれによってでも果たされうる」(『社会理論と機能分析』p.75)という主張へとつながっていきます。

　ここでは,これまでに見てきた全体と単位の論理的同時性,現存項目の機能帰属の限界性,といった論点についで/と同時に,等価機能主義の主張がされています。この規定に続いて「ここでは,機能的必要は,特殊な社会構造の決定因であるというよりは,むしろこの社会構造を許容しうるものとして解されている」(同,p.75)という説明がなされているのは,きわめて重要です。

　機能的な必要・要件は,全体=社会構造の範囲設定とともに措定されうる。したがって,そうした機能要件が社会構造・全体社会の相互行為パタンを「規定」するというよりは,現在存在する表現形態以外の「可能であった」表現形態の可能性を,指し示すものであるといえるわけです。第3の矢である等価機能主義は,全体/要素,機能的である/ないの区別を経たときにたどり着くべき方法論的帰結として提示されています。

　マートンの記述に揺らぎがあるのは時代を考えれば仕方のないことですが,社会生物学や進化心理学が発展を遂げた現在では,きわめてアク

チュアリティを持つものということができます。マートンは，**意味（づ
け）や当事者・社会成員による定義という問題に踏み込みつつ，全体と
単位，構造（定型化された相互行為パタン）と過程（トークン的相互行為の遂
行）の区別，そして，相互行為パタン（構造）が解決している準拠問題，
パタンが持つ機能**（ここでの機能は，全体社会の安定性に寄与する程度に社会問
題が解決されうること，となります）**と，そうした機能を果たす「他でもあ
りうる」個別の表現型の区別を差し出している**のです。こうした区別を
ちゃんとしたとき，「同じ機能でも他の表現型がありうる」というのは，
とても穏当な主張に思えてきます。

　ちょっと難しい表現が続いてしまいました。なぜ唐突に **Ch.1** で挙げ
た「社会問題」が出てきたのかは，次の章で説明することにしましょう。

　ここで確認しておくべきは，たとえば，ホームルームと異なり月 1 回
ぐらい開催される朝礼のような儀礼の機能分析をしようとするとき，私
たちはまず，(1)「朝礼」という表現型 e（機能項目「校長による朝礼」）が充
足している機能 f（学校全体の一体性を構成員が共有する）を考えますが，そ
れは同時に，(2)機能 f が寄与する全体社会 F（学校全体）を特定すること
にもなります。e を説明する際に，単位となる機能 f と機能の宛先 F は
同時に定められなくてはなりません，というか，こういうタイプの説明
をするとき，私たちはこのような推論をほとんど不可避的に行っている
のです。機能的説明においては，全体と単位を別々に考えることはでき
ないにもかかわらず，全体と単位のタイプや表現型（表現形態）を事前に
定式化しうると考えたのがパーソンズやマリノフスキーでした。

　またヘンペルもまたそのようなものとして機能的説明を考えていて，
だからこそ，その説明様式の科学的意義を否定したということができま
す。そして，(3)当然のことながら，f を充足する「他の機能的等価項
目」は想定可能です。なにも校長先生が月 1 回だれも聴いていない訓示
を垂れなくても，他校とのスポーツ対抗戦や，音楽イベントの開催など
いくつもの同一の機能タイプを充足する相互行為タイプはありうるでし
ょう。なにもこの機能 f に関しては，校長先生にご登場いただかなくて
もよいわけです。しかしもちろん，(4)機能的等価項目が本当に機能的に
等価なのか，同じ準拠問題にそくした解答・機能といえるのか，につい
ては精緻な分析が必要であり，この点は次章以降の課題となります。

**機能的説明を
再構成する**

　この章で確認してきたように，機能的説明はDNモデルのような演繹的・因果説明の構図に乗らないことは事実ですが，その一方で，諸文化・諸社会の合理的理解（「野蛮にみえる文化項目も機能との関連でみれば理に適った項目である」）や比較の視座を機能分析がもたらしてくれることも事実です。

　これを捨てるのはもったいない。というか，西洋近代の社会とも物理的現象とも異なる「未開社会」の説明・比較を因果的説明で貫いていこうとするのは無理筋です。その無理筋をマリノフスキーやパーソンズは追求したわけですが，そういう無理をしなくても複数の「未開社会」の比較ができる／相応に合理的（reasonable）に理解しうるためには，**機能的説明が前提とする「社会の機能的統一の公準」「機能主義が普遍的である（universal functionalism）という公準」「特定機能項目の不可欠性の公準」という3つのドグマ**を取り除き，全体社会と単位との論理的同時性，機能性を見いだすことのできない進化論的な意味での浮動性，等価的機能項目の存在を認め，それをしっかりと整えていけば，DNモデルにすりよるでもなく，またDNモデルそのものを否定するのでもなく，機能的説明の固有の意義を示すことができるはずです。

　このことを明確に捉え，機能主義の立て直しを図ったのがロバート・キング・マートンという人でした。本書では，このマートンの基本的視座を持った理論を**等価機能主義**と呼び，この理論の説明力と方法の指針を考察していくこととします。

　機能的説明そのものはヘンペルが指摘するように，目的論的な構図を採用しかねない「危険な」説明様式です。ダーウィン的な進化論を目的論的に解釈したら，もうそれは科学理論ではありません。それだけの危険性が機能主義にはあり，俗流の進化論からダーウィニズムを分別するのと同様に，民間機能主義（folk functionalism）と科学的な機能主義とを区別するために繊細な配慮をしなくてはなりません。「なんとなく」で理解できるほどには，単純な理論ではないので，この点はくれぐれも注意して読み進めていただきたいと思います。

フォローアップ

因果的説明（ゆえに）vs 機能的説明（なんのために）という説明スタイルの構図は，歴史をどこまでも遡行するならば，例によって例のごとくアリストテレスにまでさかのぼることができるわけですが，そこまで深入りすると泥沼なので，まずは，現代科学論・科学哲学における DN モデル，被覆法則モデルの提唱について大雑把に理解できていればそれでかまいません。

　ヘンペルはもともとドイツ語圏（ドイツ・オーストリア）で研究生活をスタートさせました。ルドルフ・カルナップという，諸科学を検証可能な「観察言明」と論理的演繹によって物理学に還元しうるような壮大な科学哲学をめざしていた「ウィーン学派」の中心的人物とともに，思考を積み重ね，カルナップと同様にアメリカに渡り，いわゆる分析哲学の基礎を構築した哲学者です。

　なんでそもそも DN モデルのようないっけん当たり前にも思えるようなものを立てる必要があったのか，という点は本章では触れられませんでしたが，それは，社会科学や歴史学，生物学，化学，地学……といった具合にばらばらに展開している経験諸科学を，基礎的な観察命題・原子命題と妥当な論理的操作によりスマートに構成されている物理学へと還元するという野心にもとづくものでした。その野望を実現するうえで，生物学などで採用されている機能的説明・目的論的説明は困りものであったわけです。

　ヘンペルの DN モデルは，科学を経験的命題＋論理的推論（分析的命題）により成り立つ命題の集合と考えた検証主義の科学像を，説明の様式という点において明示化したものです。というわけで「どうして DN モデルなの？」「なぜ機能的説明は嫌がられたの？」ということを考えるうえで検証主義の考え方をある程度知っておくと理解が深まります。この点については，科学哲学の入門書，内井惣七『科学哲学入門──科学の方法・科学の目的』（世界思想社，1995 年），野家啓一『科学哲学への招待』（ちくま学芸文庫，2015 年）などである程度確認しておいてください。「検証主義」というハードな科学判別基準を反証主義という立場から批判したポパーも，DN モデルと実質的に同じ含意を持つ被覆法則モデル自体は踏襲していました。ポパーは，歴史学や経済学などが厳密には被

覆法則モデルに当てはまらないことを認めつつ，極力モデルから遠ざからないように人文社会的知について「状況の論理」という追加理論を挿入します。この点については，手前みそで申し訳ないのですが，ネットで拾えるものとして北田暁大「『ポスト構築主義』としての『プレ構築主義』」（『社会学評論』55〔3〕2004年）などをご覧ください。

　マートンの「機能主義3つのドグマ」（と勝手に私が心のなかで名づけているだけなのですが）については，なによりもマートン自身の説明がわかりやすいので，これは原典に当たってみてください（『社会理論と機能分析』森東吾・森好夫・金澤実訳，青木書店，1969年〔復刻版，2005年〕）。ヘンペルの批判を意識したルーマンの機能主義擁護論については，三谷武司「ルーマン学説における等価機能主義とシステム理論の関係[11]」から入り，ルーマン自身の「機能と因果性」にあたってみてください。ヘンペル的モデルと人文社会科学という構図だと，ふつうウィリアム・ドレイなどの歴史言明についての議論が扱われるのですが（G. H. フォン・ウリクト『説明と理解』丸山高司・木岡伸夫訳，産業図書，1984年。この本については，吉川浩満さんの2005年6月21日の「哲劇メモ」の解説が有益です[12]），ルーマンの「反論」はかなり特異なものです。注意深く扱いましょう。

課　題

「機能的説明が前提とする『社会の機能的統一の公準』『機能主義が普遍的である（universal functionalism）という公準』『特定機能項目の不可欠性の公準』という3つのドグマ」とあるが，どういうことか。例として「肩を揉むのはセクハラでなくコミュニケーションの潤滑油だ」というおっさんの言明を想定しつつ，500字程度で説明せよ。

発　展

機能的な分析というわけではありませんが，ポール・ウィリス『ハマータウンの野郎ども』（熊沢誠・山田潤訳，ちくま学芸文庫，1996年）は，たしかに岸政彦さんの解釈がいうように（『社会

11　2006年，http://d.hatena.ne.jp/takemita/20061026/p1
12　http://clnmn.net/archives/1080

学はどこから来てどこへ行くのか』p. 33 など），「ラッ
ズ」という自己執行カテゴリーを用いて行為を
組織化するなかで，学校文化のアウトローたち
が自らの行為を正当化する理由づけをしつつ，
そうした理由が共有される準拠集団をつくりあ
げていく姿を描き出していったモノグラフであ
るともいえます。ウィリスは，上中流階級の生
徒たちと労働者階級の生徒たちが用いる言語の
特徴を描き出し，発話の「精密コード／制限コ
ード」という有名な区分を提示したバジル・バ

ーンステインとともに，既存の教育社会学に対抗する「新しい教育社会
学」と呼ばれる潮流を主導した論者です。なので，ウィリス自身は，規
範適合的・秩序志向的な（と一般に思われている）機能主義に対しては批判
的なスタンスをとっていたのですが，「逸脱」をいわば「葛藤」と読み
替え，自己執行カテゴリーとしての「ラッズ」を介してなされる実践が，
「ラッズ」たち自身にとって「機能的」である様相を描き出しているとも
も解釈できます。色あせない古典ですので，まとまった時間をとること
ができたら，ぜひトライしてみてほしい一書です。フォローアップに挙
げた文献よりこちらを先に読んだほうがいいかもしれません。

　またウィリスと似たような対象を取り扱っていながら，自己や他者に
よって執行されるカテゴリー使用の実践により精細な分析を加えたもの
として，本章でとりあげた**ハーヴェイ・サックス「ホットロッダー――
革命的カテゴリー」**（『エスノメソドロジー――社会学的思考の解体』所収，山田
富秋・好井裕明・山崎敬一訳，1987 年，せりか書房〔新装版，2004 年〕）を挙げて
おきます。カテゴリーが自己や他者から帰属されることによって，行為
や相互行為が理に適ったかたちで組織化されていく，そうした「成員カ
テゴリー化装置」の働きを明確に記したこれまた新しい古典のひとつで
す。

等価機能主義の理論と方法②

等価機能主義のプログラム

1 | マートン型等価機能主義の補正

　マートンという人はおそらくアメリカ社会学史のなかでも1，2を争う俊才で，この人とポール・ラザースフェルドというこれまた間違いなく1，2を争う秀才，サミュエル・ストゥファという天才とタッグを組んでコロンビア大学・ハーバード大学・シカゴ大学の社会学を盛り立てていった人なのですが，残念なことに鋭い理論的考察や批判に優れた業績を残していることで知られながら，そうした理論的知性と，「ハウジングの社会学」や「ラジオ研究」のようなきわめて実証的な分析とがどう対応しているか，なかなかわかりにくい社会学者でもありました。

　その準拠集団論はストゥファの**相対的剥奪**に関する研究（第二次世界大戦中の大規模軍隊調査『アメリカン・ソルジャー』）や，ナチスのプロパガンダに対抗する「心理戦」において，小集団研究を導き，その性能を発揮しましたが，自身が公刊した著書では，同時代の社会学理論が持つ問題を鋭く指摘してくれるものの，マスコミ研究や科学社会学，逸脱研究などの経験的分析のほうはサマリーといった感じで，理論的な問題意識と経験的研究との連関を読みとりにくいことは否定しにくいところです（とはいえ，かれが地べたを這うような「地味な」サーベイをおこなっていたことは学説史の分野ではよく知られています。完璧主義者のあまり公刊書のかたちで世に問うことをためらった，という面があるのかもしれません）。

　等価機能主義にしてもそうです。マートンは機能分析の事例を教えてくれるのですが，それはたいていの場合他の人類学者がおこなった調査研究や，直観的・仮想的な状況設定にもとづく説明（前章の「校長先生の朝礼」のような）であったりします。あと，客観性をどのようにして担保

1　相対的剥奪とは，準拠集団が異なると，客観的には利得が大きいにもかかわらず，準拠集団内での位置との関係から，否定的な評価を与えてしまう傾向を指します。「超エリートクラス」のビリでいるよりも，「普通クラス」のトップであるほうが私的な満足感・充足感は高くなったりしますね。あのよくある現象です。
2　1948年の論文であるRobert K. Merton, "The Social Psychology of Housing" の翻訳が祐成保志さんによって公開されています。「ハウジングの社会心理学」（祐成保志訳『信州大学人文学部 人文科学論集人間情報学科編』45, 2011年）。このハウジング研究のリサーチは大規模なものであったようですが，いまだ日の目をみていません。

するか，という側面についての記述が弱く，すこしばかりあやしげな
「計算」をしてしまったりしています。本章では，マートンが指し示し
た等価機能主義の手順を後追いしながら，その全体的プログラムに適宜
修正を施し，マートンのような俊才ではない私たちでも経験的研究を生
み出し，かつ理論的説明を与えられるような道筋を考えていくこととし
ましょう。

2 ┃ マートン型等価機能分析の範型

序数的に考えるか

基数的に考えるか

私たちはすでにパーソンズ型の機能的説明が科学的説明として成り立ちえないということをやや速足で確認してきました。

　パーソンズ型の機能分析については，恒松直幸・橋爪大三郎・志田基与師「機能要件と構造変動仮説——構造−機能分析の identity crisis」（『ソシオロゴス』5）という論文が 1981 年に出されており，佐藤俊樹さんなど後続世代のなかにはこの論文を重視している社会学者が一定の数います。しかし私は，この論文で用いられている基本的な想定のいくつかの点，たとえば，機能を「社会状態をその『貢献』に応じて『よい／悪い』と評価すること」と定義づけしたうえで，序数的にプロットしうると考えている点など，そのスマートさと裏腹にかなり理論的負荷の高い想定に想定を重ねているように思います。存在

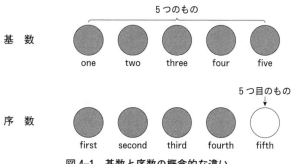

図 4-1　基数と序数の概念的な違い

しないパーソンズ型理論に対して存在しない機能分析としての要件を適用し，その成立不可能性を言っているように思えてしまいます。

　機能を序数的に扱うというのは，経済学において効用の比較不可能性がいわれ，それを受けて基数的にではなく序数的に処理するという方向性にならったものと考えられますが，パーソンズの考えていた機能はそのような性格を持ちませんし，マートンにおいては明確に基数的に捉えられていました。選好の序数的順序付けは一応経験的に確認できますが，機能について順序付けが可能であるという場合，いったい何のことをいっているのか，私にはその真理条件に皆目見当がつきません。

　そうした出発点から，操作的な構造の定義などを介して推移律や結合律などから演繹的に議論を展開されても，いったい何がなされているのか理解することはきわめて困難です。数理モデル化は理解可能性・比較可能性を高めるために存在するはずなのに，数理モデルらしいものを創り出すことが目的となっているようにしか思えてしまうのです。

　私たちはもっと簡単な話，ヘンペル的な科学的説明の定式を採用する場合に，パーソンズ型のモデルには科学的説明として問題があり，また機能的説明としてはマートンが指摘する「機能分析のドグマ」に対して対応しきれていないということ，そしてかつ，実際に経験的研究を生み出すプログラムとして機能していないという点をもって，マリノフスキーとパーソンズ型機能主義の問題を確認してきました。

　やや脱線した話にはなりますが，数理モデル化はそれ自体が目的とされてはなりません。数理モデル化は科学的説明のための一手段であり，分析対象が数理モデルになじまない場合には，あるいはそのモデルが表現する世界の状態を私たちが（常識的推論によって）理解できない場合には，モデル化そのものを疑ってかかるべきです。数字を扱う貴重な能力は，数理モデル化よりは，むしろ計量分析のために使っておいたほうがよい，というのが私の考えです（とはいえ，優れた研究者にはどっちもできる人が多いのも事実ですが）。

　話を戻しましょう。マートンの機能分析の「暫定的指針」（『社会理論と機能分析』青木書店，1969年，p.106）ですね。追ってみていきますが，ここでは，機能は明確に基数的に捉えられています。それがよいか悪いかは措いておくとして，たしかにマートン的な考え方からいくと序数的な理

解というのは難しく，基数的な理解になってしまうだろうとは思います。しかしそうした理解とは別の第3の道がありうる，というのが私，というか，等価機能主義のもっと秀でた継承者であるニクラス・ルーマンの考察です。ともあれ，マートンの指針をみてみましょう。

指針①機能が認められる項目を設定せよ　さきほどから本書で使っている項目という言葉は英語でいえば argument, element term にあたるものであり，機能を表す英語が関数を表す function であることから，関数・機能の「項」といったニュアンスで使っています[3]（機能や逆機能を分析的に付与されうる「社会現象」のことです）。焦点を当てる分析対象（出来事・行為・相互行為・制度・信念）であると捉えておいてください。世界には多くの出来事や行為，制度などが存在するわけですが，そのうちのどれが機能・関数の項となりうるか，というのがこの第1の問題設定です。

　機能・関数の項ですから，世界のなかのあらゆる出来事を含むわけにはいきません。このうち，分析の対象となる項の候補は「定型化されたもの」，つまり，出来事のトークンではなく，出来事のタイプである，というのが出発点です。私が 2017 年 1 月 26 日 13:00 から 16:00 まで大学で社会調査法の講義をしていたという出来事は，それ自体個別的な，トークンとしての出来事ですが，「大学での社会調査法の講義」とすればタイプとしての出来事として理解することができます。まずは，分析対象をこうしたタイプ化可能な出来事・事態・行為などに限定する，というのがマートン・マニュアルの出発点です。

　実にくだらない，当たり前のことのように思われるかもしれませんが，案外これは重要で，私たちは「シーザーがルビコン川を渡った」という一回的な出来事ではなく，「条件 C のもとで，権力を持つ支配者 x が y という決断的な行為を行う」というようにタイプ的出来事に翻訳して分析対象とするわけです。これは「個性記述的／法則定立的」科学（一回的な出来事を分析する／法則によって表現される傾向性を持つ事柄を分析する）という新カント派の区別とはあまり関係ありません。

　シーザーの行為を社会学的・機能主義的に理解しようとするならば，

3　こうした「問題-項」という捉え方は，むしろルーマン的なものといえます（土方昭監訳『法と社会システム』新泉社，1984 年）。

シーザーの決断をめぐる一回的な偶然的原因や原因となった動機を探り当てる，というのではなく，それをいったん，社会制度や歴史的な文脈を含み込んだ「条件C」のもとで，ある信念の体系や知識，役割を持つ人間であるならば，行為y（かzか……いずれにしても特定の範囲を持つ行為タイプ）に及ぶ，というように定型化して考えなくてはなりません。

このあたりをどう実際に一般化するのか，DNモデルに適合的なかたちにまで一般化できるのかは難しいテクニカルな話で，ウェーバーであれば理念型というアイディアで，ポパーであれば状況の論理と呼ばれるアイディアで，この一般化の方法を探っているわけですが（北田『社会制作の方法』〔勁草書房，2018年〕参照），いずれにしても，一回的な出来事ではなくタイプ的な出来事（実際には一回しか起こらなかったとしても，タイプ的に表現しうる出来事）が機能分析の対象となるということです。

当たり前のことではあるのですが，いざ論文を書くとなるとこの点を忘れてしまう，というか，自分が扱っているのがタイプなのかトークンなのかがわからなくなる人が一定数出てきますので注意が必要です。

指針②動機・目的といった志向的概念との関連を考察せよ

さてこのようにタイプ的な出来事が分析の対象となるとして，それはタイプ的であればいいというものではありません。台風がある条件のもとで飛来することもタイプ的な出来事として説明することができます。そこで次に必要となるのが志向性（intentionality）との関連です。

タイプ的な出来事のうち，社会学的機能主義の対象となるものは，社会を生きる人びとにとっての目的や動機となんらかのかたちで関連を持つものにかぎられます。

このあたりのマートンの記述はあいまいなので，「ある観点を採ったときに，意図的・目的志向的な行為・相互行為であると記述しうるような行為および相互行為（制度）」である，としておきましょう。マートンは，主観的に措定される動機概念を（前提的にであれ，明示的であれ）用いる分析には否定的なのですが，一方で，なんらかの形でデータとして標準化された（standardized）動機概念については「主観的な性向・傾向性」を表現するものとして，その分析上の重要性を綱領的に記しています。[4]動機というのも本当に難しい概念ですが，当時のアメリカ社会

学や心理学で多用された用語です。個人の行為の目的あるいは原因となるような信念・欲求のあり方，とでも表現できるでしょうか。

「私は……ゆえに（原因）／……のために（目的）……という行為を意図的におこなった」といえるような行為・出来事，あるいはこの動機の説明にかかわる制度（選挙や議会，学校などの人為的な相互行為パタンの集合）が機能分析の対象となります。当事者や分析者が志向性をもつ対象として記述しえないような対象は分析対象のリストから外されます。「真空においてH$_2$Oは摂氏100度で沸騰する」というのは，他の条件が等しければ，違背されえないような法則（law）ですね。しかし私たちの行為や発話の規則性は，そうした意味での規則性ではありません。違反されえないような法規範は論理的にありえません。

意味的に構成され，理由によって正当化されうるように，従う／違背するという実践が可能な規則（rule）。それが，私たちの生活世界を可能たらしめている規則性です。その規則性は，違背したり，意味を問い返されるときに原因・理由にもとづく動機によって説明されることができます。原因としての動機といっても，ある記述のもとで意図的といえるためには，動機自体は志向的な語彙によって記述されなくてはなりません。志向性に関連させることができること，それが社会学が扱う行為や相互行為，出来事であるための条件です。

近年ではルーマンの社会システム論を完全に誤読して，志向性抜きのシステムの自己組織的作動をネットの言説分析などで用いたりする分析が散見されますが，そうした分析は機能的説明とは無関係ということになります。この志向性関連付けテスト（tests for intentionality）に合格しないような対象を分析することは，社会学的機能主義にとっては無理難題であり，そうしているようにみえるとすれば，どこかで記述に問題があると考えたほうがよいでしょう。

---

4 『社会理論と社会構造』邦訳45ページ，および *On Social Structure and Science*, The University of Chicago Press, 1996, pp. 81–82.
5 デネット的に表現するなら，志向的態度を帰属しうるか，とでもいえるでしょうか。

マートンの

ホーソン効果

概念づくりの名手マートンが創り出したものにホーソン効果（Hawthorne effect）という用語があります。これはウェスタン・エレクトリック社のホーソン工場において，1924年から1932年まで数回にわたり分析責任者を代えて行われた実験・調査を受け概念化されたもので，別の文脈ではピグマリオン効果などと呼ばれたりもします。

ホーソン実験は，はじめは電球の販売業者の「照明を明るくすると作業効率・生産性が高まるのではないか」という仮説（人間工学的な準拠問題）のもとにホーソン工場で開始されたものですが，照明の効果がないことがわかると，次第に，休息形態・時間や，温度・湿度，賃金インセンティブ，チームの組み方などが「いかに生産性を高めうるか」を調査する一般的な作業効率研究，経営学的研究となっていきました。初期の照明実験では，実験群を別の部屋で作業にあたらせたところ，たしかに照明をあかるくすると作業効率が高まるという傾向がみられました。さて，この結果を受けて「照明の明るさは作業効率を高める」と結論づけしてしまってよいでしょうか。

ダメですね。ひとつには実験群とは別の比較対象が用意されなくてはなりません。それはまあ，別室に連れてこられなかった普通の作業者ということでいいとしましょう。しかし通常の実験研究では，もう一つ群をつくらねばなりません。なんでしょうか。ピンとこない人はいったん本を閉じて少し考えてみてください。いや，本気で。

＊

はい，答えは「対照（統制）群」と呼ばれるもう一つの群を実験の対象としなくてはならないということです。

「照明が強くなると作業効率が上がる」としても，たとえば「照明が強くなると作業効率が上がる（という実験に参加している）」ということを知るがゆえに，通常よりも仕事がはかどる感じがしてしまう人もいるでしょう。その人の作業効率が上昇したとして，それがはたして照明によ

6　ホーソン実験についての詳細は，大橋昭一・竹林浩志『ホーソン実験の研究——人間尊重的経営の源流を探る』（同文舘出版，2008年）を，ホーソン実験から生み出された人間関係論的経営学については吉原正彦編著『メイヨー＝レスリスバーガー——人間関係論』（文眞堂，2013年）などを参照してください。

るものなのか，それとも「普段とは違う効率的な環境にいる」という信念が生み出したものなのか，は識別できません。そこで，照明を強くすると言いながら実はランダムに強めたり弱めたりする，あるいは一定のままにしておくといった措置をとる対照群を用意します。薬品の開発などではよく使われる手法ですが，照明の独自の効果を検出するために，思い込みなどの効果を統制（control）する，すなわち「他の条件は等しい」という状況にするわけです。他の変数を統制しても照明の効果が見られたとすれば，それは固有の効果を持つといえるでしょう。

　現代であれば最初からこのように実験群・対照群をセットにして調査しますが，当時はまだ一部を除いて手探りで実験をしていました。ホーソン実験では「おお，照明の効果がみられたぞ！」と喜んだのもつかの間。念のために照明を弱くしたり変えなかったりしたところ，その場合でも作業効率が上がってしまいました。このように「照明が強くなると作業効率が上がる（という実験に参加している）」という信念ゆえにもたらされるいわば「偽薬（プラシーボ）」効果のことを，**ホーソン効果**と呼びます。実験群・対照群に分けるという比較実験法が社会学や社会心理学のフィールドに広まる契機ともなった実験です。

　照明実験の後も，休憩時間や労働時間，湿度や温度，おやつの有無，監督者や分析者のポジションなどさまざまなことが観察調査・面接調査の対象となりましたが，どれもはかばかしい効果はみられませんでした。結果的に，G. エルトン・メイヨーやフリッツ・レスリスバーガーといった経営学者たちが出した結論は，労働環境そのものの人間工学的要因ではなく，むしろ流れ作業の外部に存在する非公式な組織などの人間関係が効率には効果を持つ，という「人間関係論」となりました。ずいぶんとお金をかけて行われていたわけですが，途中に大恐慌などもあり，異例の大規模・長期の労働環境調査となっており，いまなお歴史的価値を認められている研究です。

合理性の理解へ

さてマートンです。こうしたホーソン効果にマートンが関心を持っていたことは理解できる話です。照明実験や，休憩（疲労），その他のインセンティブの効果計測などで生産効率が上がるというだけならば，人間を生物学的・工学的，あるいは経済学的に捉えた制度設計

をすればよいだけの話となるはずです。しかし，ホーソン実験の結果は，生産効率といった経営者にとっての準拠問題が，そうした生物学的，人間工学的なかたちで解決を与えられるものではなく，人びとの準拠集団の存立にかかわっているということを示しています。また，人間が自らの環境を（客観的な環境変化とは独立に）定義づけ，その自ら構築した環境のなかで，自らの行為を方向付ける，ということもあきらかになったといえるでしょう。後者についてこれまたやはりマートンによって「トマスの定理」「予言の自己成就」といったキャッチーな名前が与えられています。

先の志向性関連付けテストに合格するというのは，①分析対象がなんらかのかたちで人びとの目的的な動機（「ために」），理由にかかわる動機（「ゆえに」）と関連していること，そして②人びとが自らの行為が位置づく環境を意味的につくり出していること（動機・目的・理由をつくり出していること），という2つの含意を持ちます。両者を包括して述べるなら，分析対象を，分析者あるいは人びとによるある記述や定式化のもとで合理的なものとして理解できること，とでもいえるでしょうか。

合理性（rationality）という概念は，しばしば指摘されるように，絶望的なまでに多様な意味を持った概念ですが，この場合は，「ある行為や，相互行為が，特定の状況・条件Cのもとで，信念や知識の体系Sと，欲求Dを帰属しうる場合に，ある記述のもとで，DとSを理由もしくは原因とした理に適ったもの（reasonable, accountable）として理解できること」としておきましょう。

ホーソン実験において，「照明を弱めても労働効率が上がる」「労働環境を変えても労働効率が上がったり下がったりしない」というのは，人間工学的な記述のもとでは，あるいは休憩時間や賃金インセンティブを与える（コストをかける）経営者の観点（そうした観点に基づく記述）からすると，合理的に理解することが難しいものですが，準拠集団の活性化，効率が良い環境におかれたという自己定義が理由（原因）を構成しているとすれば，常識的な推論でも，十分に理解可能なものです。

---

7 理由としての動機と原因としての動機という区別は，アルフレッド・シュッツの議論のなかで大きな意味を与えられています。この点については北田『社会制作の方法』（勁草書房，2018年）の第5章をご覧ください。

逆にいうと,「どの記述のもとで合理的といえるか」が不分明である場合には,機能的説明の候補としては弱く,分析の焦点が定まっていない,合理性判断の規準点を明示しえていないということができます。この合理性判断の規準点を明示することが,志向性関連付けテストを満たしていくうえで,重要な手続きであるといえるでしょう。ここで挙げられる記述は必ずしも当事者,社会の構成員によって自覚的に認識されている必要はありません。この点を問題化するのが第3のステップです。

3 | 合理性と等価機能主義

指針③合理性判断の

規準を明示化せよ

続いて,第3の命題に移りましょう。実はこの項目から,マートン・マニュアルと表現が変わってきます。というのも,このあたりからマートンの議論自身に論理的混乱というか,経験科学としての経験性を担保する説明力が欠如していくようにみえるからです。

マートンの元のテクストでは「客観的結果（機能,逆機能）の諸概念」を分節せよ,というふうに書かれています。かれは,社会学的な文脈での「機能」概念には2つの混乱がみられる,といいます。第1は,機能項目が,それを含む全体（社会システム・文化システム）に対して果たす積極的・肯定的機能に議論が限定されていること,第2は,動機という主観的カテゴリーと機能という客観的カテゴリーとが区別されていないということ,この2点です。

この2つの混乱を回避するためにマートンは,「順機能／逆機能」「顕在的機能／潜在的機能」という2つの対概念を提出するのですが,私としてはこうした区別は無用であり,むしろ第2の命題「動機・目的といった志向的概念との関連を考察せよ」を深化させていくならば,無用どころか有害ですらあるのではないかと考えています。

表4-1　マートンによる機能分類

	順機能	逆機能
顕在的機能	顕在的順機能	顕在的逆機能
潜在的機能	潜在的順機能	潜在的逆機能

第1の混乱は，機能には全体社会の統合性にプラスに寄与するものばかりが記されているが，同じ事象でも，別の観点からみるならばむしろ社会統合にマイナスに機能するものもあり，このプラスとマイナスの差引勘定が必要ではないか，というかたちで提示されています。その結果マートンは順機能／逆機能という対概念を提示し，それを量化したうえで機能の測定を行うように，と指示するわけです。これがさきほど述べた機能概念の基数的把握です。

　たとえば大都市の裏経済を仕切っているボスマシーン（暴力団みたいな集票集団）の存在は，「法や道徳にそくした社会の公的秩序を乱す」という逆機能を持つが，「公的扶助を与えられない地域の貧困層に金銭取得の機会，就労の機会を与えている」という順機能を持つ。成人の儀式や婚姻にかかわる儀礼など，順機能ばかり追っているとこういう逆機能を見落としてしまう。機能項目をみるときは，順機能ばかりではなく逆機能も観察し，順機能から逆機能を差し引いた「機能」が特定化されねばならない，と。

　また第2の議論は，こうした機能に関して一般の人びとが認識しうる顕在的機能と，分析者が析出しうる潜在的機能とを区別すべきである，ということです。トーテムや供儀の順機能も逆機能も当の社会を生きる人びとにとっては顕在的ではないかもしれませんが，分析者は順機能的であると判断することができます。人びとが理解しうる，知っているのとは異なる基準で，分析を進めなくてはならない，と。「名札をつける」という行為タイプが持つ潜在的な逆機能などを摘出するには，当事者が知っている／理解できる機能と分析者が記述しうる機能とを分けて考えなくてはならない——。

　相応に魅力的な提案ですし，ようやく科学っぽい「計算」ができるような気がしてきます。しかし，これは，マートン自身が，合理性の規準を一意的に定めうるという，自身が立てた第2の命題に反する前提をとっていることを示しています。私は，さきほど，「動機・目的といった志向的概念との関連を考察せよ」というマートンの命題を，もう少し一般化して「合理性判断の規準を明示せよ」と言い換えておきました。ある出来事タイプが，マートン的な意味において合理的であるといえるためには，ある記述のもとで，ある項の存在が全体と関連づけられ，理に

適っていると判断できることが必要である，というのが第2の命題を敷衍した本書の議論でした。

この命題にあるように，ある出来事タイプの合理性の判断には必ず，合理性判断の規準（視点といってもよいです）が入り込みますから，客観性を担保するにはこれが明示できなくてはなりません。ひとつの出来事はもちろん複数の記述を呼び込みますし，また機能的説明に限定しても複数の記述がありえるでしょう。これは「他の項（表現型）でもありうる」という等価機能主義の外延的側面と裏表の関係にある，等価機能主義の内包的な性格を前面化したことにすぎません。

重要なことは，そうした記述を可能にする合理性判断の規準点を明確化することこそが客観的な分析たりうることであり，その判断にもとづく記述を当事者が理解しうるからといって「主観的」というわけではないということです。逆に，分析者の依拠している記述の準拠点が示されない場合には，専門的な分析者が差し出しているからといって客観的と速断することはできません。合理性判断の規準の明示は，それ自体，客観的／主観的という区別を呼び込むものではないのです。ましてやそれを数値化して差し引きすることなどいったいどうやったらできるのか見当もつきません。経済学の効用概念ですら基数的な理解を断念しているというのに，機能を基数的に把握するなどということはおおよそ科学的に可能な要請ではありません。[8]

合理性判断の規準　もちろん分析者と，とくだん社会学者ではない人びととでは立場が異なります。なにしろ社会学者はわざわざ社会を対象化してとらえるという特殊な行為（社会に関する定式化）を仕事としておこなっているのであり，その意味で人びとと同じ立場にあるとはいえません。しかし，その特異性は，社会を認識する特権的な立場，なにかとてつもなく優れた分析装置を持っているということにあるのではなく，人びとが使用している（ときに自分の行為の理由や動機として述べる）さまざまな合

8　効用それ自体が序数的な性格を持つか否かを検討せずに，モデルの便宜のために序数的階層性を導入したわけですから，推移律でトートロジーや循環がみられたとしても，さほど不思議なことではないのですが。社会学の場合は，社会意識の数量化に値する尺度を用いて分析したりするのですから，基数的な把握を排除するのは，出発点からして間違っているといえます。

理性判断の規準を比較対照することに習熟している[9]，という点にあります。

　自分の行為の理由や動機を述べなくてはならない，つまり自分の行為を正当化したり，合理的に説明したり，という状況は，実は社会生活のなかでそれほど多いものではありません。

　朝起きて電車に乗り学校につき講義を受けてサークル部屋に顔を出して夕食をバイト仲間と食べて帰宅する，というありふれた1日の行為連接のなかで，自分の行為を合理的に説明する機会というのは，そんなにないでしょう。

　ふだんほとんど講義に出ない人が突然講義に出てきたときに「なんで今日来てんの？」とか，ふだんユニクロづくめの人がスーツ姿でサークル部屋を訪れたとき「なにそのカッコ？」とか聞かれるといったように，自らの行為を説明する機会というのは，ある意味でとても珍しい場面です。ルーティン（相互行為のパタンやパーソナリティの帰属）が狂ったときにひょっこり現れるといった類のものといえるかもしれません。

　しかし，です。そのようにふだんことさらに自分の行為・相互行為の説明をする機会が多くないからといって，人びとが自分の行為の理由や動機を「知らない」ということはありえなさそうです。多くの場合，説明の構図に幅はあっても人びとは「問われれば」自分の行為の理由や動機を答えることができます。「いやあ，別になんとなく」という答えもまた自らの行為のある種の合理化言明です。どのような観点からしても理由をもって説明を与えることのできない人，合理性判断の規準を帰属しえないような人がいたとすれば，私たちはたちどころにコミュニケーションに支障をきたしてしまうでしょう。

　逆に，一つひとつの行為にいちいち理由や動機を尋ねられてもやはりコミュニケーションに支障が出てきてしまいます[10]。要するに，私たちは

9　合理性判断の規準を比較対照できるとは，ある出来事を複数の理由空間のなかに位置づけることができ，かつ特定の状況のもとで適切な理由空間を選択しうるということを意味します。このことを慣習的に大まかには適切なかたちで行うことができる，というのがここで述べようとしていることです。

10　このことの「証左」としては，ハロルド・ガーフィンケルの違背実験が有名です。たとえば家族のなかで，「ご飯だよ」「窓開けて」「早く片付けて」といった発話を受けた実験者がそれらの発話行為すべてに「なぜ？」「どういう意味？」などと問い返したらコミュニケーションは大いに破綻してしまいますね。私たちは，理由や動機を尋ねなくてもおおまかに常識的知識を共有しており，それをことさらに言語化せずに相互行為を行っているわけです。「自然状態（シュッツ）」のなかでは，理由も知識も信念も有効に活用・運用・推論されているが，それを言語的に明示化するということは「不自然」なこととなってしまいます。ルールに習

ある程度，他者が「問われれば応えられる」程度の理に適った説明をなしうる，合理的判断の規準を提示しうる存在であることを当てにして社会生活を送っているわけです（あてにできることが社会が社会たるゆえんであるといってもかまいません）。社会の側がそのようにして成り立っている以上，あるいはそうした相互理解の可能性を当てにして秩序が形成されている以上，社会学者が合理性判断の規準点を差し出す際に，人びとが用いている合理性判断の規準を「素人談義」として看過するわけにはいきません。

社会学的機能主義
の役割
機能的説明を試みる分析者は，自らが立てる合理性判断の規準を，人びとの日常生活のなかから拾い上げ，それを他の合理性判断の規準と比較可能なかたちに抽象するという作業をおこなっているのであり，それは認識論的な意味で客観的というわけではありません。「名札をつける」という（相互）行為タイプ（制度）は，ある観点からすれば「社会生活の秩序に順応する態度を養う」とか「社会化の契機となる」とか表現できますが，別の観点からすれば「同調的で従属的な人格を形成する」とか「親が育児に興味がない場合は，他の家庭に比べて名札を付けるという行為への誘導が弱く，結果的に名札制度はいじめを助長している」など，複数の相応に理に適った記述を生み出しえます。

　こうした複数の合理性判断の規準を摘出し，それらを比較対照し，分析者（それは当事者でもありえます）の準拠問題にそくして（ということは問題となっている項目が機能を持つ全体はなにかを明示化しつつ）どのような合理性判断の規準がより適切か，関連性があるか，を差し出すことが社会学的機能主義の役割です。

　「逆機能か，順機能か」「顕在的機能か，潜在的機能か」は，客観的／主観的という区別によって特定されるものではなく，「……という準拠問題 RP においては，全体社会 S は……と捉えられ，そのなかにおいて現在とりあげている機能項目 T は F という機能を果たす」というように，**準拠問題との関連を理に適ったかたちで指し示していき，意見の**

熟し運用できることとルールを解釈することとは違う，という論点にも繋がる問題です。後者の点については，河村賢「『ルールに従うこと』はいかにして記述されるか──サールの外的記述と初期ロールズの内在的記述の差異について」（『現代社会学理論研究』7，2013 年）が示唆的です。

対立にみえたものが，準拠問題の相違に由来するものであるとか，ある問題意識（社会問題の解消）というメタ準拠問題にそくしていうならば，どのような合理性判断が明示されなくてはならないのかを比較検討し，機能的等価物といいうるものがあれば，それを提示する。

　この準拠問題，というか正確にはメタ準拠問題（問題意識・社会問題の焦点）の設定を分析者がなすか，当事者がなすか，はある意味で相対的な問題であり，とことん両者の差異を切り詰めていって，「そもそも人びとがある事柄を解消されるべき問題としてどう捉えるか」という点から分析をはじめることも，「……という社会問題がある観点からみた場合に存在すると主張するに十分なデータがある。この問題を準拠問題として機能分析を開始する」ことも可能でしょう。

　後ほど述べるように，この点は議論が分かれるところですが，私自身は好み，というか準拠問題の違いの問題であり，分析の妥当性とは別問題であると思っています。ただ分析者が準拠問題を立てる場合においても，人びとの準拠問題との意味連関を無視することはできません。それは第2の指針がいうとおりです。私としては，人びとがある問題設定のもとで，準拠集団として認識している集団内で有意味な問題として認識されている事柄を準拠問題検出の出発点とする，というのが好みです。

指針④分析の単位と全体　メカニズムを明示化せよ

これは，マートンは3項目に分けて述べていることなのですが（「機能の働く単位の諸問題」「機能要件の概念」「機能が充足されるメカニズム」），実質的に同じことを意味しているので，一つにまとめました。

　すでになんども繰り返し述べてきた論点ですね。項となる相互行為タイプが外延的に同一でも，準拠集団ごとにそれが異なる記述をされる（「州」を全体としてデータを処理する行政官と，スラム街の住民と，スラム街の状況の改善を図るソーシャルワーカーとでは，ボスマシーンへの判断がそれぞれ異なり，異なる機能を与えられる）わけで，要するに単位と全体との論理的な同時性のことです。私が書き換えた第3の命題でマートンが言いたかったのは，本来このことであったのではないか，と思います。

　ところがマートンは突然，ていねいに比較対照する分析者の位置から離脱し，「どのように個／全体を設定するか（されているか）」の観察では

なく，「潜在的／顕在的」「順機能的／逆機能的」という別の話にすり替えてしまった。その揚げ句に「機能の差引勘定が必要だ」と言いはじめるというのは，いくらなんでも筋が悪すぎます。本来の問題は「単位／全体の論理的同時性（エスノメソドロジーのいう相互反映性）」という問題であったはずです。

　ただ，ここで等価機能主義そのものとは異なる問題が提起されているのも事実です。単位を定めるとき同時に全体も枠づけられているので，それを明示化せねばならない，というのは等価機能主義の理論が示す命法ですが，この命法はその全体なるものがなにか，は明示していません。

社会システム
とはなにか
さきほどからちょくちょく「社会システム」という言葉が出てきていますが，全体が社会システム（恒常的な相互行為のパタンを持ち，環境とシステムをたえず境界づける全体）であるというのは，いくつかありうる「全体」の選択肢のなかの一つにすぎません[11]。そうしたかなり生物学のアナロジー的な要素を持つ社会システムでなくとも，たとえばメンバーシップや規約で外部と内部を分ける「組織 (organization)」でもいいわけですし（会社や学級なんかもこれですね），国際連合に加盟している国家というのもしばしば比較研究に使われる人為的単位です[12]。ここでマートンは「全体」の候補として，社会システムを挙げていますが，これはパーソンズやルーマンのように強い規定性を持つシステム概念ではありません。「役割分業，制度的諸要求の分化，価値の序列的配列，社会的分業，儀礼・儀式の制定など」（『社会理論と機能分析』p.103，訳文の表現を変更）というように，相当に幅の広いゆるい概念で，準拠集団と言い換えられるようなものです。

　私自身は，進化論的な成果をとりいれうるという点で，社会システムという全体の設定を擁護する立場をとりますが，むしろここで重要なのは，マートンが等価機能主義の理論と社会システム論との独立性を認識

11　全体性を前提に議論を組み立てる場合でも，たとえばマルクス主義や歴史的社会政策学などさまざまな「全体」の立て方が可能です。マートンの場合，「社会システム」と「社会集団」はさほど異なる意味を与えられているようには思えません。この点は「システム」であることに拘泥したルーマンとは決定的に異なる点です。
12　ルーマンは社会的システム (Soziale Systeme) を相互行為，組織，全体社会の3つに分けて考察しています。日常的な相互行為場面，メンバーシップが境界線として強い意味を持つシステム，分化した機能システムといった見立てですが，なぜこの3つに絞られうるのかはいまひとつあきらかではありません。

している，ということです。等価機能主義はある種の社会の見方を教えてくれますが，「社会とはなにか」「なにが単一の社会か」といった問いには答えてくれません。等価機能主義と，社会システム論とは別個の問題設定を採る理論であり，パーソンズのように，なんとなく機能主義＝社会システムという見方は論理的に必然的なものではありません。この点をがっちりと論じたのがルーマンの機能構造主義です。それはまた次章以降の課題となるでしょう。

指針⑤機能的等価物および等価性の範囲を画定せよ

この論点は等価機能主義にとってとても重要なことなのですが，実は④の問題（等価機能主義そのものとは独立して考察されるべき「全体」の画定問題）と密接にかかわっており，章をあらためて考察を深めていきたい論点です。

この点についてもマートンは「機能的選択項（代替肢）」「構造的脈絡・拘束」「機能分析の検証に関する諸問題」と3項目に分けて説明しているのですが，いずれも同一の問題を扱ったものです。等価機能主義を名乗る以上，機能的等価物を考察せよ，という命題はごく当たり前のことになりますが，本書の言い方に改めてみると，「表現型として現れた項が充足する機能および，その機能の宛先である全体を明示せよ」ということになります。

　ある解決されるべき準拠問題，たとえば集合的意思決定があるとします。この問題に私たちの生きる社会はどのように対処しているでしょうか。現代の日本では議会制民主主義という間接的な民主主義がとられていますね。議会で多数派をとった与党が権力を持ち，その権力発動を正当化するのが議会での討議ということになっています。しかし当然のことながら，これ以外にも集合的意思決定を可能にする制度（相互行為タイプのパタン）は存在します。アメリカ合衆国の大統領制は，共和制・民主制を併置しており，もちろん議会との折衝を必要としますが，日本やイギリスの首相よりも強く権力の発動可能性を担保された制度ですし，旧ソ連のように，実質的に民主的選挙による正当化を必要としない代議員制度，政党支配の構図もありえます。時代をさかのぼれば絶対君主制，哲人政治みたいなものもあるわけで，議会制民主主義だけが唯一存立しうる，あるいは倫理的に優越する政治形態ではありません。集合的意思

決定という準拠問題にそくした場合，議会制民主主義（＋天皇制）の機能的等価物は存在します。

　大統領制でも天皇のいない議会制民主主義でも，独裁制でも代議員制でも，そして直接民主主義であっても，集合的意思決定という準拠問題については機能的に等価であるといえます。しかしいま述べたように，「他でありうる」ことは経験的水準において容易に代替可能であることを意味しません。法の安定性を重視するのであれば，あるいは天皇という特異な法的地位にある主体の特異性を重視するなら，議会制民主主義を「超える」権限を天皇に与えるかどうかは，機能的に等価であっても，経験的に可能かどうか，他の社会領域（法や行政，教育など）にどのような影響があるかが慎重に検討されねばなりません。[13]

　機能的に等価であるとしても，機能項目を代替すると，他の準拠問題（教育や行政の制度，法の安定性）に影響を与え，結果的に準拠していた「全体」そのものが変わってしまい，その結果短期的に帰属した機能・合理性が損なわれる可能性もあります。そのような複数の合理的判断の準拠点を比較対照・考察することこそが等価機能主義の醍醐味であり，また基本的な研究プログラムです。

4 ｜「他であること」の合理性判断と経験的検証

「他である可能性」

　さて機能的等価物の存在はさまざまな合理性判断の比較を意味するので，それ自体が道理的（reasonable）であれば「他である可能性」はかなりの広がりをもって考えられます。「思想」と呼ばれるものは，そうした「他である可能性」を指し示していく方法のひとつであるといえるでしょう。しかし，合理性判断の比較において「他でありうる」ことと，経験的・物理的に「他でありうる」こととは意味が異なります。等価機能主義は，この後者の比較も行わなければなりません。

13　この点の考察が思弁的になりすぎるとただの「わたしのかんがえたさいきょうのにっぽん」みたいな話に絡めとられていってしまうので，本当はもっと準拠問題を限定すべきなのですが。

そのためには，通常の実験的研究がしているのと似たような手続き，つまり実験群と対照群とを分別して，理論的に「他でありうる」機能的等価物が，表現型として存在可能かを検討しなければなりません。しかしマートンも指摘するように，社会という対象はそうした実験的な統制を受けつけてくれるものではありませんね。なので，次善の策として私たちは通常，「国」や「地域」といった行政的単位を一応の当てとして認め，「他の条件が同じとある程度みなされる群を抽出し，機能的等価物に代替した場合の機能や効果を検出する」という作業をしたりします。

　たとえば少子化問題という準拠問題が設定された場合，「女性の社会参加を進め，育児養護の社会化を進める政策」という機能的等価物のみならず，「家族の絆を強める政策」「3世帯同居を推進する政策」などの機能的等価物を検討するわけですが，その場合，少子化に関連するとみなされうる項目（家族政策や女性の社会的地位，育児の社会化など）以外の変数がなるべく揃うような群を抽出します[14]。国や自治体という単位は行政的なものであり，社会学が無前提に依拠していいような単位ではありませんが，少子化対策にかんする壮大な社会実験を行うには費用も時間もかかりますので，分析に際しては，その単位を一応の目安としながら，経済規模や政治体制（民主主義），産業形態，経済体制（市場と政治のかかわり方）がある程度「似ている」と思える他の国・地域と比較します。

　発展途上国では農業が主体の産業形態であることが多く，子どもも労働力とみなされている場合も多いので，単純に国連加盟180カ国あまりで「少子化の度合い」と「生産年齢の女性の就労率」との相関をとると，正の値になったりします。こんなの当たり前ですね。だから「女性は家庭に戻るべきだ」とかいう人がいたら，あまりに比較を雑にやりすぎています。

　ふつう社会学者はここで，経済規模や教育水準が「似ている」と見込まれる国同士の比較（それは「他の条件が等しければ」という統制に近似する一方法です）に進み，現行の少子化政策と異なる「他の可能性」の実装可能性と効果とを分析します。こうした比較検討を経て，機能的に等価であるばかりではなく，実行可能な（feasible）他である可能性，実行可能

14　そうしないと比較の意味がありませんね。できるだけ「他の条件が等しければ」に近似させていくことが大切です。

な機能的等価物の提示をしていくわけです。これは，マートン的にいえば，社会の成り立ちに関する教育や経済・労働形態などの「構造的な拘束」を踏まえたうえで，機能的等価物を差し出す作業です。いわゆる比較社会学と呼ばれる作業は，こうした「機能的等価物および等価性の範囲を画定せよ」という命法にそくした作業であるといえるでしょう。

機能主義への見通し

このようにみてくると，Ch.3 のおわりのほうでもみた，機能分析のイデオロギー的な色彩をどう考えるべきか，という点についてもある程度の見通しが立ちます。

　まず，機能主義は，そのものとして現状維持（status quo）を意味するものではありません。たしかに全体社会の統合という抽象的な機能を検討したりはしますが，その全体社会自体が，単位設定と同時になされ，かつ表現型以外の等価物の存在を含意するものであるからです。さらにいえば，機能的等価物が合理性診断の水準で「他でありうる」としても，実行可能かどうかというのは，設定された単位と全体の経験的調査によって限定されなくてはなりませんが，このことは，機能的等価物自体が「全体」や焦点化された単位以外の部分に影響を与えることを否定するものではなく，その意味で静態的との批判は当たりません。

　等価機能主義は，社会にかんして「保守的」な見方をとるのではなく，ある観点からみるときどれだけ混乱しているように映る社会状態にあっても準拠問題が人びと自身によって解決されていくプロセス，あるいはどれだけ平穏にみえる社会状態にあっても社会問題が生成するメカニズム（「幸福な家族」におけるジェンダー問題など）を，機能的等価物との対照において分析していきます。

　「全体に対する機能を分析する」というだけで，保守的・現状肯定的と批判するのはあまりに雑な機能主義観です（そしてそういう人に限って「批判的」な機能主義を使用してしまったりしているのです。批判理論はきわめて強い機能主義です）。むしろ等価機能主義は「他である可能性」に合理的考察と経験的観察をもって臨むきわめて動態的な理論です。ここまでくれば動態的／静態的という区別をすること自体が，ミクロ／マクロと同様に無意味であることはわかっていただけると思います。

道理性・合理性・説明可能性
──エスノメソドロジーとの関係

道理性と合理性

少し脱線して，ここで，本書でたびたび出てくる「理に適った（reasonable）」「道理性（reasonability）」「説明可能な（accountable）」「説明可能性（accountability）」について，確認しておくことにしましょう。前二者は，政治哲学者のジョン・ロールズが提示した概念，後二者はエスノメソドロジー（以下ではEMと記します）において用いられる概念を念頭に置いています。本来，これらの異同は十分に確認されなくてはなりませんが，ここではごく簡単に「ある社会事象を，理由をもって説明することができる（可能性）」として捉えておきたいと思います。なんだか当たり前といえば当たり前で，大げさに言い立てるような概念ではないと思われるかもしれませんが，社会学の固有の世界の捉え方と深くかかわっているものなので，確認しておきます。

ロールズの文脈での「理に適っている」というのは，理性概念に内包されている2つの合理性の意味，つまりrationalityとreasonabilityとを腑分けしたうえで抽出された概念で，「他者と共有可能な理由において正当化可能であること」といった意味を持ちます。ロールズが想定しているのは──なにしろ政治哲学ですので──集合的意志決定（政治的合意調達）への態度ですが，翻案するならば，この意志決定に際して自己利益および効用の短期的・中期的・長期的な最大化を可能にする手段

---

15 久保田浩平さんの「ロールズの『政治的リベラリズム』再考──理に適っていることという概念を中心に」（『人文論究』65-2）は，次のようにロールズにおける「理に適っていること」の二面性を説明しています。「ロールズは理に適っていることを，『平等者の間での社会的協調に参与する人格のもつ徳』として，次の二つの基本的側面において捉えている（中略）。その第一の側面は，ロールズによれば，『他の人びとも同様である限りにおいて，協調のための公正な諸条件（fair terms）を提案し，それらに従おうとする意欲（willingness）』である。そしてその第二の側面は，『判断に伴う諸々の負荷（the burdens of judgment）を認識し，それらの負荷が（中略）公共的理性の使用に対してもつ帰結を受け入れようとする意欲』である」（同：89）。

こうしたロールズ的な道理性概念は，むろん直接的にEMにおける説明可能性概念に結びつくものではありません。ロールズの規則論を媒介に，EMとロールズ的論理構成の異同を詳細に論じたものとして，注9でも挙げた河村賢「『ルールに従うこと』はいかにして記述されるか」（『現代社会学理論研究』7, 2013年）をぜひお読みください。補講での私の議論は，この河村論文から大いにインスパイアされました。

（選択肢）の選択を促すのが rationality，それに対して，なんらかの選択肢を，他者とある程度共有可能な理由（reason）にもとづき正当化しうる能力および可能性が reasonability ということができるかもしれません。選択肢 x を「自分の利益を生むから」と説明するのではなく，他者も納得できるような理由（「自己の責任によらず困窮した人は救済されるべきだから」「ある性的指向を持つ人がとくだんの事情なく不利益な状態に置かれているのは好ましくないから」など）を挙示して正当化しうること，あるいはそうした正当化する能力を持っていることが，「理に適っている」こととなります。

　ある行為が道理的であるとは，自己利益の向上のみならず，他者も共有しうる理由にもとづいて，ある状況における自らの行為を説明・正当化できること，です。そうした正当化にさいしては，行為が意図にもとづかない強制を受けたものであったり（脅迫された行為，薬の副作用で意志的な統制が不可能であった場合），公共的とはいいがたい理由（打算）にもとづくものではないことが，正当化されねばなりません。

　たとえば子どもは，なにか悪いことをしたときよく言い訳をしますね。その言い訳はたいていの場合稚拙なものですが（「○○くんがやれって言った」「△△さんちもそうなのに」とか），それでも，ある観点からみると意図的かつ，公共的な——共有可能な——理由にもとづくものとして自分の行為を正当化しているわけです。

　こうした正当化は，自分の行為が，「欲求の充足」だけではなく，ある欲求に動機づけられたとはいえ，欲求を実現するための行為＝被説明項を，適切な——他者と共有可能な——信念・知識の集合＝説明項によって適切な推論を通して説明されうることを主張するものです（ですので，rational であることが reasonable である場合もありえます）。行為者はなにもこうした推論を意識的に行いながら行為をしているわけではありませんが，多くの場合，「問われれば」こうした理由による説明（自らの意図的行為の道理性）ができると期待することができる，とはいえるでしょう。「たいていの場合」，こうした意味で「理に適っている」，と想定しうること，これが道理性に焦点を当てた社会学的研究のスタート地点です。

説明可能性

エスノメソドロジーにおいて「説明可能である（accountable）」と呼ばれる事柄[16]も，社会の事象がおおよその場合に秩序立ったかたちで他の社会成員に対してもなんらかのかたちで説明可能である，という想定を指すと考えられます。あまり自信はないのですが，このaccountability は分析者のみが持つ能力ではなく，むしろ人びとの相互行為において前提・達成されている事柄を指すものと考えられます。

　注意しておきたいのは，こうした道理性や理解可能性がいちいち行為のなされる場面において意識されている必要はないということです。人びとは，意識はしていないけれども，一定の理由にもとづいた意図的行為を行っており，問われればなんらかのかたちで「弁明」「説明」することができます。記述と理解可能性を混同しないようにお願いいたします。たとえば，取り組み中の力士は，ただ相撲をとっているだけで，相撲中継の最中に実況が伝えるような「上手をとった」「払い腰」……といった指し手（move）をいちいち意識してはいません。もちろん，理解や説明をすることはできるかもしれません（再定式化・説明ばかりしているのが解説者ですね）[17]。

　このとき，力士はなにも条件反射で意味をもたない行動をしているわけではないのです。日常の相互行為も基本的には同じで，意識せずとも意図的な——ある記述のもとで意図的と言える——行為を，逐次的な記述を伴うことなく，私たちは達成しており，状況によっては「弁明」「正当化」することができます。その可能性を帰属しうるということがaccountable，reasonable であるということの含意であり，そのことを前提に社会学者は分析にのぞまなくてはなりません。数的傾向性ではなく，行為パタン（規則に従った行為タイプ）を理解する，意味連関を考察するとは，そういう合理性や理解可能性を帰属するという振舞いにほかな

16　何度でも繰り返しリマインドしますが，accountability とは社会的行為者が，特定の状況において適切に自らの行為を理由づけできるという事態・能力のこと。それは明示的・言語的に表現されることもあるが，それを必要件とするわけではありません。とはいえ，暗黙知のようなあやしげな概念でもありません。このあたりは，前田泰樹・水川喜文・岡田光弘編『エスノメソドロジー——人びとの実践から学ぶ』（新曜社，2007年）を参照してください。

17　力士の例はややミスリーディングかもしれません。野球を例にしても（長嶋茂雄さんのような天才タイプは特に）たいていのアクターは自らの行為を「説明」することはできないでしょう。しかしそれは理解可能なかたちで把握していない，ということを意味しません。この点については，海老田大五郎『柔道整復の社会学的記述』（勁草書房，2018年）が大変に興味深い分析を提示しています。

りません。

　「準拠問題」「準拠集団」という概念についても，こうした説明可能性・理解可能性（accountability），そして相互反映性（reflexibility）というEM が差し出した概念について十分な注意を向ける必要があります。語感からして，また社会学の伝統的な使用法からしても，準拠問題というと「ある程度特定化された解くべき問い」，準拠集団は準拠問題との兼ね合いでいうと「準拠問題を共有する集団」というかたちで捉えられがちです。というより，それが当然でしょう。ただ，本書で提示する補正型マートン主義で考える場合には，この点は少しばかり注意が必要となってきます。

　まず準拠問題のほうですが，こちらはさきほどから話題にしている説明可能性（accountability）が関係してきます。説明可能性というのは，要するにある行為なり実践なりがそれとして（何が起こっているのかを）共同的に理解しうる——行為の連鎖についての共有された同意を調達可能である[18]——ということです。この観点に立つと，行為者自身の行為にかんする記述は，その行為を理解するうえでの研究のリソース（資源）というよりは，それ自体「いかにしてそうした記述が説明可能・理解可能になっているか」という研究のトピック（課題）として捉えることができます。インタビューをして行為者の意図や動機を明示的に語ってもらう，すなわち「リソースとして記述を位置づける」のではなく，そうした記述が他の人びととともに理解可能になっている条件（理由空間）を分析の対象とするわけです。本書でいう準拠問題も，行為者本人に「何を解こうとした」のか，「何を克服されるべき問題として捉えた」のかを聞いて，特定化するというよりも，ある行為・発話・実践にかんする記述はいかにして人びとに／が説明可能となっているか，という観点から分析をスタートします。

　くどいようですが，いま一度「説明可能性」というエスノメソドロジーの重要な術語について確認しておくこととしましょう。山内裕らは「ルーチンの達成における説明可能性——クリーニング店のオプション提案の会話分析」という論文のなかで，この説明可能性という概念を次

18　Harold Garfinkel, 1967, *Studies in Ethnomethodology*, Prentice Hall.

のように解説しています。

　説明可能性とは，行為が実践の外部で規定された手順に盲目的に従ってなされるのではなく，行為がその実践の中でその都度，その場の人々にとって理解可能なようになされるという性質を意味している。たとえば，食卓で自分の周囲を見回してから人に「塩をとっていただけますか」と依頼する時，自分の周囲を見回すことは，なぜ，今その人が，その相手に依頼を行ったかを説明可能にする。このとき，行為が説明可能であるために，明示的な言葉による説明が必要なわけではない。「私は周囲を見回したけれど塩がなかったので，あなたに依頼しています」などと説明したら，むしろ，その依頼が説明可能でなかったことを表す。人の行為は，特定の文脈で，特定の形式でなされることによって，言葉による明示的な説明がなくとも，相手に説明可能になる。(山内・平本・泉・張「ルーチンの達成における説明可能性」『組織科学』49〔2〕，2015年，pp. 55-56)

　もう少し具体的に理解するためには，前田泰樹ほか編『エスノメソドロジー』(新曜社，2007年) で挙げられている事例を敷衍して考えるとわかりやすいかもしれません (山内らの会話分析にもとづくルーティンの分析はきわめて興味深いものですが，要約が難しいため)。
　そこでは，「大人の男性が，目前のたくさんの子どもたちに一方的に話しかけている」と記述されうるような場面を観察したとして，それを「男性の先生が子どもたちに教えている」と記述しても，それで「授業」が行われていると「分析」することはできません。ここで文脈を詳細に特定化しようとして「50代」「男性」「教員免許を持つ」……「平均身長140cm の子ども」といった具合に文脈をいくら細分化していっても，「授業」という記述にたどり着くことは困難です。先生とされる人物は大声で「歌っている」のかもしれませんし，生徒とされる子どもたちもたんに雑談したり，ゲームに興じていたり，あるいは寝ているのもかもしれません。しかし，大人の男性が「出席をとる」「生徒が返事をする」「先生が黒板を使う」といった「一連の活動が記述できるようになると，その記述が，その記述自体が埋め込まれるべき場面の特徴として現れて

くることにより，先生と生徒のいる教室という場も理解可能になります。ある場面に起こることのさまざまな記述は，その場面そのものの記述と分かちがたく結びついているのです（同，pp. 25-26）」。

　先の「塩をとっていただけますか」という発話は，まず「周りを見回す」といった文脈の確認のうえに，とともになされる行為であって，呼びかけられる「あなた」の位置や地位がどのようなものであるかについての信念や知識，現下「席の決まった食事会である」といった知識や信念とともに，食事会における適切になされる塩（授受）の要請行為であると理解することができます。

　ある行為の記述を「2022 年 5 月 21 日 16 時 27 分，私こと山下大輔は周囲を見回したけれど塩がなかったので，塩入れの近くに座っていて，私が依頼することは失礼ではないであろう山坂次郎さんに『塩をとっていただけますか』と発話する」と文脈情報を詳細化したところで，それが「食事会における依頼」という記述に到達することはなかなか難しそうです。[19]むしろ「塩をとっていただけますか」が，レストランへの入場，着席，挨拶，乾杯……といった一連の実践のなかで要請されたものと記述されたなら，行為として理解可能なものとなりますね。「塩をとっていただけますか」もまたそうした一連の文脈を構成する一つの契機なのです。[20]文脈と行為を分けたうえで両者を結合し，精細な（?）記述として「2022 年 5 月 21 日 16 時 27 分，私である山下大輔は周囲を見回したけれど塩がなかったので，塩入れの近くに座っていて，私が依頼することは失礼ではないであろう山坂次郎さんに『塩をとっていただけますか』と発話する」と言ったところで，それはむしろ一連の過程のなかでは不可思議で説明可能性を欠く発話行為となってしまいます。つまり，「行為者の記述というものが，その場のさまざまな活動と『いかにして』結びついて説明可能（アカウンタブル）になっているかということが EM

19　この問題は Y. バーヒレルからガーフィンケルが受け取った文脈依存性（indexicality）において深く考察されていることです。また行為の哲学の分野でも，行為記述内の指示語を「客観的に」精細化することが，行為の正確な理解につながりうるか，という論題は繰り返し提示されています。

20　生徒の雑談がひどいときに，教師が「はい，今は授業！」ということは状況の再定式化と呼ばれます。むろん，この再定式化そのものも文脈のもとで可能となる／文脈を作り出す実践であることは間違いありません。しかしときに，こうした再定式化がなされることをもって「状況（文脈）の同一性」の根拠とする誤解が見受けられるので，注意が必要です。北田『社会制作の方法』（勁草書房，2018 年）に収めた「他者論のルーマン」等をご覧ください。

の主要・基礎課題のひとつとなるわけです（前田ほか『エスノメソドロジー』）。こうした説明可能性という術語が、「人びとにとって理に適ったものと捉えられうる」という道理性（reasonability）と密接な関係にあることは、あらためて強調しておきたいと思います。[21]

　以上の点をふまえたうえで、準拠問題・準拠集団に話を戻しましょう。

「準拠」と説明可能性

「人の行為は、特定の文脈で、特定の形式でなされることによって、言葉による明示的な説明がなくとも、相手に説明可能になる（山内・平本・泉・張 2015）」とすれば、なんらかの世界・社会の状態に対して修正・修繕・改善・変更を求める実践を分析する際に、本人の明示的・記述言語的な記述・証言は必ずしも必要というわけではなく、そうした実践として本人のみならず他者にも理解・説明可能である条件の模索のなかで準拠問題を特定化していくことができるということにもなります。

　これは無意識とか暗黙知とかそういうことではなく、問題解決という観点からしたときに意図的な行為であると記述することができる、という意味で「明示的なリソースは不可欠ではない」ということです。もちろん、解決されるべき状態を明確に記述する行為者の実践は、当然のことながら分析において重要な意味をもちますが、意図表明それ自体が状態を定義し文脈を再設定する行為であると考えるわけです。

　これはあくまで状況に関連する人びとの理解にかかわる事柄であり、頭ごなしに分析者が特定化できるものではありません。分析者の研究上の「準拠問題」は、人びとの「準拠問題」と意味的に関連性を持ったものでなくてはなりません（このあたりはルーマンもあいまいに論じているところであり、かれの理論的立場からすれば、準拠問題は人びとが立てていると理解可能な事柄として捉えなくてはならないはずですし、実際にかれの「経験的」分析はそのように展開されているのですが、なぜか理論論文ではその点が徹底されていないように思えます）。社会状態の修繕に関する発話・実践は、リソースではなく、

21　あえていえば、ここでは、説明可能性は、主として「人びとの方法」を「トピック」として経験的に記述する際に使い、一方、道理性は功利主義的（?）合理性の対照概念として、人びとが理由空間のなかで思考したり行為したりする際の合理性を強調する際に用いています。しかし基本的には同じ概念の異なる表現として私は捉えています。

トピックとして扱われるべき，というのが本書の立場です。「本人たちは気づいていないが実は抵抗なのだ」とか「本人たちは気づいているつもりでも実は騙されているのだ」といった説明構図はご法度です。

つぎに準拠集団のほうですが，こちらもまた説明可能性と密接な関連を持っています。準拠集団の設定が，分析者が一意的に定められるものではなく，文脈ごとに異なる，というのはマートンも指摘しているのですが，その点をさらに深化させていく必要があります。

ある行為や実践を理解するための文脈の多数性を考える，というよりは，ある行為や実践を人びとが共同的に理解可能とする条件（理由や信念の体系）を精査して文脈を説明する，その文脈から考えた場合に適切であると考えられる「当の行為・実践にとって関連性のある（relevant な）準拠集団」を特定化する，という作業です。この点は EM の別の（しかし密接な関連を持つ）重要概念である相互反映性ともかかわる事柄です。

ある行為や実践は，それ自体，自らにとって関連性のある文脈を指し示したり，再定式化したりします。ある行為・実践を「集団」にかかわるものとして捉えるという観点に立ったとき（「日本人として」「夫として」「研究者として」……），その「集団」がどのようなものであるのかは，その行為を理解可能とする条件（文脈）に依存し，またそのようにして行為もなんらかの「集団」との関連において理解されます（集団との関連において理解するというのは，それ自体特異な理解の仕方です）。この実践・文脈・集団の相互的な関係を考慮することが，改訂版マートン主義のポイントとなります。

こうした準拠集団の捉え方をするならば，ミクロ社会学／マクロ社会学，内在的説明／外在的説明といった対立構図は無用になることに注意しましょう。分析対象を説明するうえで，なにがレリバント（relevant）になるかはそれ自体――論理的に同時の――分析課題であり，対象（の説明可能性）にそくしてその都度検討されなくてはなりません。そして準拠問題は，「校内のいじめ」であったり「行政統計の不正」であったり「湖水汚染」であったりと，対象ごとに関連する文脈を違えます。その文脈を人びとの理解可能性の精査によって画定していくことが分析者の課題なのであり，社会や世界の側にポンと「内在的文脈／外在的文脈」というものが存在しているわけではないのです。

EMに対してはよく「ミクロしか扱えない」「外的要因を無視している」といった誤解がなされますが，基本的にこうした実践と行為の相互反映性や理解・説明可能性の議論を捉えそこなった結果生まれる類の誤読です。

こうした準拠問題・準拠集団の精査に忠実であるとき，おそらく改訂版等価機能主義とEMとの連接点も見いだされうるでしょう（ルーマンが試みていたのは，実質的にはそのようなことです）。しかし，実際の作業は困難をきわめますし，本書は入門書でもありますので，具体的な分析の例示においては，こうした精査を省いてしまっています（本当に難しい作業なのです）。とはいえ，本書において準拠問題・準拠集団は，少なくとも理論的にはこうした理解・説明可能性との関連において捉えられている，ということは頭の隅においておいてください。この点から見て，私が「ズル」をしているのを見抜くのも中級の課題としてはありかもしれません。

補講の補講（反省）

さて，このように私自身はEM的な視座を重要視しているのですが，本書に十分に反映できていない，というだけではなく，別の本で，EMにかんする誤解の拡散に加担してしまうようなことをしてしまいました。本書と同じ有斐閣から刊行されている『社会学はどこから来てどこへ行くのか』（2018年，以下『どこどこ』と記します）という，岸政彦さん，筒井淳也さん，稲葉振一郎さんとの対談・座談会本においてです。[22]

『どこどこ』は私自身も気に入っているおすすめしたい入門書ではありますが，対談・鼎談・座談形式ということもあり，EMについての記述・解釈に勇み足，誤解などがあったことは否定することはできません。そこでイレギュラーとなりますが，反省の意を込めて，同じく入門書である本書で『どこどこ』におけるEM面での問題点を書き出し，ありそうな誤解を解いておきたいと思います。その意味で，この「補講の補

---

22 『どこどこ』の第6章には，EM研究者の前田泰樹さんもゲスト参加されています。しかし，それ以外の章でのEMについての談話は，出版前に確認する機会がなく，結果として前田さんにとってはとても納得のいかない本に「登場させられてしまった」といえるでしょう。著者の一人として，前田さんに心よりおわび申し上げます。

講」は『どこどこ』に対する「増補パート」ということにもなります。

すべての論点を網羅することはできませんが，ここでは，私が反省・修正すべきと考えている『どこどこ』での次のような誤解を明示しておきたいと思います。

① EM は相互行為連鎖や会話連鎖など「形式的」な対象をトピックとする方法論であり，なぜその対象なのかということ，つまり対象の固有性を扱いえていない。[23]

② EM は，対象の固有性を捉えていないがゆえに，差別などの社会問題における出来事や行為の実在性を括弧入れした（割り切った）方法論である。それは分析対象の語りの指示対象を括弧に入れるという意味で，調査協力者の体験した「事実」を扱いえない。[24]

③ 社会学の本義は，実在する社会問題を明確なかたちで理解し，分析することにあり，そこにはマクロな歴史的・社会的文脈が関連してくる。人びとはそうした「状況」のなかでかれらなりの合理性をもって行為・実践するのであり，EM はそうした記述を放棄している。[25]

これは私なりにまとめ返した『どこどこ』での——とりわけ第8章での私と岸さん，稲葉さんによる——EM の位置づけの一部です。注記で『どこどこ』での対応箇所を示しています。もちろん，岸さんや稲葉さんの立場を代弁できる立場にはないので，この理念型的にまとめた「EM への誤解」を，私の責任において解きほぐしておきたいと思います。ただ，論点として重要な位置を占める②の論点については，相当な

---

23 『どこどこ』p. 319「北田　その割り切り方は，質的・量的なものをうまく組み合わせていくっていうとき，とても便利だと思うんですよね。ループ効果とかもみえやすいし。そういう意味では，無理なく修練を積めば『誰でも』できるようになる。だけど，それが本当に質的調査というものをやっていることのどのくらいの割合を占めるかというと，いささか限定的ですよね。『質的社会調査の方法』と『社会学入門』との対立というか。」

24 『どこどこ』p. 326「北田　『社会問題が存在する』からスタートする社会学とは違うところから，社会学の歴史がつくられていったのは，やはり，トマスやパークの流れだろうなと。広い意味ではその流れのなかに……こんなことを言ったら怒られるんだろうな。でもやっぱり僕はそこに来歴を持つものとして，シンボリック相互作用論とか，会話分析，エスノメソドロジー，構築主義の流れってあると思うんですよ。準拠問題が根っこが違うような気がするし，『質的研究』だからとひとくくりにされるけれども，デュボイス的な準拠問題とは全然違っているという気がするし。」

25 『どこどこ』p. 326「北田　僕には，社会学を何の学問かと定義するかと言われれば，『社会問題を扱う学問』であるという，それ以外の問の答えが思い浮かばない。ああ，怒られる……」

時間をかけて考えてきましたが，いまだ明晰なかたちでの自らの回答が固まっておらず，この論点については別の機会に譲ることとしたいと思います（申し訳ありません）。

　まず第一（①）の点。EM は「いかにして社会秩序は可能か」というパーソンズの問いに対して，「……ゆえに」といった因果的な説明を与えるのではなく，その社会秩序がいかにして達成されているのか，ある行為や実践がそれとして説明可能になっているのかを経験的に分析していく手法です。パーソンズは自らの問いに対して「共通価値」といった原因を見いだしたわけですが，「共有価値の存在ゆえに社会秩序が存在する」といっても，ある意味トートロジカルな言明にすぎません。
　問題は，価値，信念，理由，知識といったものから成り立つ，それ自体としては個人が異なるかたちで携えている「理由空間」が，いかにして（how）理解可能なものとなっているのか，ということです。人びとの理由空間の布置は，それぞれに固有ですが，自らの行為や実践の意味は，他者との相互行為のなかで説明可能なものとなります。よっぽどのことがないかぎり，「理由空間があまりに違うので相互に理解可能・説明可能でなく，したがって社会秩序がまったく成り立たない」（哲学でいう根元的翻訳や根元的解釈）ということはありません。「論理的には不可能だが，実際にコミュニケーションできている」というのが佐藤俊樹さんの『意味とシステム』（勁草書房，2008 年）での見解ですが，これはホッブズ的自然状態，クワインやデイヴィッドソンの描き出した根元的状況を「基礎的」なものと考え，相互理解を「例外化」「奇跡化」するという論法です。『ウィトゲンシュタインのパラドクス』のクリプキに影響を受けた柄谷行人さんや馬場靖雄さんにも共通して見受けられる相互行為観です（この点については北田『社会制作の方法』〔勁草書房，2018 年〕をご確認ください）。
　しかし「論理的には不可能。不確定なのに，現実にはコミュニケートできている」というのは，実際のところ文法的・論理的に奇妙な見解です。ある行為や実践が人びとにとって説明可能であることは，やはりノーマルな状況なのであって，であるからこそ「秩序がある／逸脱的」「規則に従う／規則からの逸脱」ということが可能になっていると考え

104

るべきでしょう。ジャック・デリダによるジョン・L. オースティン批判も,「発話が寄生的である／ない」を言語,テクストの(オリジナルなき)反復可能性という論点を介して,両者の差異を失効(現代思想的にいえば「脱臼」)させてしまいます。髪の毛が何本あるかによって「禿ている／いない」の規準を立てることができないのだから「すべては禿だ」というようなもので,これは「すべり坂論法」といいます。区別の規準が明確に定式化できないことは,区別そのものが無意味であることを意味しません。社会秩序,ルールについても同じことが言えるでしょう。EMは,こうしたラディカルな行為観(例外としての成功)を採らず,また「共通価値があるがゆえに秩序が成り立つ」という解決法をも採らず,人びとが実際にどのようにして相互の行為や実践を理解可能・説明可能なものとしているのかを,経験的に記述していくことをめざします。

　初期のガーフィンケルによる仕事で有名なものに「違背実験」というものがありますが,これなどは,ふだん私たちがどのようなことを前提として行為・実践しているのかを背理法的に示したものです。「アグネス論文[26]」は「女性としてパス」することに自覚的でいなくてはならない立場から見えてくる「自明的態度(自明性を生きる日常的態度)」におけるルールをあぶりだしたものでした。さらには「信頼[27]」論は,いわばウィトゲンシュタインの「プラス」「クワス」の事例を実験的に作り出し,そこでいかにして秩序が相互行為のなかで達成されるかを示したものでした。

　これらは,行為や実践がどのような日常的知識,理由空間によって支えられ,また行為者が,目前のトラブル・逸脱を説明可能なものとしよ

---

26 「アグネス,彼女はいかにして女になり続けたか——ある両性的人間としての通過作業とその社会的地位の操作的達成」山田富秋・好井裕明・山崎敬一抄訳『エスノメソドロジー——社会学的思考の解体』せりか書房,1987年。「解剖学的」には男性とされる女性アグネスが,「自分が選んだ性別で生きていく権利を獲得し,それを確保していく一方で」,いかにして「社会生活において男あるいは女として通用していく際に生ずるかもしれない露見や破滅の可能性に備えているか」(パッシング)について考察した論文(同前219頁)。しばしば「アグネス論文」と呼ばれています。樫田美雄さんは,「アグネス論文とトラスト論文は,非日常的状況のもとでゲームを崩し,そのゲームが崩れた状態で生じる現象を通して日頃は隠されている現実構成のメカニズムを確認するという同じ問いかけの構造を持っている」と論じています(「アグネス論文における〈非ゲーム的パッシング〉の意味——エスノメソドロジーの現象理解についての若干の考察』『年報筑波社会学』3,1991年,95頁)。
27 Garfinkel, H (1963), "A conception of, and experiments with, 'trust' as a condition of stable concerted actions", *Motivation and Social Interaction: Cognitive Determinants* (O. J. Harvey, ed.), Ronald Press, この論文における「秩序」「信頼」の含意については,浜日出夫さんの「ガーフィンケル信頼論再考」『年報筑波社会学』7,1995年を参照。

うとするのかを指し示したものであり，けっして「逸脱こそが基底的」という話ではありませんし，蒟蒻問答モデル（形式的には会話に見えるが内容はまるでかみ合っていない）でコミュニケーションを捉える立場でもありません。「区別はある。その基準や原因を探る」のではなく，「区別はある。でもいかにして？」を考察する研究プロジェクトでした。

　会話にしても，私たちは，なぜか話す順番が「間違って」いたり，「正しかった」りすることをわかってしまっているし，理解が難しいときにはなんらかのかたちで修復的に理解する工夫をしています。蒟蒻問答モデルからすると「話がまるでかみ合っていない」ということになりますが，不思議なことに完全なる意味的な勘違いが続くにしても，蒟蒻問答ではとにかく「問い／答え」といった隣接ペア，発話順番交代のルールが守られてしまっているのです。社会秩序の「原因」ではなく「（人びとによる）作り方」を入念に書きとめていき「ホッブズ的秩序の問題」に対して経験的な方法によって解を与える。それが EM のプロジェクト（の少なくとも一つ）なのです。

　そういうわけで「EM は形式的で，割り切った分析方法だ」というのは，端的に間違い，誤読です。会話分析などを想起して「形式的」という表現が出てしまったのだと思いますが，そういう批判の仕方自体が蒟蒻問答モデルに立って，形式的／内容的というそれ自体トピックとなりうべき対概念を無批判に使ってしまっています。そもそも意味論的な内容や秩序の達成を無視して（割り切って）会話分析を進めることなど，できるはずもありませんし，行為や実践の説明可能性もその意味に照準しないことには示すことができるはずもありません。

　「対象の固有性」という問題——リッカートやウェーバーなら文化意義（Kulturbedeutung）と呼ぶ分析対象の選択原理——も，「分析者にとって重要（トラブル）である」ということではなく，対象となる相互行為や会話，つまり実践そのものが差し出すものであって，たとえば自殺相談センターの電話の会話分析は，いかにして「相談／応答する」かを精査するものであって，社会的に見て重要であることは否定すべくもありません。[28]

28　しかしなにも「社会的に役立つ」という意味で EM も役に立つよ，といっているのではなく，なにが固有の分析に値する（文化意義を持つ）ものかどうかは，分析者が自らの「文化意義」にのっとって決めて

106

こんなふうに考えていながらなぜ「EM は割り切った方法」と述べてしまったのか，これは当事者である私にとってのトピック・分析課題であるといえるでしょう。

　最後に③の論点「社会学の本義は，実在する社会問題を明確なかたちで理解し，分析することにあり，そこにはマクロな歴史的・社会的文脈が関連してくる。人びとはそうした『状況』のなかでかれらなりの合理性をもって行為・実践するのであり，EM はそうした記述を放棄している」です。

　社会学の本義が社会問題の分析にある，というのは，私自身の社会学史観に立った判断であり，19 世紀末から 20 世紀なかばまでの過去の社会学のテクストについてある程度一般化していえる事実言明を，現在における当為言明としている，という意味で，これは典型的な自然主義的誤謬です。

　それが誤謬ではない，というためには，①現代的な社会学においても「社会学は社会問題の学である」といいうる理論的根拠（「準拠問題の解決」という問いの立て方を適切に抽象化しうるか）を示し，かつ①が立証されたとした場合に，②EM が「社会問題の学」ではない，ということがいえなくてはなりません。①については本書全体である程度説明できたつもりではありますが，しかしその場合に EM をそこから排除する根拠はありません。むしろ準拠問題のレリバンス，準拠集団の内外を区別する境界設定，トラブルの修復など，多くのトピックで，本書は EM の影響を受けています。

　人びとの合理性，状況・文脈については，もう繰り返しませんが，EM 批判の論点としては的を逸したものです。ある実践に関して，なにが関連性のある文脈であり，その文脈がある実践を説明可能（合理的）なものとしているのか。これを詰めて考えていくことが EM の「本義」であり，私たちが生きる社会における合理性を，説明可能性，理解可能性，道理性といった側面からていねいに描き出していくことが課題であ

___

しまってよいものではなく，対象の側がむしろ「文化意義」を差し出してくる，とでもいえるでしょうか。この点は，エスノメソドロジー的無関心という言葉が誤解されたまま流布してしまったので，いまなお根強く残る誤解です。

るとすれば，「人びとはそうした『状況』のなかでかれらなりの合理性をもって行為・実践する」という批判が「合理性」概念の多義性にもとづく誤謬・推論であることがみえてくるでしょう。

　以上，補講としてかんたんに道理性・説明可能性の説明，私自身のEM理解における反省を申し上げましたが，具体例に乏しくなかなかわかりにくかったかもしれません。しかし，こうしたことをある程度理解しておかないと，準拠という概念の意味──準拠問題・準拠集団──を現代的なかたちで再構成していくことはできません。マートンにとっては観察者・分析者が「客観的に」画定しうると考えられた reference の問題を，マートン以降の知見から適切なかたちで把握し直されなければならないのです。

　なのに私が改訂版マートン，というかたちでマートンの議論にこだわるのは，彼の記述のなかに説明可能性に深くかかわるものが少なからず見いだせる，そして，マートン的な等価機能主義（機能主義批判）の最良の後継者であるルーマンにあっては主要課題となっているように思えるからです。無用な偏見を持つことなく，社会学の知的系譜を極力精査していくことにより，具体的な分析の精度もまた上がるはずです。EM＝ミクロという先入観を外して，「準拠」の問題にこだわり続けた（ている）知の系譜を，具体的な研究を手がかりに勉強していくことは，「マクロ」といわれそうな分析課題についても大いに役立つことでしょう。みなさんには，「ミクロ／マクロ」「意味／数理・計量」といったほとんど無用な区別に惑わされることなく，自らの問いを適切に設定していってほしいと思います。[29]

フォローアップ

本書で勝手に「機能主義３つのドグマ」と呼んでいるマートンの機能主義批判は，社会学にしては珍しく，他人が解釈したものよりも本人の書いたもののほうがわかりやすいという変わり

───────────
29　この補講を執筆するさいに，前田泰樹さん，酒井泰斗さんに貴重なお時間をいただき，草稿を検討していただきました。初歩的な認識ミスから解釈・敷衍・論理展開にいたるまで，ていねいなコメントをいただきましたことを，心よりお礼申し上げます。とはいえ，もちろん補講の記述における問題等はすべて筆者に

種です。実に高い本ですが，本書において主役ともいえる**マートンの理論概要**については，森東吾・金沢実・森好夫訳の『**社会理論と機能分析**』（青木書店，1969 年〔復刻版 2005 年〕）を手に取ってください。

　復刻版はおそろしく高価ですが，初版はどの大学の図書館でもおいているはずです（あと自治体や学校の図書館にリクエストするというのも市民としての正しい権利の行使ですよ）。この書に収められている「機能主義批判」ほどわかりやすいマートン入門はないでしょう。また残念ながら，日本では良きにせよ悪きにせよ，機能主義といえばパーソンズというイメージが強く，また学説史研究でも圧倒的にパーソンズが人気者であったため，マートンについて詳解した文献や論文の数はそれほど多くありません。その希少な解説のなかでも，もっともわかりやすく，また，マートンの個人史的背景なども交えた興味深い記述を披露しているのが，**小笠原真「Robert K. Merton 研究──アメリカ社会学史の一節」**『奈良女子大学紀要』41（1），1992. **佐藤俊樹『社会学の方法──その歴史と構造』**（ミネルヴァ書房，2011 年）です。後者では，マートンの潜在的／顕在的機能，逆機能／順機能についての例解が，マートン自身よりも明瞭にかつ説得的に論じられています。そしてまた，どれだけ後続する世代がマートンの逸脱論を批判しようとも，かれがある時期に「大都市におけるボスマシーン」を描かずにはいられなかった歴史的・人物史的背景もわかるでしょう。アメリカではマートンについての学説史的・社会史的・人物史的研究はヤマのように出ていますが，日本語で読めるものはあまりありません（地味すぎるのでしょう……）。そんななか，マートンの社会調査に着目して研究を進めているのが**祐成保志**さんです。かれが訳出したマートンの 1948 年の論文**「ハウジングの社会心理学」**（『信州大学人文学部 人文科学論集人間情報学科編』45，2011 年）を読むと，マートンがどういう観点から「都市化と逸脱」に向かい合っていたのかがわかります。佐藤さんの本と併せて読んでいただきたいテクストです。

　ネットで拾えるものとなると，逸脱論・犯罪社会学の観点から，**米川茂信「逸脱行動へのアノミー論の視角──マートン・アノミー論の学説史的再解釈」**（『犯罪社会学研究』4，1979 年），前章の機能的説明についての

帰するものであり，文責は私にあります。おふたりに心より感謝申し上げたいと思います。

解説も含めて，**梅沢隆「機能主義社会学における説明」**（『慶応義塾大学大学院社会学研究科紀要社会学心理学教育学』20，1980 年）などが，「3 つのドグマ」を考えるうえで参考になるかと思います。

（注意）この課題は本気で取り組もうとするととんでもない難問なので，あくまで思考実験の素材として考えてください。また，興味をもたれた方には安藤礼二編『折口信夫天皇論集』（講談社文芸文庫，2011 年）の併読をおすすめします。

エルンスト・ハルトウィヒ–カントーロウィチは『王の二つの身体』のなかで，以下のようなエリザベス朝の裁判官の言葉を引き，「王」という存在の二義性（自然的身体と政治的身体）**について論じている。この文章を読み，以下の問いに答えなさい。**

　たとえ彼［王］が自らの自然的身体において土地を保有ないし獲得したとしても，この自然的身体には彼の政治的身体が結び合わされており，この政治的身体には王としての身分と威厳が含まれている。そして，政治的身体は自然的身体を包含するが，自然的身体はより小なる身体であり，政治的身体はこの自然的な身体と固く結ばれている。それゆえ，王は自然的身体を有するが，これは，王としての身分と威厳を付与され，これらで飾られているのである。そして王は，職務や威厳からそれ自体として区別された別個の自然的身体を有するのではなく，むしろ，自然的身体と政治的身体は不可分である。それゆえ，これら 2 つの身体は唯一の人格へと合体し，単一の身体を創り上げているのであり，異なった身体が共存するのではない。

（『王の二つの身体〔上〕』小松公訳，ちくま学芸文庫，2003 年）

設問 1　カントーロウィチはこの裁判官の言葉を受けて，「王の二つの身体は，それぞれ一方が他方の内に完全な仕方で包含されているという意味で，不可分の単一体を形成している」と述べているが，どういうことか。200 字程度で説明しなさい。

設問2 「王」が二つの身体を持つということは，その統治体制，社会
における秩序形成においてどのような機能を持つと考えられるか。
マートンの「顕在的／潜在的機能」「順機能／逆機能」という概
念を用いて説明しなさい。また，王を主権者とする王政から民主
制へと移行した場合に，そうした機能はどのように変化すると考
えられるか。機能的説明が想定する単位と全体の関係に留意しな
がら，あわせて600字程度で説明すること。
設問3 大日本帝国およびその継承国家である日本国における天皇の機
能について説明しなさい。字数は自由とする。

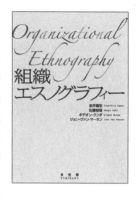

本章で言及したホーソン実験は，自然種とはとうてい見なせそうもない人びとの協働行為を対象とする先駆的な「実験」であり，その後ハーバード大学で開花する人間関係論という経営学の分析視座を生み出しました（ホーソン実験を契機とした人間関係論の形成については，**吉原正彦編著『メイヨー＝レスリスバーガー——人間関係論』**〔2013年，文眞堂〕をおすすめします）。人間工学的ともいえる照明実験からはじまって，試行錯誤するなかで，経営効率における非公式組織というパーソナルな人間関係の重要性を見いだしていくホーソン実験は，まさに近代的な社会科学のエッセンスをぎゅっと詰め込んだものであったといえるでしょう。このホーソン実験でなされた調査実践は，社会学的な調査論の観点からみてどのような意義と限界を持つか，を考えるうえで，**佐藤郁哉「組織エスノグラフィーの源流」**（金井壽宏，佐藤郁哉，ギデオン・クンダ，ジョン・ヴァン-マーネン『組織エスノグラフィー』所収，有斐閣，2010年）は大きな示唆を与えてくれます。本章では等価機能主義的な比較探索の事例として触れただけですが，佐藤郁哉さんのこの論文を読むことによって，「調査」としてのホーソン実験のあり方がより精彩にみえてくるはずです。上の課題でのカントーロヴィチを引いた練習問題は（まじめにやるとなるとものすごい優秀な研究者が一生を

かけてとりくむべき難題ですので）あくまで思考トレーニングとしてのおすすめでしたが，実際の社会学的研究では思考実験にとどまっているわけにはいきません。その意味でも「ホーソン実験とはどのような調査実践であったのか」をトレースしておくことは重要です。

Chapter 5

「他でありえた」可能性と
「スパンドレルの
パングロス風パラダイム」

1 | 等価機能主義の機能

　ここまで等価機能主義の基本的な発想をたどってきました。

　この時点での等価機能主義の定式化は，実は不完全なものです。いや不完全というよりは，マートンが立ち入った地点からさらに奥深く等価機能主義や逸脱理論を追究していったニクラス・ルーマンや社会構築主義の流れ，パーソンズの秩序についての議論を「人びとによる社会状態の把握の道理性」という点から追究していった EM（エスノメソドロジー）の流れなどは，ちゃんと踏まえておく必要があるのですが，そのあたりはよい入門書もありますし，また，初心者がいきなり構築主義やルーマン，EM に向かい合うと，「こ，これが社会学なのか……」とたじろいでしまう，というのも十分に予想されるので，そろそろいったん理論談義を棚上げして，等価機能主義の性能を試してみる必要があるでしょう。

　社会システム・準拠集団とはなにか，は等価機能主義とは何か，がわかった後のほうが入り込みやすいはずです。前章の 4 節に出てきた「比較」に関して，これまでの社会学者による分析を再解釈しながら，例解していきたいと思います。

　ルーマンや EM をいったん避けるのは，かれらがきわめて先鋭的なかたちで詰めて考えた「意味」というものが，とてつもなく難しく，意味システムとしての社会システムなどというと抽象的すぎて，どうやって使ったらいいのか，経験的研究に役立てればいいのか，わからなくなる人が多数出現するからです。

　マートンの社会システムや機能項目の定義も，前章でみたとおりとてもあいまいなもので，経験的な研究においてどのように役立つのかわかりにくいところがありましたが，これを社会的な相互作用と深い関連のあるメディアと絡めて考えると，等価機能主義と進化論的発想との関連がみえやすくなるように思います。また機能的等価物の捉え方についても，モノとして建築＝メディアに規準点を置くので，比較的理解しやすいでしょう。ある種の社会学者は，ついつい理論的誠実さを追求するあまり，マートン的な等価機能主義の使用法を考える前に，意味や秩序に

ついての考察を深めていったルーマンや EM に飛翔してしまいます。

　それは大変に重要な移行の作業であると思いますが，同時に，「声優ファンの研究」「腐女子の研究」「少子化対策をめぐる研究」「若者の変容をめぐる研究」「福祉制度と介護の関係性をめぐる研究」……といった具体的な研究題目をめざす人にとって「関係ないや」と思わせてしまうという難しさを持っており，結果的に社会学の「理論のホッブズ的自然状態」が温存されてしまうおそれがあります。

　いったん小休止を入れて，ここまで述べてきたかぎりでの等価機能主義を考えていくために，「建築・物理的空間」という存在を，社会生物学論争を素材として，考えてみましょう。必ずしも社会学の専売特許ではありませんが，モノとしての建築が果たす機能の多様性と収束（構造的な拘束）の関係を考えるうえでは絶好のテーマです。恥ずかしながら私も修士論文ではこうした「空間論」を広告にそくして展開したのですが，明示してはいないものの，その際につねに念頭にあったのは機能主義（建築における機能主義はまた全然違った概念ですのでご注意を）[1]でした。人と人との関係性を媒介するメディアとしての建築。そこに注目することで見えてくる「他でありえた可能性」の指し示し方，そして等価機能主義の性能を考察していくこととしましょう。

2 ｜ 社会生物学再考

社会生物学論争

　唐突ですが，これからしばらく社会生物学という学問領域についてお話しします。建築って言っていたのに，なぜいきなり生物学？と思われるかたも多いと思いますが，少し我慢すればわかるようになるので辛抱して数ページ読み進めてください。

　社会生物学論争という言葉を聞いたことのある人は少なくないと思い

1　建築の分野において機能主義とは，通常ルイス・サリヴァンの「形態は機能に従う」という名言によって示唆される「反様式」の様式のことを指します。近代以前の建築は基本的に時代や宗教の刻印を帯びた装飾に規定されているが，そうではなく空間が「どのような機能を果たすか」ということこそが，形態を規定している，というのがその綱領です。社会学的機能主義とは無縁とまではいかないにしても，直結することはできません。

ます。社会生物学とは，1975 年に出版されたエドワード・ウィルソン
の『社会生物学』（坂上昭一ほか訳，新思索社，1999 年）という本において本
格的に展開された学問の様式で，その名のとおり，生物学，わけても進
化生物学の視点から，人間がおこなう相互行為のあり方（利他的行動・協
調行動）や社会制度のあり方を説明する議論です。1940 年代までにすで
に遺伝に関する理論的説明はある程度の充実したものとなっていました
が（1900 年にメンデルが「再発見」されます），遺伝をつかさどる生成子がな
にものなのか，は依然謎のままでした。

　1940 年代に入るとこの遺伝子とはなにものかという研究が急速に進
行し，たんぱく質と遺伝の関係，たんぱく質の合成の基礎（設計する）と
なる遺伝物質として DNA（アデニン，シトシン，グアニン，チミンという 4 つ
の塩基・ヌクレオチドからなる）が「発見」され，その塩基配列の順序が遺
伝情報であることがあきらかとなり，古典的な遺伝学と進化生物学から
分子生物学へと遺伝研究の重心が移行していきました。

　この DNA 分子の構造を二重らせんとして分析したジェームズ・ワト
ソンとフランシス・クリックの発見は，遺伝学や生物学に大きな指針を
与えます。この遺伝情報を読み解くことが，学問の新しい課題として立
ち現れてきたわけです……と，なんだか，ウィキペディアのコピペみた
いなことを書いてますが，このあたりは実はみなさん高校生のときに生
物の授業で習っているはずで，とくに専門性の強い話ではありません。
よくわからない人は，ネットで調べるよりも生物の教科書を引っぱり出
してくるほうがよいでしょう。二重らせんの話がしっかりとわかりやす
く書かれているはずです。

　1950 年代のワトソン＝クリックの二重のらせん構造発見以降（1940 年
代くらいから徐々にそうですが）遺伝という概念からは思弁的な要素が払し
ょくされ，また 20 世紀初頭から第二次世界大戦期にかけての優生学が
もたらした惨禍（ナチズムが典型ですが，生まれはイギリスですし日本もアメリカ
も関与していますよ）への反省もあって，社会学者が安易に口出しするよ
うなことはなくなっていました。しかし 1964 年にイギリスの生物学者
ウィリアム・ドナルド・ハミルトンが血縁淘汰説と呼ばれる説を打ち出
し，きわめて明快かつ単純に（数理的に美しく）動物にみられる利他的行
動を説明することに成功したあと，人間行動や社会を遺伝学の観点から

説明しようとする機運が高まります。その大きな金字塔となったのが，
ウィルソンの『社会生物学』だったのです。

進化の単位を

どう確定するか

ハミルトンの血縁淘汰説が画期的だったのは，自
然淘汰というダーウィン進化論の理論においてミ
ッシングリンクとなっていた「なにが進化の単位
か」という問題に美しい解答を提示したからです。

　Ch.3でも少し触れましたが，ダーウィニズムは19世紀から20世紀
初頭にかけて本能社会学とか社会進化論というかたちで社会学にも大き
な影響を与えていました。俗流の社会ダーウィニズム（「優勝劣敗」という
誤読された進化論で，ハーバート・スペンサーなどによって主張され知識人層やアン
ドリュー・カーネギーのような企業人に歓迎されました）が「淘汰」された後も，
未決の問いとなっていたのが「淘汰はどのような単位でなされるのか，
家族か個体か群か」というものでした。

　生物には「強いものが生き残り，弱い者が滅びていく」というプログ
ラムに従うかのように利己的な行動をとるというだけでは，いっけん説
明しきれない利他的行動，協調行動がみられます。俗流ダーウィニズム
ではこれは謎とされるわけですが，現に人間のみならず哺乳類や昆虫に
も利他的行動やそのパタンが存在している以上，科学としての進化理論
はそれを説明できなくてはなりません。そこで，個体レベルの淘汰では
なく群（種，チームと呼ばれたりします）レベルでの淘汰があるのではない
か，協調的な行動をとる群はそうでない群よりも，食料や安全の保全に
優れ，結果的に生存の確率が高まる。そのような利他的行動をなしうる
遺伝的特質を獲得しえた群れが残り，利己的でしかない群は淘汰されて
いく。これが群淘汰と呼ばれる「進化の単位」に関する理論です。

　この群淘汰の理論はいっけんそれらしくみえますが，やや危なっかし
い部分があります。それは一応は（というのはダーウィン自身，このあたりの
記述が実はあいまいだからなのですが），自然淘汰理論は，非科学的な目的論
（……は……のために存在している）ではなく非目的論的なかたちをとる，つ
まり自然現象に関して目的を読み込まないという前提に立っています。
しかし，「種」や「群」といったグループ化カテゴリーは，それらが分
岐した後に**人間が事後的に与えた概念名づけ**にすぎません。

　進化そのものは目的をもって「行われた」ものではなく，淡々と自然

環境と生物との相互関係から生じてしまったものですから，進化の結果有意味にみえるようになった区別カテゴリーを，説明の際に使ってしまうというのは，よくて循環論法，下手すれば目的論の再来となってしまい，ダーウィンのせっかくの知見が台無しになってしまいます。目的論にならずに，どうやったら進化論の知見を展開できるか，というときに「進化の単位」問題はそれなりに重い課題であったわけです。

ハミルトンの血縁淘汰説

ハミルトンの血縁淘汰説は，その問題に明快な解答を与えてくれるものでした。進化を，「自らと同じ遺伝的情報を持つ個体をより多く残す個体が，そうでない個体よりも淘汰されない」と定義するなら，繁殖可能性を高めるような遺伝的特徴が淘汰をサバイブすることになりますが，個体レベルでそれを考えていると，生物に観察される利他的行動を説明することができません。強い者がどんどん繁殖機会を得て子孫を残していけばいいだけのはずで，その際になにも他の個体と協調的な行動をとる必要はないはずです。ここでハミルトンは個体レベルでの繁殖可能性だけではなく，個体が強い遺伝的な関係を持つ血縁関係者の繁殖可能性も顧慮すべきであり，両者を含み込んだ包括適応度（包括的な環境への適応）を最大化する形質がサバイブする，と考えました。モデル的に表現すると，次のようになります。

包括適応度（Fi）＝直接的適応度（Fd）＋利他的な行為を受けた個体の適応度の増加分（B）×血縁関係の強さ（r）－利他的行動をとった個体の直接的適応度の減少分コスト（C）とすると，B×r－C＞0の場合，利他的行動が進化する。

なんともきれいなモデル化です。そしてそのモデル化が指し示す内容も説得的です。群や種のような人為的なカテゴリーを密輸入することなく，血縁度と適応度というそれ自体は個体淘汰とも群淘汰とも独立しており，かつ人間による人為的なカテゴリー分類を必要としない概念（それは遺伝子という自然種として捉えられるものです）が進化を説明していて，哲学的な負荷も極小化されています。実際，血縁度が高い他個体に対して利他的行動（自己犠牲的な行動）をする傾向はみられ，「進化の単位」問題について，きわめてスマートな解答を出した理論であるといえるでしょ

118

う。

1973 年にはジョン・メイナード・スミスが血縁淘汰説にゲーム理論の成果をとりいれた「進化的に安定的な戦略（ESS; evolutionarily stable strategy）」のアイディアを出し，血縁淘汰説を人間社会に適用する準備は整い，同時期に万を期してウィルソンの「社会生物学」が登場します。さらに時間をおかず 76 年にはリチャード・ドーキンスが「利己的な遺伝子」というアイディア（遺伝子自体は自己の遺伝情報のコピーを「利己的」に残存させるプログラムを実行するだけであり，個体はそのプログラムを実装するハードウェアにすぎない）を提出し，進化の単位は遺伝子であり，生物個体はその遺伝子の乗り物であるという理論を世に問い，話題を集めました。こうした「社会生物学」の動向は，進化理論を目的論化せず，かつデータやシミュレーションによって確証しうる経験的要素も持つ理論，しかも人間の社会生活まで説明しうる包括性を持つものとして衆目を集め，一部の社会科学者の科学志向を刺激するものともなりました。

進化生物学

への批判

さて，こうした多大な成果を残した社会生物学ですが，同じく進化生物学や古生物学，比較生物学などに携わる有力な生物学者，リチャード・ルウォンティンやスティーヴン・グールドといった人たちから猛烈な批判を浴びせられました。かれらは教室に押しかけてビラを撒くやら，水を浴びせるやら，といった具合になんだか遅れてきた新左翼みたいなことをしてまで社会生物学との闘いに挑んでいたのですが，その知識社会学的な理由はわりと明快です。[2]

進化生物学は長らく人種や性などの差別を正当化する論理として使用されてきた。分子生物学の発展はもちろん否定すべくもないが，その知見から敷衍して，遺伝子を単位として社会や人びとの生活世界を説明しようとしているのが社会生物学である。これは生物学の越権行為であり，過去のあやまちを考えるととうてい許されることではない，と。

とても左翼的ですね。実際年長のルウォンティンはアメリカでは珍しく社会主義者を自認していましたし，その主張の仕方のラディカルさ，敵／味方のつくり方など，とても「新左翼的」であったのは事実です。

2　このあたりの詳しい事情はウリカ・セーゲルストローレ『社会生物学論争史——誰もが真理を擁護していた』（Ⅰ・Ⅱ，垂水雄二訳，みすず書房，2005 年）を参照。

このことをもって,「差別に抗するという左翼が,科学を等閑視して,イデオロギー的に社会生物学を潰しにかかった」というのが,定説といえば定説なのですが,解釈としてつまらないといえばつまらないものです。

　私も同時代に生きていたら,きっとグールドともルウォンティンともあまりお近づきにはなりたくなかっただろうな,とは思うのですが,こうした科学主義史観もまたある種のイデオロギー（というと大げさですが,「科学とはなにか」ということについての特定の見解）に立ったもので,私はあまり魅力を感じません。グールドは『人間の測りまちがい──差別の科学史』（鈴木善次・森脇靖子訳,河出書房新社,1998年〔河出文庫,2008年〕）という社会学者にとっても重要な著作を残しており,その思索すべてを棄却するのは性急というものです。[3]

進化の単位

そこでグールドらの社会生物学批判をもう少し別の角度から,というか「進化の単位」という観点に差し戻して見てみることにしましょう。ここで等価機能主義との関連もみえてきます。グールドが問題にしたのは,科学そのものが持つ「単位」設定の問題であり,またそれとあいまった「他でありうる可能性」の扱い方の問題でした。

　近年では吉川浩満さんが『理不尽な進化──遺伝子と運のあいだ』（朝日出版社,2014年〔ちくま文庫・増補新版,2021年〕）という本で,科学的な水準でのドーキンスの勝利を前提としつつ,グールドを「説明（Erklärung）」ではなく「理解（Verstehen）」を志向した人文学的な論者としてその「あまりに人間的な」側面を再評価していますが,私はちょっと違った見方をしています。むしろ「科学がいかにして単位を設定するか」という根本問題に,文字どおり命を投じた人が,グールドであったと思うのです。

　やっと等価機能主義との関連がうっすらとみえてきたのではないでし

3　グールドに否定的な態度をみせただけで自らを「科学的」な立場にいる,と誤認する社会系・人文系の書き手が少なくありません。論争史の結論だけから,「勝ち負け」を決めるという最悪の立場どりです。「理系コンプレックス」の強い文系の学生さんはくれぐれも気をつけてください。相対性理論や量子力学とは異なり,社会生物学で用いられる数式やデータの解釈は,高校までの数学で十分理解できます。そのうえで,学問的公正性の観点から各自判断を下すようにしてください。とくに進化生物学を「悪用」する──というか単位の問題を考えていない──科学主義的文系,「進化生物学を悪用するマン」が溢れているので注意が必要です。

ょうか。

　等価機能主義は，①「単位と全体画定の論理的同時性」を真摯に受け
止めると同時に，②個別の機能項目・表現型が，ある機能を満たすうえ
で「他である可能性」を重視する，そうすることによって，③機能主義
というそれ自体目的論的な色彩を持つように思える説明の構図を非目的
論的に捉える，というプログラムでした。社会生物学で扱われた事柄と
は，単位が人工種なのか自然種なのかという点で大きな違いはあります
が，学びうる点は多々あります。そしてそれは，社会学においてハミル
トン，メイナード・スミス，ドーキンスほどに明快なモデル論を提示し
えた論者がいなかったという点においても，機能主義の科学としての位
置を確認するうえで役立つ作業です。

3 ｜「サンマルコ大聖堂のスパンドレルと パングロス風パラダイム」と等価機能主義

ルウォンティンと グールドの報告　　本節の表題にある，なにやらおどろおどろしい
「サンマルコ大聖堂のスパンドレルとパングロス
風パラダイム」というのは，社会生物学が席捲し
つつあった 1978 年に，イギリスの王立協会の場
で，ルウォンティンとグールドが共著として発表した報告のタイトルで
す。ルウォンティンが執筆し，グールドが読み上げたといわれますが，
これは政治的なプロパガンダを取り除くと，大変に「等価機能主義的」
な論考です。

　パングロスというのはヴォルテールの小説『カンディード』（1759 年）
に出てくる博士・家庭教師の名で，パングロス風パラダイムというのは，
「現実世界に存在するものは，神が最善のものとしたものである」とい
うライプニッツ主義を盲目的に信仰することを意味します。この語は，
「淘汰を生き延びて現存する生物は，遺伝子の伝達可能性において最大
限の成果を得たものである」という血縁淘汰主義への皮肉となっていま
す。きわめてスマートな血縁淘汰説，ドーキンス的な利己的な遺伝子モ
デルは，環境に対して最大限適応した（自らの遺伝情報を残すことに成功し

た）ものが存在しているという意味において，「適応主義」であるというのがグールドの含意です。

　サンマルコ大聖堂というのはイタリアのヴェネチアにあるサンマルコ大聖堂のことで，スパンドレルは教会建築を建てるときに天井の重量を支えるために必要とされる部位のことです。サンマルコ大聖堂ではこのスパンドレルの部分に聖人像が置かれているが，これは，本来「天井を支える」という建築学的機能のために必要であった部位に，デザイン上の隙間を作らないという観点から聖人像を配したというのが実情なのに，聖人像がある部分そのものが存在していることが過剰に適応的結果として受け止められている。本来の機能（それは宗教的にはきわめて偶然的なもの）とは別に付帯した機能が本来の機能の所在を見失わせ，あたかも聖人像が存在すること自体が適応の（最善の）結果である，と考えるのがパングロス風パラダイムである。──以上のように，偶然的な事情から残ったものに適応という意味を与える思考（適応主義）が見落としているものを指摘するのが，「サンマルコ大聖堂のスパンドレルとパングロス風パラダイム」という報告の趣旨です。

等価機能主義

との比較

　これが，はたして社会生物学批判として有効なのかどうかは措いておくとして，等価機能主義とどうかかわるか，なんとなく察することができるのではないでしょうか。

　まず，パングロス風パラダイムというのは，マートンのいう「機能主義が普遍的であるという公準」にほかなりません。存在しているすべての事象に機能があるわけではなく，無理にその機能を読みとることは大きな問題がある，というのがマートンの「機能主義第2のドグマ」でした。

　聖人像が存在しているという観察命題は，聖人像が存在していることに機能があるということの必要条件ではあっても十分条件ではありません。むしろ歴史をたどっていくと，スパンドレルの部位はたんなる建築学的な問題（宗教にとっては外在的）なので，「聖人像を据える」という現下の項以外の等価的機能物，つまり建築学的な合理性判断の規準から考えて，「天井を支える」という機能を充足しうる他の項目・表現型がありえた，ということです。グールドのパングロス風パラダイム批判は，

（出所）ダニエル・デネット『ダーウィンの危険な思想』青土社，2001年，p. 357。

図5-1　サンマルコ寺院のスパンドレルのひとつ

　このように合理性帰属の準拠点を考えたときに「他でもありえた可能性」を不可視化することへの問題提起であったといえるでしょう。

　さらにこうしたパングロス風パラダイムは，「進化の単位」問題をスルーする発想である，というのがルゥォンティン＝グールドのもう一つの含意です。

　ここらになると私の解釈がかなり入ってきてしまいますが，私はグールドたちの問題提起を，次のように捉えています。つまり，「環境への適応」という準拠問題 RP を前景化することは，建築学的な準拠問題，宗教的な準拠問題，美学的な準拠問題を等（ひと）し並（なみ）に解決するものとして特定の機能項目を評価することにほかならず，スパンドレルの存在という機能項目を評価する合理性判断の規準を一意的に捉えられる，あるいはなんらかのかたちで基礎的な規準にもとづく記述に還元可能である，と考えることを意味する，と。

　スパンドレルの存在という機能項目を分析するにあたっては，「天井を支えるために建築学的に機能的」という判断や，「漠然とした隙間があるのは当時の美的基準から見て不適切」という美学的判断や，「ある時代の宗教建築においては世界の充溢性を表現することが重要であっ

た」という宗教的判断が比較検討されなければならないのに，適応主義者は「聖人像が存在する」ということの機能を前提視している。**「他でもありえたにもかかわらず……となった」という機能的等価物の考察が抜け落ちているために，「現存するものは環境への適応を最大化したものに違いない」という不当な考察をしている，**というわけです。

　あるいはマートン的にいえば，ある時点で人びとにとって建築学的な合理性をもっていたものが，次第に別の機能を与えられ，あたかもその機能が最初から不可欠であったように記述するのは，あまりに雑だ，ということになるでしょうか。この報告を生物学の問題提起として捉えるのではなく，教会という建造物に関する問題提起であると考えるなら，グールドたちが言っていることに一定の理があることは認めざるをえません。

単位と全体の同時決定

等価機能物の想定と検討が不十分である，ということは，ある機能項目を機能項目たらしめる分析の規準がちゃんと検討されていない，ということを意味します。別の言い方をすれば，スパンドレルと呼ばれる部位を単位とする全体の描き方が不十分である，問題があるということです。**ある機能項目を機能項目として捉えるには，論理的に同時に，その機能項目を含む全体がいかにして特定化されうるのかが，明示されなくてはなりません。**グールドらの批判は，この点，「繁殖可能性の最大化」「進化的に適応的な戦略」という観点から説明しきることができるのか，他の全体設定の可能性を等閑視しているのではないか，というようにパラフレーズすることができます。

　ちなみに，哲学者のダニエル・デネットは，グールドらの議論に対してきわめて辛辣な批判を投げかけており，また，そのデネットに対する批判も建築の専門家から投げかけられたりして，しばしば両者の議論が根元的に対立するように捉えられていますが[4]，デネットの批判をよく読んでみると，実は，デネットもまた「ある機能項目を機能項目として捉えるには，論理的に同時に，その機能項目を含む全体がいかにして特定化されうるのかが，明示されなくてはならない」といっているとも解釈

4　この点に関しては注2のセーゲルストローレ『社会生物学論争史Ⅰ』を参照。

でき，なかなかおもしろいところです。

　デネットによると，スパンドレルは建築学的に正しくは「ペンデンティブ」と呼ばれるもので，技術論的な観点に立てば，「（狭義の）スパンドレル」には「スキンチ」などの他の機能的等価物があります。つまり，「ペンデンティブは，唯一の選択どころか，多くの〈想像できる〉選択の一つ」にすぎない（デネット『ダーウィンの危険な思想』石川幹人ほか訳，青土社，2000年，p. 363）。それにもかかわらず，現状のスパンドレルが採用され・残っているということは，技術論的な視点とは異なったデザイン的・宗教建築史的な観点からしたときに，「他でもありえたのに，ほかならぬスパンドレルが——進化論的に——選択された」と考えることができる。

　技術論という合理性の規準では「他でもありえた」が，教会建築史にかかわる合理性の規準では，やはり進化論的な「適応」があったと判断するのが自然である（スパンドレルは「いくつもの同等の選択肢から，主に美的な理由で選択された，適応である」〔同，p. 363〕）。ところが，グールドらは，技術論的な「他でありえた可能性」から一足飛びにスパンドレルの歴史的偶然性を主張し，あたかも適応主義的な思考様式全般が失効しているかのようにいう。デネットは，何か理由なく存在している特性があるかどうか，という問いに対しては「何を特性と捉えるかにかかっている（同，p. 366）」と書いていますが，これは要するに「ある機能項目を機能項目として捉えるには，論理的に同時に，その機能項目を含む全体がいかにして特定化されうるのか，が明示されなくてはならない」ということです。

　グールドたちは，建築学的な「他の可能性」によってスパンドレルの適応的・機能的選択を否定した，つまり歴史的偶然性を強調したけれども，それを認めたとしても，合理性の観点を転じてみれば「他でありえたのになぜことさらに……に」という問いは有意味たりえる。あらゆる合理性の観点を網羅する超越的な合理的観点にもとづく「汎適応主義者」という像は，カリカチュアにすぎない。——私なりにまとめるとデネットの主張はこんな感じです。

　デネットの主張に対しては，建築の専門家によって，スキンチなどではスパンドレルの代替は不可能であった，つまりスパンドレルの他の可

能性は考えにくかったと反論されています。ここはなかなか頭が混乱するところですが，①グールドらは技術的な合理性を，宗教史的・教会史的な合理性に対して外的なものと捉え，外的な所産物に過剰な宗教的機能を見いだそうとする，つまりなんとしても「適応」で説明しようとする姿勢を批判するのに対して，②デネットは，技術的な観点からの「他でありえた可能性」を逆手にとって，「にもかかわらず……である」ということを，合理性の観点を技術論からデザイン論に移行させることによって説明できる，と言っているわけです。

　こう記述するかぎり，実は両者とも「ある機能項目を機能項目として捉えるには，論理的に同時に，その機能項目を含む全体がいかにして特定化されうるのかが，明示されなくてはならない」という発想を，別角度から表現しているようにもみえます。グールドらは「内的／外的」という区別を挿入することによって，適応にかかわる規準の一貫性を強く主張し，デネットは，適応にかかわる規準自体の多元性（これはグールドらのキーワードでもあります）と多元性にもとづく説明の可能性を説いている。単位の記述が全体の想定と同時的であるという点は，実は両者に共有されているのではないか，というのが私の見立てです。くわしくは実際にグールド，デネットらの論文をお読みいただきたいところですが，等価機能主義の実行という観点から考えると，とても示唆的な「すれ違い」ではあります。

　ある機能項目の存在について，同一の合理性規準で一貫して考えるか，観点の多元主義を採って複数の合理性規準での説明を試みるか，ある合理性規準において「外的」とみえる規準とその合理性規準との関係・関連をどのように考えるか——まったく分野では異なりますが，機能概念の「育ちの地」だけあって，（社会）生物学の論争は，社会学について考える私たちにとってもとても示唆に富んでいます。ぜひ社会学を学ぶ人たちにも読んでいただき，考えを詰めてもらいたい「論争」です。

　さて，こうした議論はグールドを本書の考える等価機能主義の観点から救済することにはなるかもしれませんが，別にそれは進化生物学でのグールドの優位を示唆するものでありません。私はそもそも生物学のど素人ですし，その勝敗を定めうるような資格を持たないと自認していますが，「人文学的『理解』の人」として救済する吉川さんとは別の意味

で，「科学論的」にグールドは重要な示唆を与えてくれていると考えます。それは「他である可能性」「全体と単位との論理的同時性」に加えて，「そもそも科学的説明をどうとらえるか」という点にかかわってきます。

4 | グールドの科学論
——「測る」ことの社会的性格

　グールドはさきほども述べたように『人間の測りまちがい』という科学社会学的にみても興味深い書物を著しています。
　頭蓋骨の重さを人種別の知能差検出のために利用したサミュエル・モートンの作為（当時でも統制可能であったはずの適切な測量をしていなかった）の指摘はまだ，疑似科学というか，現代では科学的ではないとされている測量を問題にしたものであり，まあ仕方がないといえば仕方がないのです。しかしこれが，統計学で現在も多用されるスピアマンの因子分析という手法において，因子解釈に関連する（直交・斜交）回転の問題をいかにシリル・バートが恣意的に棚上げしたのか，また，知能テストの計測にかかわる「数え上げる（counting）」ためのカテゴリー化が，観察に先立って相当にレイシズム的な前提をとっていたことなどは，現代的な問題でもあります。もちろんグールドはとにかく生物学の「社会的悪用」が許せなかった人ですから，文体はかなり左前のめりになっているのですが，その指摘一つひとつは示唆的です。

問いの妥当性と信頼性　世の中には統計的な分析こそが最強という人がいます。たしかに最強候補の一つであるとは私も思いますが，少なくとも社会科学が関係するかぎりでの統計的手法は最強というよりは盟友といった感じです。そして，社会学の講義において，その盟友との接し方を習うとき，口酸っぱく教えられるのが，設問の妥当性と信頼性という問題です。
　たとえば孤立恐怖感を測定するうえでそのテストが適切であるか，ちゃんとその目的を果たしえているのか，というのが**妥当性**。そのテスト

が1回かぎりではなく，同一人物（あるいは同様の立場にある人）に対して反復的に適用可能で，安定的な結果を導き出すのか，というのが**信頼性**です。

　同じ人物なのに昨日答えた解答と今日答えた解答が違っていると（よっぽどなにか人生トラブルがあったのでもないかぎり）そのテストは信頼できませんね。また，テストの設問そのものがちゃんと「孤立恐怖感」を測れておらず，実は「男女差」を測っていたりしたらテストの意味がありません。こうした妥当性と信頼性をちゃんと考えなさい，と必ず教えられると思うのですが，実感するのはなかなか難しいものです。ただ，こうしたことがきちんとできていないと，せっかく時間と労力とお金をかけて大量のデータを得ても，残念ながら社会学的にはゴミとしかいいようのない数字になってしまいます。グールドが『測りまちがい』で粘着的にトレースしているのは，この問題です。

　　a「Xを知るために個々人のxについて値を知りたい」
　　b「数えるためには，なにを数えるかが検討されなくてはならない」
　　c「そこで数え上げていくためのカテゴリーCを創り上げる」
　　d「しかし，測定の前に創り出したカテゴリーC自体が，分析者が前
　　　提とするxに関する傾向性理解・事前理論Zにもとづいている」
　　e「テストの妥当性を検討するdの過程への反省的考察がない場合，
　　　テストそのものが妥当ではないし信頼性を失う」

　aからdまではやって当然の作業です。というか，こういう過程がなければ「数え上げる」ことができません。ところが残念なことに，世の中に存在する社会的な出来事の多くは，石や葉っぱ，あるいは体重や身長のように明確な外延的な輪郭を持っていません。数えられないのであれば，数えたことをもって証拠にしてはいけません。

　ヘンリー・H.ゴダードの場合は，cまでは（後々科学的ではない計測とされますが，当時としては適切な計測法と考えられていました）よかったものの，数え上げの時点で「ズル」をしてしまったこと。自分の事前理論Zに適合的であるようにデータを改ざんしてしまった，あるいはカテゴリーを恣意的に適用してしまった点が，ロバート・ヤーキースの場合は，eまでやろうとしているものの自分の事前理論Zに適合するようにテス

128

ト環境や内容そのものを変えてしまったという点が問題だったわけですね（この2人の作為自体はグールドの指摘のみならず科学史の文脈では有名な話です）。

「数え方」を変えること

さて数え上げることで実証しようという精神はいいのですが，自らの理論Zを反証する観察データがみつかったときに，当該データをなかったことにしたり，Zを維持するために数え方を変えたりすることは，しばしば科学の世界でみられるもので，前者はさすがに制裁を受けますが，後者は一概には否定できません。ニュートン力学で考えると説明がつかない冥王星の軌道のデータが得られたからといってニュートン力学が否定されるわけではありませんね。極力，古典力学を維持しながら，そのようなデータが説明がつくような理論的考察をおこない，その理論考察を実証してくれるようなデータの観測をめざすわけです。理論に微修正を加えたり，あるいは他のデータを入れ込むことによって，相応の信頼性のある理論そのものに対しては保守的な態度をとる。これを科学理論に関する全体論（holism）といいます。それはよいのです。健全な科学のあり方です。

　ヤーキースやゴダードの問題は，そうした全体論的な理論修正ではなく，あくまで変更しないと「決断」された事前理論Zを維持するために，データを隠蔽したり，データの「数え方」と被験者の範囲を恣意的に「補正」したことにあります。『測りまちがい』のグールドは，インチキ科学をただその素朴さゆえにぶったぎっていったのではなく，健全な全体論の貫徹とはいえない「数え方」の恣意的運用を戒めているのであり，さらに事前理論Zの修正を拒むその恣意的運用，「数え方」や「単位に与えられるカテゴリーの範囲」を変えてしまうという傾向が，人種差別という強固な信念に彩られていることを示したものであるといえるでしょう。グールドはけっして「反科学」の立場ではありません。あくまで科学の立場から，「測り方」「数え方」の問題をとりあげているのです。因子分析の回転の記述などは，現在の社会科学者でもチクリとするところがあるはずです。

　こうしたゴダードやヤーキースのような作為は，ある意味で，当時の科学理論において遺伝のメカニズム，遺伝をつかさどる単位が現在より

はるかに不分明であったから，ある程度仕方がなかったともいえますし，人種主義のイデオロギーに免疫がなかった，ということもできます。さきほど述べたように遺伝物質の特定は 1940 年代，その構造は 50 年代にいたるまであきらかにされませんでしたから，「肌の色の違い」「頭蓋骨の重さ」といった外的に観察可能な対象がデータとされ，人種なるものが科学的分析の単位を示すものと強く考えられていたわけです。かれらはまだ数えようとしているぶんマシ（?）とすらいえるかもしれません。社会学者のなかにはなんのデータもとらず，優生学的な人種論を前提として演繹的に「優等人種同士の結婚の推進」なんてことを大真面目に言っている人もいましたから（チャールス・A. エルウッド『社会問題』萱沼素訳，学文社，1992 年など）。

　いっけんニュートラルにみえる「数え方」というのは，このように自然科学の世界でもなかなかに偏見と識別不可能な前提理論を排除するのに苦闘してきました。とくに進化論のように，進化の単位が個体なのか群なのか種なのかなんなのかわからないままに自然淘汰という言葉だけが生き残る界では，「なにを数えるか」は，なにをその数えるための準拠問題とするか，つまりは，数えられたデータを示す個を単位とする全体として設定するか，という問題と直結しています。社会学であればなおさらですね。Ch.2 で「いじめを数える」ことが同時に全体社会の想定をともなう，と言ったのは，まさにこのことです。

　なにかを測定するためには，準拠問題にそくした単位が設定され，その単位は分析者の持つ事前理論によって全体に包摂するものとされる。「数え方」の設定が，カテゴリーとカテゴリーを有意味なものとして理解する理由空間を随伴する，というのはイアン・ハッキングが人工種を対象とした社会統計学をはじめとする社会科学について指摘したことですが，グールドはまさにハッキングと同様の指摘を進化論に対して投げかけているわけです。学説史的にはおかしな言い方になりますが，グールドは「機能主義第 2 のドグマ」を『測りまちがい』で批判しているのです。

スパンドレル論文の

「等価機能主義」の精神

そう考えると，スパンドレル論文の「等価機能主義」的な性格もみえてくるのではないでしょうか。グールドらは「すべてのものに機能性がある」という第2のドグマ，「顕在している項目のみが考察対象である」という第3のドグマ（等価機能性の主張）を，適応主義のなかに見いだし，そのメタファーとしてスパンドレルのパングロス風説明，つまり3つのドグマに覆われた説明の様式を批判しているのです。

　スパンドレルでの聖人像の存在という機能項目を説明する合理性判断の規準は当然のことながら複数存在します。建築学的な観点，美学的な観点，宗教学的な観点など複数の準拠点が想定されえます。そのなかで，かれらは，建築学的な視点からみた場合に，当該項目の持つ機能「天井を支える」は聖人像の設置でなく，「他でもありえた」ことを説明します。現存しているものがむき出しの自然淘汰を生き抜いてきたのではなく，建築学的にみれば「他でもありえた」ことを示し，聖人像の存在の不可避性（現時点での最善性）という説明様式を否定するわけです。これは第3のドグマ（機能的等価性の否定）のみならず，第2のドグマ（すべての項目に機能性がある）に対する批判ともなっています。聖人像がスパンドレル部位に存在することは，「他でもありえた」「他の表現型で機能充足が可能であった」ことであり，それは別の観点からみた場合にはことさらに機能を担う機能項目として認識されるべきものではない，と。

　このことを支えるのが第2のドグマ批判にもとづく準拠問題の提示であり，グールドらは，①準拠問題が複数ありうること，②ある準拠点からすれば（非）合理的であるとして理解可能な場合もあること，③そしてある準拠点にそくした場合も「他でありえた」ということ，を実に説得的に論じているということができます。背景にあるのは，準拠問題の複数性を認めたうえで，それらを比較する合理性判断の規準を分析者がちゃんと明示すること，比較して考察をおこなうこと，という機能的説明の範となるような科学観です。スパンドレル論文は，等価機能主義の精神を見事に体現したものであると私は考えます。

5 | 準拠問題・合理性判断の規準の 比較と「進化の単位」

グールドとドーキンス　やや意外に思われるかもしれませんが，私はグールドは，ドーキンスやハミルトンらよりも強い実証主義・経験主義を採っていると考えます。私が吉川浩満さんの刺激的な書『理不尽な進化』に対していだいた疑問はこの点にあります。

　吉川さんは，ハンス・ゲオルク・ガダマーの説明と理解という区別に依りながら，社会生物学者たちの系を「説明」的な学問として，歴史的偶然性に拘泥するグールドを「理解」の系におき，そのうえで「理解・人文学者の達人」としてのグールドを救済しようとしているのですが，「実証的／思弁的」という科学においてよく採用される別の区別を導入するならば，私はグールドのほうが実証主義な科学者であったと捉えています。

　グールドとドーキンスの熱い攻防は，理解／説明ではなく，科学の内部における「実証主義／理論主義」によって理解すべきということです。思考の順序としては，グールドが古生物学の観点から化石の分析などから進化の幅を見いだそうとした（証拠観察と進化の単位設定とを往還した）のに対して，ドーキンスは適応主義のスマートな定式化から，範例的に進化生物学の「証拠」を用いました。経験科学としての社会学にとっては，実際統計学を使うということもありますが，グールドの姿勢から学ぶところは小さくありません。

　……と，ここまでグールドをヨイショしておいてなんなのですが，それでもなおやはりグールドはグールドで問題があり，最終的には適応主義（モデル的万能機能主義）に科学というフィールドで負けてしまった，というか，土俵をともにすることができなかったと私は考えています。というのも，分子生物学の成果によって自然淘汰に関しては遺伝子という自然種の単位の実在（情報としての存在，物質としての存在とその構造）が，理論的にも経験的にも確証されているからです。そうした自然種の単位が

ある以上，どれほど悪用の危険があっても，遺伝子という自然種の単位から考察されうる全体（淘汰圧を課してくる自然環境）を想定せざるをえません。

　たしかにドーキンスやスティーブン・ピンカーの日本での追従者のなかには，ちっとも進化の単位を真面目に考察していない人もいて，それはイデオロギー的に危険です。しかし自然種としての単位が確定されている状況で，群や種といった目的論に足をすくわれかねない淘汰の単位を持ち出すこともまた自然淘汰のアイディアに反するものです。

　進化のメカニズムは遺伝子を基本単位とした自然淘汰（環境への遺伝子単位の反応）であり，隕石や氷河期の襲来による恐竜やマンモスなどの絶滅は，環境にそくした遺伝子のサバイブで説明できてしまえる，つまり大進化は環境側の変化であり，遺伝子レベルでは他の時代と変わらないメカニズムが働いているということは間違いありません。グールドもドーキンスも環境と遺伝主体とに相互関係があることについては同意していますから，あとは環境の記述をどのような幅，つまり合理性判断の規準から導き出すか，ということになりますが，自然種としての遺伝子の存在はそのさいに強力な比較項目と考えざるをえません。

　ごくごく簡単なことです。群淘汰や種の淘汰，マルチレベル淘汰など考えずとも，環境の記述を精細にしていけばよくて（その意味で私はデネットの「スパンドレル批判」に完全に同意します），適応主義は環境記述のための記述の連言（条件 C1 かつ C2 かつ C3 かつ……）をやや雑に描いている，とだけいえばよかったのではないでしょうか。これは進化の単位としての自然種＝遺伝子の存在，適応主義的説明の説明力を認めたうえで，進化記述としては適応主義者が雑な議論を展開しており，それは現代社会分析などにそのまま持ち込まれると大変危険である……こういう話であれば，適応主義者もそんなに敵対視しなかったでしょう。目的論的要素を許容してしまうというのは自然淘汰の理論にとってきわめて危ういことですので，この点はグールド万歳というわけにはいきません。

単位：

数えられるカテゴリー

　しかし，グールドの教えは，分析対象が自然種ではなく人工種でしかありえない社会学的等価機能主義にとってはきわめて示唆的です。等価機能主義が相手にしているのは，社会，相互行

為パタン，行為パタンといった人工種としか言いようのないものです。単位が自然種として確定できないのですから，分析「単位」そのものを分析者が考え出さねばなりません。しかし，分析者は操作的定義の名のもとに自由に単位を記述する，つまり数え上げを可能にする単位を設定することはできません。

　「いじめ」や「DV」に関連してみてきたように，なにがいじめであり，DV なのかは，外延的に（自然種として）確定することはできず，社会を生きる人びとがそうしたカテゴリーをどのように有意味なかたちで使用しているのか，あるいはそうしたカテゴリーを使用することによって社会のどのような状態を記述し，問題化しようとしているのか，を考えなくてはなりません。

　頭蓋骨は1個2個と数えられるがゆえに，単位とみなされやすく，だからこそズルもできたわけですが，DV やいじめを「数え上げる」際には，社会の成員の道理性（理由の空間）を理解しつつ，さらにはそうした人びとによるカテゴリー執行がなされること，それがメディアや学問によって執行されることの意味を考慮しつつ，数え上げ可能なカテゴリーを創り出していかなくてはなりません。でなければ，操作的定義を施し，実質的な社会状態・心理状態については問わないという行動主義か，数え上げるということを目標としない研究プログラムに乗り換えなくてはなりません。

　私はいずれの道もありうると思いますが，もうちょっと中間的なほうが認識利得，発見的価値が大きく（というのは余談ですが，「数えられる」ものは数えたほうが理解が容易なので）さらにその中間性を明示するなら科学的記述としては問題なしと考えますので，本書ではそのような方向性で議論を展開します。

　科学哲学者・科学史家のハッキングは「生権力と印刷された数字の雪崩」（岡沢康浩訳,『思想』76〔101〕，2012年，pp. 80–101）において，19世紀イギリスにおける課税のための統計（数え上げ）について，次のように述べています。

　　人々の数えあげを行うそもそもの動機には課税が含まれていたが，
　　個人への課税が人頭税によって平等になされないのであれば，〔個

134

人の間になんらかの〕区別を設けねばならない。はじめは，ひとの数を数えることは不可能だとみなされていた。住居に備え付けられた不動産定着物だけが，数え上げるのに十分なほど長く変化せずに存続した。そのため，暖炉や窓〔の数〕が課税の基準であった。偶然にも，これは近代の所得税よりもはるかに「進歩的＝累進的」な課税形態であった。なぜなら富める者が貧しいものよりもはるかに多く税金をふんだくられたからである。長い間，暖炉と窓は単に課税の基準であるだけでなく，人口規模のもっとも信頼できる推定値でもあった（p. 82）。

　現在の日本語圏に生活する私たちは，課税のための単位「世帯（house-hold）」という存在を自明のものとして考えてしまいますが，19世紀のイギリス都市部において，なにを課税の単位とするのか，なにを規準にその単位を見定めるのか，ということはけっして簡単な準拠問題ではありませんでした。なにしろ，いまでいうところの世帯というのは，一戸建てはもちろん，nDKやワンルームの間取りに収まってくれるものではありませんでしたし，生計単位と，後々「核家族」と呼ばれるものが対応するような状況ではありませんでした。子どもや女性の多くも労働者でしたし，血縁関係で課税世帯を区切るという発想もなかなか浮かばなかったことでしょう。そんなわけで，いまからみるとずいぶん恣意的にみえる暖炉や窓の数が課税基準の単位として捉えられていたわけです。これは狭小な集合住宅で相互扶助的な生活を送る民衆をみる場合には同時代的に「理に適った」カテゴリー化であったといえます。
　この論文の訳者・岡澤康浩さんは次のようにいいます。

　　数え上げは数え上げるべき対象を記述するカテゴリーを必要とした。なぜなら，「ひとは数字だけを印刷することはできない。ひとはなんらかの概念に当てはまる対象の数を印刷するしかない」からだ。こうして人々を記述するための新たな行政的―科学的カテゴリーが導入されることとなった。導入された概念は官僚や学者などの専門家が人々を描き出すのに利用しただけでなく，人々が自分自身や他人を新たな方法で描き出し，理解することをも可能にした（岡

澤「訳者解題」『思想』76〔101〕，2012 年 pp. 76–80）。

このように，人文社会科学における「数え上げ」は遺伝子という自然種において構造的拘束をかけられる自然淘汰理論と異なり，「理解可能なカテゴリー」を人びとの実践から析出し，そのうえで数え上げるという作業に携わらなくてはなりません。

自然種としての遺伝子の存在を前提しうる進化生物学においてすら，カテゴリー化は相当にナーバスな問題なのですから，人びとにとって道理性があり，かつ明確に比較可能なように，数値化しうるようなカテゴリーを創り出すという計量社会学の作業の面倒くささといったら，たまったものではありません。世の中には数字にすることだけを目的化する（そして質的研究を馬鹿にする）困った計量さんもいるにはいるのですが，私がかかわったことのあるなかでは，そんなことをいう計量さんは皆無です（逆になんのためらいもなく「計量さん」を批判する「質的さん」はヤマのように見てきましたが，なんというか 10 年単位で淘汰された気がします）。

等価機能主義の理論は，このように，理論間の比較（自然種／人工種を対象とする，理解可能性の関連度合いを比較考察する）や，異なるとされる方法（質的・量的）の適切な連携可能性（共同研究）を考える一助ともなりえますし，さらにいえばマクロ／ミクロ社会学という，社会学にとってはあまり意味のない区別を捨て去り，どのような準拠問題・合理性判断の規準にもとづいて「単位／全体」「幅」が問題化されているかを明示することを要請します。グールドがマクロで，ドーキンスがミクロというわけではありませんでしたね。重要なのは準拠問題の設定と対象の性質なのです。

フォローアップ

この章で扱ってきた問題は，大きく分けて 2 つあります。ひとつは，ある機能項目が表現型としては「他でありえた」ことを確認すること，「他でありえた」という偶然性の記述は分析者（あるいは社会に生きる人びと）の準拠問題によって規定されるため，当然「偶然的といいうる時間的スパン」も変わってくる，ということ，そしていまひとつには，社会統計や統計的な調査は「数える」ためにも「な

にが数えられるべきか」というカテゴリー設定を論理的に同時，もしくは先行的におこなわざるをえないこと，この２点です。

　前者の問題を考えるため，私たちはグールドとルウォンティンの「スパンドレル論文」にそくして進化生物学・社会生物学における「進化のスパン設定」問題を考えてきました。本文でも触れたように，私と解釈は異なるものの，この問題の重要性をきわめて鮮やかに示してくれているのが2014年に出版され，話題を集めた**吉川浩満**さんの『**理不尽な進化──遺伝子と運のあいだ**』（朝日出版社，2014年〔ちくま文庫・増補版，2021年〕）です。吉川さんはガダマーの解釈学にいわれるような「理解」と近代科学における「説明」とを携え，「科学の世界では敗北した」グールドの解釈学的救済をめざしています。グールドを「科学的」に批判するのは簡単だけれども，グールドは，偶然性に満たされた世界，他でもありえた世界のあり方への想像力を喚起する，優れて人文学的な思索者であった，というのが吉川さんの見取り図です。実に興味深く，読みやすい本なので，ぜひ多くのかたに読んでいただきたいと思います。ネット時代には重要なことだと思うのですが，この本への反響や議論をまとめた朝日出版社の『理不尽な進化』特設ウェブサイトも，惜しみなくコモンズとしての知を無料で提供してくれています。私自身の解釈は吉川さんとはやや異なり，むしろグールドのほうこそが「実証主義的」であり，進化のスパン画定の問題（時間的な幅のとり方が進化の単位の設定そのものと連動する）に敏感だったのではないか，というものです。このあたりの論点について私は，科学哲学者の**エリオット・ソーバー**の見解にシンパシーを感じています。ソーバー自身の『**進化論の射程──生物学の哲学入門**』（松本俊吉・網谷祐一・森元良太訳，春秋社，2009年）も大変読みやすい本ですが，入門者（私もそうですが）には，**松本俊吉『進化という謎』**（春秋社，2014年）がおすすめです。グールド擁護とまでいかなくとも，とりわけ人間社会や心理を進化論で扱おうとするならば，ソーバー的な進化の単位をめぐる議論は踏まえておきたいところです。そして，分析者が「自然種」なのか相互作用種なのかが実は不分明な対象に対して与えるカテゴリー化が持つ理論的問題（後者の問い）については，**イアン・ハッキング『何が社会的に構成されるのか』**（出口康夫・久米暁訳，岩波書店，2006年）を横目でにらみつつ，**スティーヴン・グールド『人間の測**

りまちがい――差別の科学史』（鈴木善次・森脇靖子訳，河出文庫，2008年）にあたってみると，科学とカテゴリーの不可避的な「社会的関係」がみえてくるでしょう。

あなたが自分自身思いつくかぎりにおいて，自然種に属する種と，相互作用種・人工種に属する種を，それぞれどのような意味で自然種，人工種といえるか理由を付しつつ，列挙しなさい。また調査設計上数え上げる必要のある人工種をひとつとりあげ，それがどのような調査手法によって数えられうるかを説明しなさい。字数は自由とする。

本書で，社会学者でもないのに何度も出てきているイアン・ハッキングですが，かれはバリバリの確率論の専門哲学者であると同時に，ミシェル・フーコーの言説分析の影響を強く受け，わりとキャリアのはじめのうちから，哲学者や人びとが使用する概念の歴史的分析を試みています。同じくフーコーに多大な影響を受けながらも，いまひとつ歴史的な概念分析としては解釈の難しい**リチャード・ローティ『哲学と自然の鏡』**（野家啓一監訳，産業図書，1993年）とは異なり，**ハッキング『言語はなぜ哲学の問題になるのか』**（伊藤邦武訳，勁草書房，1989年）は入門書の体をとりながら，フーコー的な言説の歴史的断層を見いだす（エピステーメーを画定する）作業ともなっています。専門哲学者としての顔と，フーコー的な歴史意識を併せ持つ点においてハッキングは，社会学にとっても重要な人物となっています。

ハッキングの本のなかでも，そうしたいい意味での「哲学―社会学」が展開されているのが**『偶然を飼いならす――統計学と第二次科学革命』**（石原英樹・重田園江訳，木鐸社，1999年）です。本章でも触れたように，ハッキン

グは，人びとの生活や社会の事象を「数え上げる」技術として生まれ出た（出自は天文学なのだけれども）統計学＝国家学（statistics）の歴史を，繊細かつ大胆に描き出していきます。近代統計学の始祖の一人アドルフ・ケトレの「平均人」——平均値によって愛されるような理念的な「ふつうの人」——概念から，デュルケムにおける「社会物理学」の構想の継承，数えるために続々と生み出されていく新たな統計手法と，数えられるべき対象の生成。そうしたダイナミズムを『偶然を飼いならす』では存分に味わうことができます。現在では統計学者と呼ばれうるような知の持ち主たちが，いったいどのような理由空間のなかで，いかにして，なんのために「数え上げる技術」——因子分析や相関分析，分散分析——を創り出していったのか。初期統計学者たちのドロドロしたともいえる人間味を教えてくれる**デイヴィッド・サルツブルグ『統計学を拓いた異才たち——経験則から科学へ進展した一世紀』**（竹内惠行・熊谷悦生訳，日経ビジネス人文庫，2010 年）と併読すると，無味乾燥に見える統計学の生き生きとした「社会性」を感じ取ることができるはずです。

Chapter **6**

中間考察・等価機能主義の方法規準

なんの比較か？

1 | 等価機能主義の方法構成

　さて，だいぶ苦しい理論編もこの章で最後となります（たぶん）。ここ
で，いったんいろんな事例を素材にして説明してきた等価機能主義のマ
ニュアル化をしておきましょう。マニュアルというとなんだか聞こえが
悪いですが，本書は「マートン研究」「パーソンズ研究」「ルーマン研
究」ではなく，レポート，卒論，修論をなんとか理論的な包括性をもっ
て書きたいと思っている人たち向けのものです。どのように使えばいい
かは次章以降で，詳解します。その前に，いったん頭を整えておきまし
ょう。

　あまり触れずにおいたニクラス・ルーマンの名前も出てきます。ここ
らへんからわからなくなるのは当然のことなので，何度も読み直してい
ただくとして，ここらへんから読み始める人はあんまり本書と折り合い
がいいとは言えないかもしれません。「ルーマンを読んで現代社会を切
る」というのは，その抽象性と研究プログラムに鑑みた場合，かなり面
倒な方向性です。あくまでマートンのほうからルーマンに近づいていっ
て，どの水準で「書く」のかを見きわめるようにしてください。残念な
がら私はルーマンに依拠して具体的な現代社会分析を展開した論文で
（ルーマンをEMや歴史学，思想史によって一段クールダウンさせたもの以外は）肯
定的な意味でうなった経験があまりありません。なのに人気がある。不
思議な人です。

　ルーマンは，もともとドイツの行政官で公費留学の機会を得て，タル
コット・パーソンズのもとで学びました。帰国後矢継ぎ早に公的組織，
行政にかかわる組織論・システム論を提示するのですが，1962年の
「機能と因果性」，1964年の「機能的方法とシステム理論」という2つ
の論文では，ヘンペルの批判を承けつつ，DNモデル・因果的説明と異
なる「機能」を持つ説明の方法としての機能主義を提示しました。ヘン
ペルやネーゲルらの因果的説明とドレイらの「人文主義的な開き直り」，
そしてポパーによる社会科学の個別救済（状況の論理）など華々しい論争
構図からするっと抜け出し，かれは「説明（Erklärung）」ではなく「比

較（Vergleich）」を課題とした分析様式として，機能主義を再構成しました。

つまり，特定機能項目が存在する原因ではなく，準拠問題 RP に立った項目 x への機能 f の帰属によって，その項目を内包する全体（社会システム）T を描き出し，それを当該項目 x が他の意味的に独立した社会システム T2 や T3 で果たしうる機能，あるいは社会システムの成り立ちの分析を前提として，それぞれがどのように機能にそくして顕在的な（等価性は前提）項目により実現されているか，といった比較を等価機能主義の性能として提示したわけです。

いきなり，わかりにくくなってしまいました。本章では，ルーマンの機能構造主義の要件を，初期ルーマンの「機能と因果性」論文や，三谷武司さんの論考に依りながらトレースし，これまでみてきたようなマートン型の等価機能主義と比較対照してみましょう。両者は対立するものではありませんが，私たちが通常思い浮かべる研究課題を考えると，「ルーマンを押さえておいたうえで，マートン型の等価機能主義のスタイルを設定する」ほうが生産性が高いように思います。

2 │ 機能分析のチャート

機能と因果性

「機能と因果性」という論文は 1962 年に書かれた，ルーマンにとっても最初期にあたる論文で，当時注目とともに集中砲火を浴びていた機能主義的社会学を経験的研究のプログラムとして再構成する，という企図のもとに書かれたものです。

1990 年代には延々と「社会の……」というタイトルを持つシリーズを出し続けてきたルーマンですが，アカデミック・キャリアの出発点で機能主義の科学的身分について基礎科学論的に捉え，スタートラインを設定したうえで，自らの等価機能主義＋社会システム理論というプログラムをスタートさせます。『社会構造とゼマンティーク』という意味論（Semantik）[1] 分析，社会システム理論の彫塑，法や行政といった得意分野にかかわる機能・システム分析を差し出し，1980 年代には，比較の

規準をなす社会システム理論を完成させ（『社会システム理論』），満を持して，「法」や「経済」「芸術」「道徳」「政治」「全体社会」など機能領域（異なった準拠問題に対する解決を求める相互行為の総体）ごとにシステム理論的考察を加えていきました。

　1968 年，ビーレフェルト大学の着任時に「研究テーマ　社会の理論の構築，研究資金 0 マルク」と書いたという話もありますが，基礎的方法（機能的説明の脇固め）→社会システム理論の構築と，機能主義＋システム理論の経験的研究による試行錯誤→システム理論の完成→機能領域ごとのシステム理論による比較という，まさに人生そのものがプログラム化されたような社会学者でした。「機能と因果性」はその壮大なプロジェクトの出発点をなすものであり，また最晩年までのかれの機能分析に通底していた論理が実装されています。

因果から比較へ

　　　　　　　　　　この「機能と因果性」では，すでに紹介済みのヘンペルによる機能分析批判が出てきます。その機能分析批判に対してルーマンは，機能分析を DN モデルに適合的なように補正するのでも，機能分析を捨て去るのでもなく，そしてまた社会学が経験科学であることを断念するのでもなく，社会学という経験科学による説明，機能分析の「機能」を，「因果を説明する」のではなく，「比較をする」というように再設定します。

　これはなかなかうまい手で，因果的説明[2]に寝台の幅を合わせるのではなく，さらには開き直って「社会学は科学じゃなくてもいい」などともいわずに，機能分析は「比較」という方法と知見をもたらす，というように科学的説明の条件設定そのものを変えてしまったわけです。洗練された比較というのは，常識的な意味でも新しい知識を人びとに提供します。

　文化人類学のフィールドでの知見は，DN モデルに適合的でなくとも，高度に発達した市場経済・人口規模・政治形態を持つ社会に生きる私た

1　これは言語学・言語哲学での意味論ではなく，概念にかかわる意味連関や理由空間を歴史的に考察するというラインハルト・コゼレックの方法論のことを指します。

2　ポパーは因果的説明および「基礎観察命題・法則による演繹的説明」を提示して DN モデルに準適合的なかたちで社会科学を捉え返そうとしましたが，結果的に社会科学による社会状態の説明はきわめて限定的なものとなってしまいます。

ちに「他である可能性」を教えてくれます。また「未開社会」までいかなくとも，先進諸国間の比較（家族・労働政策，社会保障制度と合計特殊出生率の関係）だって，私たちが自らの社会を「改善」しようとするときに立派に「役立つ」ものです。「機能主義の機能」をルーマンはマートンから一歩進んで科学哲学・科学論との直接対決のなかで模索したといえるでしょう。

　ジョン・スチュワート・ミルが19世紀半ばに『論理学体系』で定式化した科学的方法は，本人としては因果分析をリストアップしたものなのですが（一致法，差異法，共変法，一致差異併用法，剰余法），これらはよくよく精査すると必ずしも因果的説明を含意するものではなく，（剰余法は別として）因果帰属のための条件のパタン（十分条件の検出など）を列挙したものであることがわかります。その多くは因果関係を推論するために必要な比較，変数統制の手続きとなっており，実は「適切な比較」のためのマニュアルであるとも読めるものです。この「適切な比較をおこなうこと」自体を目的としたのがルーマンの等価機能主義といえるかもしれません。

　ルーマンによる機能的説明の方法は次のとおりです。

(1)分析対象を設定する。
(2)それが解決の一つになるような問題（準拠問題）を立てる。
(3)この準拠問題の別の解決（分析対象の機能的等価物）を探索する。
(4)別の準拠問題を立てる（複数可）。
(5)これらの準拠問題に関して先の機能的等価物同士を比較する。
　　（三谷武司「ルーマン学説における等価機能主義とシステム理論の関係」，2006年）

　いずれも，ここまで読み進めてきてきたみなさんには，なんとなく意味がわからないではない話であると思います。そしてこの手順自体はとくに大きな理論的負荷を持つものではありません。問題なのは，この手順を支える理論的含意です。それを三谷さんはこうまとめています。

(a) ある問題に対して解決群が一意に特定可能であること（ただし分析開始時には未知でもよい）。より具体的には，ある原因が実現する結果が一意に特定可能であること。

（b）ある問題に対する解決が複数存在しうること。より具体的には，結果から原因を一意に特定できないこと。

（c）複数の準拠問題を有意味に組み合わせることが可能であること。

（同）

　なんだか難しいですね。とくに（a）と（b）は全然違ったことを言っているようにも一瞬思えます。少しパラフレーズして考えていくことしましょう。

準拠問題と

問題の水準

　注意深く読んでいただくとわかるように，（a）は「結果」としての問題解決群が一意的に特定化できること，つまり準拠問題にそくした解決策が一意的に特定化できることを意味しています。それに対して，（b）は，準拠問題 rpn への（つまりさまざまな／各々の合理性判断の規準からみたときの）解答 s1, s2, s3……sn がたとえ一つひとつは，各々の準拠問題への対応として特定化可能であるとしても（a），それらがそもそも個別の rpn の設定を可能にする RP そのものには，当然のことながら複数の解決策＝結果がありうること，したがってある特定の結果（表現型・項目）から遡行的に原因を特定化することは不可能である，ということを意味します。これでも厳しいですね……。

　ここで前章のスパンドレル論文を思い出してください。まず基本となる準拠問題 RP は「スパンドレルに聖人像があること」です。この問いに対して解釈者は「土木建築学的にみて……」「美学的にみて……」「宗教的にみて……」といった準拠問題を複数具体的に立てました。それぞれの個別的準拠問題 rp には「聖サンマルコ大聖堂の天井を支えるために，ある部位に三角小間を設けること（ある部位に三角小間が設けられることにより，天井が支えられていること）」「神の意志を承けた教会においてなんらの宗教的意味を見いだせない空白が存在すべきではない，さらに当該空間の位置は天と現実世界の媒介者が配されるべきといった理由が共有されていること」など，さまざまな，しかしそれぞれの準拠問題にそくして一意的に解答が与えられます。

　（a）でいわれているのはこういうことで，要するに，rpn とそれへの個別解答の対応性が焦点化されており，だからこそ問題解決群という複

数形が用いられているわけです。

　それに対して (b) で焦点化されているのは，RP という準拠問題と，個別的な解答項目との関係，RP「スパンドレルに聖人像があること」に対して，それに対する個別的な準拠問題に応じた建築学的・美学的・宗教学的解答が複数ありうる，ということです。これは科学説明の図式としては，結果（スパンドレルに聖人像があること）から原因を一意的に定めることができない，ということを意味します。(a) ある原因が実現する結果が一意に特定可能であること（結果の一意的な観察・特定可能性），(b) 結果から原因を一意に特定できないこと（多重因果）というのは，こうした因果帰属に関する一般的な議論であり，これは機能的説明に特有のものとはいえません。

　そこに (c) 複数の準拠問題を有意味に組み合わせることが可能であること，という要件が入り込むのが等価機能主義の科学論的特徴です。(b) でみたように，特定の結果＝項目には，複数の準拠点からみた複数の解答（因果の構図）が存在しえます。等価機能主義は，この複数性を「他でありうる」ということで積極的に引き受けるわけですが，その際に各々の因果図式，rp と解決 t との関係を比較考量する視点を採ることとなります。このメタ的な準拠問題が立てられないと機能分析の目的が比較だといっても，比較自体ができなくなってしまいます。

　ここでルーマンが差し出すのが「社会システム論」という社会理論です。ここでようやく三谷さんの言いたいことも明確にわかってきます。

　　有意味な比較には比較の参照点が必要である。ところが機能的等価物の集合は，最初に立てた参照問題（準拠問題）の解決であるという共通性によって定義されるものであるから，この問題を比較の参照点にしても，「これらの機能的等価物はどれもこの参照問題を解決する」という定義上自明の結論しか得られない。それゆえ機能的等価物探索のための参照問題と，それらを比較するための参照問題は異なっている必要がある。それゆえ複数の問題をセットで提供してくれるような理論枠組が必要になる。ルーマンが等価機能主義を可能にするための前提としてシステム理論に依拠するのはまさにこのポイントであり，かつこれだけである（三谷「ルーマン学説における等価機能主義とシステム理

論の関係」，2006 年。カッコ内は筆者補足）。

　つまりルーマン型等価機能主義においては，社会システム論は等価機能主義が「自明」の空論となることを回避するために要請された，というか論理的には同時に必要とされる理論装置である，ということです。

　スパンドレル論争に欠けていたのはこの問いの「比較」の観点です。欠けていたというよりは，そもそも比較する意志のないまま rp がどんどん差し替えられ，なんの論争／比較になっているのかがわからなくなってしまったというのが実情でしょう。そもそもグールド＝ルウォンティンは「現実に存在するものはすべて最善のものである」と揶揄できるようなパングロス主義，どんなに進化的獲得物としては冗長であるようにみえるものにも適応のメカニズムを融通無碍に適用する適応主義への批判のために，ひとつの事例としてスパンドレルの聖人像の話を持ち出してきたわけです。それに対して適応主義サイドは，人為的建造物の短期間の適応過程と，生物の進化論的スパン，適応過程を比較することはナンセンスである，とだけ答えておけばよかったのです。

　ところがデネットはグールドの挑発に乗ってしまい，スパンドレルは他の建材，構造物でも代替可能であり，にもかかわらずスパンドレルが残り聖人像がそこにあてがわれたのは偶然とはいえない，と答えてしまいました。そうなると話は土木・建築学的な準拠問題に焦点化・限定されてしまいますから，デネットよりもはるかに建造物設計に詳しい専門家が「あの時代の建造技術において，天井を支えるにはスパンドレルは不可欠であったが，そこに聖人像を置くことは建築学的には無関係」とか返されてしまうと，デネットはその点に関しては引っ込むしかありません。しかし，これはデネットの返しがまずかったのであり，グールドらの偶然的要因を重視した断続平衡説が正しいことを示しているわけではありません。

　人為的建造物や習慣・制度の進化は，たとえあるとしても，道徳を持ち利他的な生活を（も）送るホモサピエンスが誕生したことを説明する図式とは，まず進化の基礎単位（遺伝子）の有り無し，その基礎単位が人工種か自然種かという違い，そして進化の時間的スパン（幅）の違いなどがあまりに顕著なのですから，突き合わせて比較考察すること自体

148

が生物学的におかしいのです。なのに人為的建造物のメタファーに乗っかってしまい（人的建造物の装飾が適応主義にとって外在的であることは当たり前です），かつ土木・建築学的な準拠枠組から反論したりするから，話がややこしくなってしまっています。もともとの適応主義は自然淘汰の理論として適切か，という地点に差し戻すことこそがデネットのすべきことだったのではないでしょうか（そうしているようにも読めます）。

　実は「機能がみられないものに機能を見いだす」「適応主義的に説明が難しいはずの（生体と環境の相互作用は社会生物学サイドも認めているので環境についての条件の連言が煩瑣になる）ものをメタファーで説明してしまう」というのは，デネット自身が進化生物学以外の領域でもよく使う手法なので，ついつい乗ってしまったというのはあると思います。しかしせっかくスマートかつ説明力の高い数理モデルと，自然種としての遺伝物質の存在の確証，実証実験のデータもあるのですから，デネットはなにも思考実験的にメタファーを使う必要はないはずなのです。にもかかわらず，自身のメタファー好き——この人の本はとにかくメタファーによる反証や論証に埋め尽くされていて，おもしろいのですが，とにかく長いのです——に足をからめとられ，比較不可能なこと（準拠問題）を比較によって反駁しようとしてしまったのではないでしょうか。そういうところを含めて私はデネットが大好きです。

比較のための

準拠問題

ともあれ，ここで重要なことは，「比較」という目標で科学的説明を掲げるのであれば，個別の準拠問題 rp のみならず，rp を比較するための準拠問題 RP を設定しなくてはなりません。RP を立てることによって，関連してくる rp の幅も限定されてくるでしょうし，常識的推論でもトレース可能な比較もおこなうことができます。ルーマンの場合，ここでいう関連とは有意味（relevance）という意味での関連ですから，物理的な因果関係ではなく，意味的な関連性（本書の言葉でいえば accountable な，reasonable に理解できる関係性）となります。それは遺伝子のような自然種が可能にしてくれる形質的な関連性ではありません。そうした意味的関連性を，人びとの社会関係に焦点を当てて，比較可能なかたちにしてくれる「対象」，それ自体特定のメカニズムと同一性を持ちつつも，意味的関連性を比較可能にしてくれるような「対象」，そ

れが社会システムとなります。あとは社会システムのメカニズムを十分に抽象的なかたちで理解することができれば，ルーマン型等価機能主義は実行可能なものとなります。

　繰り返しになりますが，重要なのは，複数の機能的等価物を比較するために，準拠問題・解答を比較する（比較するということはある観点から「同じ」といえるものどうしでしか成り立ちません）ための準拠問題の検出が，等価機能主義には不可欠であるということです。これがなければスパンドレル論争のような奇妙な論争，比較といえない説明図式の比較がなされてしまい，話はすれ違ったままです。とはいえ，同じ適応主義のなかで，ESS や遺伝子の利己性を前提として，ある身体的部位（スパンドレル）形成に関連する環境（選言として列挙される進化単位を取り巻く環境条件）の描き方が異なる，ということであれば，有意義な論争になりえたかもしれません。

　社会学が対象とする社会関係などについても，そのような自然種である単位が存在しているとすれば，もっと単純に話ができるはずですが，なにしろ相手は意味を介して法則（law）ならぬ規則（rule）に従ってコミュニケートする人びとの関係性，あり方です。その関係性の像がバラバラのままでは，いっけん「社会学のなかの論争」とみえるものも実はスパンドレル論争と変わらない，ということだって十分にありえます（というより，ほとんどの論争なるものは，程度の濃淡はあってもスパンドレル的なものであるといえるかもしれません）。ルーマンは，そうしたスパンドレル的状況を解消し，複数の準拠問題・解答を比較しうる比較の参照点を与える理論として社会システム理論を捉えているわけです。

　じゃあ，その比較を可能にしてくれる社会システムとはなんだ，という話になりますね。そこが定まってはじめて，「(1)分析対象を設定する。(2)それが解決の一つになるような問題（準拠問題）を立てる。(3)この準拠問題の別の解決（分析対象の機能的等価物）を探索する。(4)別の準拠問題を立てる（複数可）。(5)これらの準拠問題に関して先の機能的等価物同士を比較する」というマニュアルが活きてくるというものです。

3 | マートン準拠集団論の再検討

社会学の機能

結論自体はずいぶん単純なことなのに，なぜこんなに難しい話を，と思われているかたもいるかもしれません。たしかにルーマンの「機能と因果性」という論文は易しい読み物ではありませんし，それがどう「使える」のかはまだわかりくにいと思います。しかし，重要なのは，社会学が，自ら固有の対象（人工種であれ自然種であれ）を持たないにもかかわらず，しっかりと学んだ人であれば，だれにでも実行可能な科学であるということ，そのようにして「コメンテータ社会学」を自らと差異づけることができ，私たちの世界を理解するうえで「機能的」であること，をきちんと考えておくことです。

多くの職業社会学者はこのことを先人にならってなんとなく身につけているのですが，なにしろ法学や経済学のように，直観的な対象しばりがなく，心理学のような実験的研究の設定が難しく，また道理性・説明可能性という数量化を著しく難しくする（これは数量化が不可能ということではありません）要素を独自の特徴的な析出事項とするために，再現するのが大変に難しいのです。また先人の思考を尊重するあまり，本来社会思想史に含まれるべき課題（ウェーバーやデュルケームの思想の分節）を理論と呼んできてしまったこともあり，社会学者自身が，ことさらにこうした「社会学はいかなる意味で科学であるか」という前提を明示化することを避けてきました（というといいすぎですね。「思想」「哲学」的に扱われすぎた，といったほうがいいかもしれません）。その意味で，あたかも人生設計を組んでいたかのように，自らのキャリアの出発点でこうした議論を提示していたルーマンという人は，本当に貴重なのです。あの山のように生産された「社会の……」シリーズは，この初期の問題設定を忠実に維持し続けた結果でした。

マートン理論の
批判的継承

本書の主役の一人であるマートンはたしかに貴重で重要な人であり，経験的研究を進めることができる程度に理論の抽象度を調節したおそらくは嚆矢(こうし)にあたる人といえます。ただ学問的知見が蓄積されるにつれて，当然のことながら，そのマニュアルにも補修が必要となってきます。補修が可能であるということ自体が，いかに有益なマニュアルであったかの証左であるともいえるわけですが。

　ルーマン型の等価機能主義の観点から見た場合に，マートン型等価機能主義が持つ最大の問題点は，「複数の準拠問題・解答を比較しうる比較の準拠点」「複数の［準拠］問題をセットで提供してくれるような理論枠組」の記述のあいまいさです。ルーマンの場合，等価機能主義による機能的説明はたしかに科学的なかたちで再構成することができるものの，等価機能主義そのものは検出的（heuristic）な手段的理論にすぎないので，複数の機能的等価項目のセットを比較しうる理論が必要である，ということで**比較**を可能にする社会理論としての社会システム理論を呼び出したのでした。マートンにおいて問題なのは，この点の記述の弱さです。この問題点が，実は，先に論じたようなマートンの等価機能主義の補正（顕在的／潜在的，順機能的／逆機能的という区別の無効性）と深く関係しています。

　マートン型等価機能主義においてその候補となりうるものは「準拠集団の理論」です。かれはしばしばこの準拠集団に代えて「社会システム」という言葉や「制度」といった言葉を用いたりしますが，基本的にはこの準拠集団論が，ルーマンでいうところの社会システム論の機能を担っているものといえるでしょう。

　準拠集団論と機能的社会学の考え方との緊密な関連を示したいと思っている。両者は同じ主題の異なった側面を論じているように思われるのである。すなわち，前者は人びとが自らを種々の集団に関連させ，また自らの行動をこれら集団の価値に準拠させる過程を中心としているし，後者はこの過程が第1には社会構造に，さらにはこの構造の中にある個人や集団に及ぼす結果を中心としている。（マートン『社会理論

と機能分析』青木書店，1969 年，p. 153 より。ただし一部表現を変更）

　マートンは，等価機能主義はそれ単体としてではなく，社会の実態を
記述する（比較を可能にする）社会理論を必要とすることを明確に認識し
ており，それを当時のアメリカで汎用性の高かった準拠集団論に求めた
のでした。しかも準拠集団論は「人びとが自らを種々の集団に関連させ，
また自らの行動をこれら集団の価値に準拠させる過程」を描き出すこと
を課題とするというのですから，まさに人びとにとっての理に適った理
解が準拠集団論の基盤となっているわけで，社会システム理論と同様の
志向的な要素を含む社会理論が想定されていることは間違いありません。
　実際，準拠集団という概念は素朴な「集団」とは異なり，「人びとが
いかなる意味で準拠しているのか」という問題を精細に分析したもので
す。マートン自身も実に網羅的な同時代時点での準拠集団論のリストを
作り上げ，詳細を検討しています。どういうわけか最近ではあまり使わ
れなくなってしまいましたが，アメリカ社会学が生み出した重要概念の
一つです。
　マートンのいう準拠集団は，次のような性格を持ちます。

(1)準拠集団といえるためにはその集団の単位設定がどのようなかたち
　でおこなわれるべきかを考察する（全体と単位の相互連関的性格），
(2)集団の境界を画定するということは，ある観点における内集団と外
　部，外集団との区別設定が論理的に同時になされることを意味する
　（準拠集団とその環境の論理的同時性），
(3a)その境界線は，社会を生きる人びとが自らや自らの行為がどの
　ような準拠集団に関連しているか，という人びとの理解可能性によ
　り画定されるものであり，組織や地域，行政区分などとは一体視さ
　れえない（意味境界を持つ集団），
(3b)したがって，特定の個人の行為がことごとく同一の準拠集団に
　準拠したものと考えてはならず，同一個人によるものであっても，
　その行為を理解するうえで関連のある準拠集団は異なる可能性があ
　る。外的に同一の行為も準拠集団が異なれば——それは個人のなか
　でも複数化しうる——異なる意味（別の準拠集団との関連）を持つ。

私はこの準拠集団論は上記の(1)〜(3)にかけてはとくに問題はないと思いますし，マートンがいうように等価機能主義と相性のよい「社会理論」であると考えます。「いじめ」という行為・出来事は，家族や同じくいじめられている数少ない友人など，いじめられた当人の準拠集団（たとえその人にとって否定的であったとしても）にとっては「いじめ」として理解・カウントされますが，いじめている側の準拠集団では「いじめ」と「いじり」が区別されており，「これは役割的な遊戯であるいじりである」という理解を持つかもしれません。肝心なのは教員の準拠の仕方で，しばしば報じられるいじめに同調する教員はいじめる側の準拠集団の視点を共有している可能性もなくはありません。

　さらにその教員は職員会議という準拠集団においては，「いじめのない学級こそが評価される学級である」という信念を共有しており，その観点から自らの学級における「いじめ」らしき出来事に関しても，「いじめ」という理解をしない準拠集団で共有されている信念や知識の体系に順応的になってしまうかもしれません。しかしその子の属する準拠集団としての家庭ではいじめとして認識しており，担任に何度も改善を要求していた。しかしいっこうに改善されず，いじめをうけた子がマスコミや児童相談所に告発するなどのアクト・アウトによって，ようやく学校という制度的境界の外部にある準拠集団において問題化されるようになった——こうした一連の出来事の連鎖があったとして，これらの過程は，準拠集団論の枠組において，理に適ったかたちで記述することが可能です。

　この場合には，「いじめの解消」という準拠問題を持つ準拠集団が事態をいじめとして定式化し，担任教師や教員組織において共有されていると考えられる信念と知識と欲求とを合理的に理解し，「いじめのある学級を運営している担任は管理能力が欠ける」という信念にもとづいた制度的サンクションではなく，他なる可能性（「判断に迷ったらいじめがあるものとして対応するほうがよい」「いじめを認知・報告することは学級管理能力の欠如を意味するものではない」）を提示することが可能なはずです。

　数える（counting）にしても理解・説明可能（accountable）なものとするにしても，(1)〜(3ab)までの枠組で十分に精緻な分析は可能であり，なにもここで「客観的（分析者の視点）／主観的（当事者の視点）」という区

別を持ち出す必要はありません。そしてそのかぎりでの準拠集団論と等価機能主義との連携は十分に考慮すべき選択肢であると考えます。

　たしかに，準拠集団は人びとの意味づけと関連しているので，物理的・制度的集合体（学校や組織など）と同一視できないのは，なかなか面倒なことです。しかし，逆にいうとアンケート調査などで「数える」際に安易に帰属社会集団を単位とすることなく，意味的境界を持つ準拠集団の性格を，事前調査や結果分析などの際に，留意するリマインダーともなりうる，「数える」ことの精度を高めることに寄与しうるものです。「客観的／主観的」という区別を準拠集団の分析において先取り的に採用することは，せっかくの準拠集団論＋等価機能主義の連携を無為にしかねません。

　マートンの行為論で残念なのは，かれが準拠集団の特定化という場面でも「主観的／客観的」という区別を採用している部分があり，結果的にあまり道理性・意味連関が問われているとは言いがたい「潜在的／顕在的機能」「順機能／逆機能」といった区別を持ち出してしまうことです。さらには順機能と逆機能の差引勘定ができるなどというのですから，困り果ててしまいます。

　「いじめとある準拠集団において呼ばれる出来事が存在すること」は間違いないのですから，あとはちゃんと，準拠集団ごとの出来事記述（それぞれが採用している合理性判断の規準）を比較し，適切なかたちで記述・分析すればよいと思うのですが，なぜかここでもマートンは「人びとが知らない機能を暴き出す」という機能を社会学に期待してしまっているようです。これは「知っている」「理解可能である」（問われれば合理的に理解しうる）というタイプ的な水準での理由空間を，「意識している／していない」というトークン的行為における意識状態と直接対比させてしまっているがゆえに生じる問題です。

　ピエール・ブルデューやアンソニー・ギデンズにしてもそうなのですが，この意味連関の判定を「意図・目的を意識している／していない」という区別に準じて理解し，「人びとが理解できない機能や意図せざる結果を導き出すこと」を社会学の課題とする人は少なくありません。もちろん，本人が問われても理解可能とはいえない「機能」があったりするわけですが，それは「分析者がどの水準に比較の準拠点をおいている

か」ということと関係はありますが，分析者が優越な認識論的立場にあることを意味しません。むしろ，当事者が理解できないような機能を帰属する準拠問題を立てる準拠集団とはなにか，ということを焦点となっている問題への解答をめぐって比較考察していく（解答〔answer〕，解決〔solution〕を得る）ことが，分析者の課題でしょう。

　どこかの準拠問題に立つことが分析者の記述の妥当性・客観性を保証してくれるわけではなく，適切なかたちで比較しているかどうか，が分析の妥当性（あえていえば客観性）を担保してくれるのです。この点について，マートンは脇が甘かったというのが私の印象です。だからこそ，この先の **Ch.7** で述べるように，かれの逸脱理論は多くの批判にさらされました。それはかれの等価機能主義や準拠集団論がダメだったからではなく，不徹底であったから，というのが私の見解です。

社会学の本義

　私は社会学という学問の本義をこの点に見いだしています。つまり，**「何をどのようにして質問したら，自らの準拠問題に応えた解答を得ることになるのか」「この質問に解答している人びとは，どのような準拠集団・準拠問題に立脚しているのか」「解答から得られたさまざまな準拠集団・準拠問題をどのように比較するか」**……こうした意味を介在させた比較の専門家こそが社会学者である，と。

　すでにご理解いただけていると思うのですが，この際に「量的／質的」「客観的／主観的」「代表性がある／ない」というのは副次的な問題であり，比較の精細度をあげるためなら，どのような調査手法を採用する社会学者も，準拠の問題に取り組んでいるはずです。計量社会学の発展に大いに寄与したラザースフェルドも比較的初期に「マーケティング調査における『なぜ』の尋ね方——アンケート設定の基本3原則」[3]という名論文を残しています。それは理由分析（reason analysis）という，計量分析における意味連関の考察の重要性を明示化した分析スタイルとして現在に至るまで生き続けています。[4]

3　Paul F. Lazarsfeld, 1935, "The Art of Asking WHY in Marketing Research: Three Principles Underlying the Formulation of Questionnaires," *National Marketing Review*, 1 (1).
4　理由分析については，ラザースフェルドの盟友でもあったハンス・ザイゼル『数字で語る——社会統計学入門』（佐藤郁哉訳，新曜社，2005年）がきわめてわかりやすく説明してくれています。またこうした点においては，量的研究とエスノメソドロジーの知見とを具体的な事例にそくしてていねいに説明している筒

ラザースフェルドの合衆国での身元引受人であったロバート・リンドは『ミドルタウン』（1929 年）という参与観察の古典を書き，盟友マートンはラザースフェルドに社会理論の道具箱を差し出しました。それは比較という社会学の根本的かつ固有の課題を果たすためのプロジェクトであったと私は考えます。

　だいたい，計量社会学の泰斗ラザースフェルドが活動を本格化させた1940 年代は，計量調査でも面接調査が基本でした（かれは推定統計的な問題には大きな関心を持ちませんでした）。訪問面接調査なんというものは，質問項目は後々数え上げられるように，事前にある程度固めておくものです。しかし，当たり前のことですが，「あなたはなぜドイツ製のオーデコロンが好きなのですか」という問いに対しては，商品の信頼性，外国産である付加価値，商品そのものの質の高さ，値段とのコストパフォーマンス，地域社会でのステイタス誇示などさまざまな準拠問題にそくしたさまざまな解答がありえます。それを無条件に等し並に数え上げていたら，とうてい意味のあるデータを獲得することができません。理由分析は，「なぜ……なのですか？」と問われたときの人びとの解答のパタンを反省的に捉え返し，「どう聞いたら，自分の準拠問題に意味的に連接した解答が得られるか」ということをチェックするためのマニュアル的手法です。ここでは量的に処理するためにこそ精度の高い質的調査が同時並行的におこなわれているわけです。

　これは後ほどお話しするインタビュー調査・質的研究についても同じことがいえて，それは数え上げるための質問・解答という相互行為の統制ではなく，むしろ，質問・解答の準拠問題の範囲を文脈にそくして画定していく作業ですが，おこなっていることに根本的な違いはありません。ラポール（調査における調査協力者との信頼関係）というのも，研究倫理的に必要な関係性構築というよりは，ある一人のひとの語りから得られる情報量を大きくする，準拠問題を複数化するためのそれ自体調査にとって不可欠の過程を指し示したものといえるかもしれません。形式的に指導教員に判子をもらって，対話してもらう意味と理由を明示化し，個人情報を保守するという手段的前提よりも，はるかに調査内在的な過程

井淳也・前田泰樹『社会学入門──社会とのかかわり方』（有斐閣，2017 年）が有益です。

であるといえるように思います。

　「客観的／主観的」「量的／質的」という呪いのかかった区別は，社会学の学としての固有性を棄却しかねない，悪魔的な図式でしかないと私は考えています。だからこそ「統計が苦手だからフィールド」「フィールドが苦手だからテクスト分析」といった消極的な選択はしてほしくないのです。

4 ｜ ウェーバー・デュルケームの 比較社会学

**ウェーバーと
デュルケームの
「比較」**

　以上のような準拠問題の設定という準拠問題は，社会学の実質的な生みの親であるマックス・ウェーバーとエミール・デュルケームもまた真摯に向かい合った事柄でした。というより，19世紀のきわめて素朴な思弁的社会学が横行している時代に，経験科学としての記述の妥当性をしっかりと考えたからこそ，この2人は双璧として捉えられ続けているといえるでしょう。

　少し古い社会学教科書では，ウェーバーは方法論的個人主義（出発点は個人の行為），デュルケームは方法論的社会（全体）主義（出発点は社会という全体性）などと書かれたりしていますが，この2人は，分析単位（ミクロ）の設定が同時に全体社会（マクロ）の措定となる，ということを鮮明に受け止めていた人たちであり，そうした区分は有意味であるとは思えません。実際マートンは，ウェーバーの『プロテスタンティズムと資本主義の精神』（1904〜05年，通称：「プロ倫」）も，デュルケームの『自殺論』（1897年）もともに，かれのいう中範囲の理論（middle range theory）の範例であると述べています。

　中範囲の理論というとなんだか折衷的でいい加減な気がしますが，本書で考えてきたような等価機能主義の立場から考えるなら，「**中範囲の理論**」というのは，「**範囲は準拠問題によって定まる**」ということを前提とした理論であり，それは社会の物理的・制度的な範囲の大きさとい

うよりは，単位や全体が問題準拠的であるしかない（そしてそれを比較する），という社会学の学問的性質を言い表したものだと思います。ウェーバーが個人から，デュルケームが社会全体から，という入り口の違いは，扱っている対象や文脈の大きさの違いを説明するものではありません。

　デュルケーム，ウェーバーの両人ともが「比較」という点を自らの分析の焦点としていたというのはパーソンズとの共著もあり，集団的行為理論で有名なネイル・スメルサー『社会科学における比較の方法――比較文化論の基礎』（山中弘訳，玉川大学出版部，1996 年）がていねいに解説してくれているとおりです。

デュルケームの
『自殺論』
　デュルケームの『自殺論』においては，まず，自殺に関する「人びとの常識的理解」と「行政官の動機による分類」のいずれの数値ともに自殺という現象を，社会的かつ科学的に解明可能な出来事として捉えていくには不十分なものである，という認識から議論がスタートしています。人びとの自殺観を数え上げるのは困難ですが，人口統計をとる行政官吏もまたかれらなりの常識や慣習的概念にもとづき動機を分類し，動機別の自殺を数え上げ，それを統計資料として残します。

　デュルケームとしても，そうした行政統計に依存しなくてはならなかったものの，自殺の原因を識別するにはあまりに杜撰な（カテゴリーミステイクを含む）統計を無前提に受け取るわけにはいきません。デュルケームが研究指針上，自殺に与えた定義は，「死が，当人自身によってなされた積極的，消極的な行為から直接，間接に生じる結果であり，しかも，当人がその結果の生じうることを予知していた場合（宮島喬訳『自殺論』中公文庫，p. 21）」というものでした。これはスメルサーが指摘するように，行為者が抱いた〈諸目的〉を調べるという仕方で自殺を定義すること」や「動物の自殺」のような現象を取り扱うことを回避するものでしたが（スメルサー，前掲書，p. 93），同時に，この指針はデュルケーム自身が掲げた「実証的，帰納的諸原則にやや不実」となるものでもありました。科学的な研究が扱うデータは，系統立った帰納的方法により抽出されなくてはならない，というのが基本的指針なわけですが，その帰納的なデータ構成を始めるにあたっては，自殺をめぐる「前提的カテゴリ

ー」があきらかにされなくてはなりません。でないと，社会科学的に関連性のあるデータとして包摂する／しないの判断自体が観察者自身にとって不可能となるからです。

　たとえば，戦後に現れた新宗教について分析するとしましょう。分析者のほうである程度，そしていったんは「宗教」概念を固めておかないと，UFO（未確認飛行物体）が存在する「証拠」集めをなかばネタ的（サブカル的）に楽しんでいる集団と，教義や儀礼を持ついわゆる宗教とを区別することが難しくなってしまいますね（むろん前者を宗教として扱って分析することも可能ですが，そうなると準拠問題そのものが変わってしまいます）。

　これは本書のはじめのほうで触れた「『客観性』を得るには数え上げたほうがいいが，数えるためには有意味なカテゴリーが必要となる」という問題と直結することです。通時的・共時的な比較を「客観的」に行うには数え上げが必要となるけれども，数え上げるためにはその前提となる意味的なカテゴリーを作り出しておかなくてはならない──。要するにデュルケームは，いったん「自殺の原因特定」という自らの課題を「自殺とはどのように単位化しうるのか」という方法課題へとクールダウンしたわけです。自殺にかんする（しばしば主観的に映る）日常的理解をうのみにするわけにはいかないものの，行政官の（客観性があるように見える）統計データが差し出す動機も，その分類の規準自体が「杜撰」である場合が少なくない。だからこそ，「学者は，研究しようとする事実群に，科学的な取り扱いのために必要な同質性と特定性をあたえるために，みずからそれらを構成しなければならない（デュルケーム前掲書，p. 17）」わけです。[5]

　行政統計の動機（と動機といえるのか不分明な原因など）にもとづく分類は，あまりに恣意的であるため比較困難であり，そこで採用されている動機理解とは別の理解可能性の線をたどって，reasonable かつ比較可能性

5　デュルケーム自身の綱領的な記述では，「みずから構成する」作業自体に，自殺をめぐる人びとの「日常的」理解が組み込まれていること，分析者の定義そのものが「日常的」なそれを前提とせざるをえない，と考えているのではないか，とも解釈できるように思いますし，ここではそうしたラインで説明しています。ただ，『自殺論』の記述においてカテゴリーそのものの分析がなされ，それが彼の「定義」に適切なかたちでフィードバックされているかは，疑問の残るところです。この点については，Sacks, H., 1963, "Sociological Description," *Berkeley Journal of Sociology*, 8: pp. 1-16. などを参照してください。またこのサックスの論文の問いから議論を深化させている前田泰樹「行為の記述・動機の帰属・実践の編成」『社会学評論』56 (3)，2005 年，pp. 710-726 をお読みください。

を担保するカテゴリーを再構成し，そのカテゴリーにもとづく「数」の比較から，自殺という現象の説明を試みる。簡単にいってしまうとデュルケームが行っているのは，そういう作業です。『自殺論』ではあまり社会有機体的な主張は強くはみられず，単純に，比較可能なように変数を整え，それらの相関係数（現在多用されるピアソンの積率相関係数とは異なるものですが）を計測し，それぞれの変数の効果を変数の統制を行い測定し，解釈の幅と射程を絞っていく。なんの奇をてらうこともない，ひな形的な分析のプロセスです。

　デュルケームは当時としては新規であった個別の準拠問題 rp にそくして得られた相関関係をもとに，それらを比較するための手続きをとり，「中範囲」的に設定される説明理論を検討しつつ，最終的に「自殺はいかにして説明されうるか」という準拠問題にそくした解答，「社会的凝集性の欠如」という一定程度の抽象性を持つ結論を得た（と解釈することもできる）わけです（佐藤俊樹『社会学の方法』）。この分析の妥当性については現代的観点からしたとき，さまざまな問題が見いだされえますが，人びとの理解ともかかわりを持つ変数を析出し，それと被説明項との相関関係をみたうえで，それらの相関関係を比較する視座を得ようとした，という点では，マクロ／ミクロという分類に収まるようなものではなく──その当時としては──きわめて適切な比較分析であったといえるでしょう。デュルケームはいわば共時的な水準で，分析の単位／全体を設定したわけです。

ウェーバーの

『プロ倫』

とするとウェーバーは通時的な水準で，「なぜ近代的な資本主義は，他でもなく，プロテスタント地域で生じたのか」という準拠問題 RP に取り組んだといえるでしょう。

　いきなりプロテスタント信者に「なぜ資本主義があなたの住む地域で発展したと思いますか？」と聞いたところで，意味のある回答が得られるはずもありません。そこでウェーバーは RP を考えるうえで関連のありそうな rp をいくつか考えます。「官僚制だけならかつての中国にもあった。なにが中国と西洋を分けたのか」「合理的な商業主義や計算の発達ということでいえばイスラム圏のほうが優位な時期もあった。にもかかわらずなぜ西洋社会だったのか」といった準拠問題を複数設定し，[6]

最終的にプロテスタントという準拠集団における「勤勉な生活と蓄財への志向」がそうした分岐の「原因」となったと分析したわけです。さまざまな準拠集団のあり方を歴史的に振り返ってみると，最終的に「プロテスタンティズムの倫理」という短期的にみれば個にとって大きな効用をもたらさない動機づけメカニズムが，長期的には近代資本主義という準拠集団に大きな善をもたらすシステムを創り出していったのだ，と。

　こうしたウェーバーの思考は，通時的な観点から分析の単位／全体を創り出していったといえるでしょう。お気づきの人もいると思いますが，表面的には，方法論的個人主義者とされるウェーバーが結論において個人の動機（と，その動機に導かれた行為の帰結）を語り，方法論的社会主義者であるはずのデュルケームが出発点で動機と準拠問題の連関について考察しているということです。ウェーバーには『理解社会学のカテゴリー』，デュルケームには『社会学的方法の規準』という論文・著作があり，そこにはたしかに方法論的個人主義／社会主義らしき自己規定が描かれています。しかし議論を運ぶうえでの分析的順序は，むしろ逆です。おそらくは，発見した「結果」にこそ価値がある，という信念を共有していたのでしょうね。しかしそれは等価機能主義の観点からしたときには，きれいすぎるほどに等価な分析プログラムなのです。

5 | スカートの丈と スパンドレルの聖人像

　本章は本書の中間考察となる部分ですので，かなり説明が込み入っていたかもしれません（ちなみにこの「中間考察」というのをやたら意味ありげにいうというのはウェーバーの遺産です）。しかし主張は単純です。等価機能主義のマニュアル，

(1)分析対象を設定する。
(2)それが解決 (solution) の一つになるような問題（準拠問題）を立てる。
(3)この準拠問題の別の解決（分析対象の機能的等価物）を探索する。

6　この点については，佐藤俊樹『社会学の方法──その歴史と構造』（ミネルヴァ書房，2011 年）を参照。

(4)別の準拠問題を立てる（複数可）。

(5)これらの準拠問題に関して先の機能的等価物同士を比較する（分析者の分析課題〔準拠問題〕への解答〔answer〕を得る）。

を実行するためには，単位／全体の論理的同時性，個別準拠問題を比較可能にする準拠問題の設定，そしてその比較の規準を示すための社会理論（社会システム理論・準拠集団論）が必要であり，とにもかくにも意味連関を重視する社会観を構築しなければならない，ということでした。

ウェーバーもデュルケームもそれぞれ同じような作業を敢行していたわけですが，統計技術や計算ソフト，録音・記録装置などが技術的に発展を遂げたいま，私たちはデュルケームやウェーバーほどの苦労をせずとも比較可能なデータを得られるわけで，だからこそ比較の作業をかれら以上に精緻にしていかなくてはなりません。

かれらが偉大なのは，こうした研究プログラムを先行研究がほぼない状態，記録のためのデータ処理技術・手法もあまり存在していなかった時代に，意味にもとづく準拠問題と比較という社会学の根本問題に独自に到達していたからです。計量調査やフィールドワーク，歴史分析で汗を流した後にかれらの作品を読むと，きっとまったく異なる見え方が切りひらかれていくと思います。「ウェーバーがいうプロテスタントの倫理の日本における代替物はなにか，儒教か」——といった問いは「お寺におけるスパンドレルとは何か」と問うようなものです——をいうには，あまりに情報獲得の機会も分析技術も成長しすぎてしまいました。現代だからこそできる比較分析を遂行していくことがもっとも正統的な古典の継承といえるでしょう。

大切なのは，自分が携わっている準拠問題の「幅」と，幅を比較したり正当化したりする理論を同時に提供することです。スパンドレルもなにも，私は1990年代の女子高生の「スカートの丈の短さ」を進化心理学で説明しているテクストを読んでびっくりしたことがあります。1980年代にはスカートの丈は長いほうが好まれていましたので，「異性の気を引く」という進化論的？説明としては雑すぎると感じたのです。仮に「異性の気を引く」という機能がなんらかの表現型において示される場合でも，10年やそこらで変わってしまうような準拠問題ははたして進

化論を名乗る資格があるでしょうか。また，80年代に好まれた女性の濃い眉毛は，いまやパロディ以外ではほぼみられず，むしろ眉毛を剃ったり抜いたりして細いラインを書くのが2000年代初頭までのモードでした。こんな短いスパンで「異性の気を引く」という機能の充足項目が変わってしまうというのは，ホモサピエンスの特徴なのか，それとも分析枠組の精度の欠如を意味するのか，本気で考えたほうがよいと思います[7]。

ちなみに，私が携わった計量調査では[8]（これは昔から女性のあいだではよくいわれていたことなのですが）女性のファッションや化粧というのは，異性と共在する行為状況に対応した行為ではなく，むしろ同性の視線を強く意識したものでした。「そんなに化粧しないでも素顔のほうが可愛い」という男性の（というか，女性がおしゃれするのは男性のためだと思い込んでいる人たちの）言葉ほど彼女たちをいらつかせるものはないとも聞きます。これは長らくの日常会話でのやりとり，常識的推論の経験（民間フィールドワーク）から予測されていたことであり，私たちの研究グループのメンバーではだれ一人驚く人はいませんでした。にもかかわらずどう考えても遠因・近因の問題のみならず，あるいは生物学的な適応とは関係のないモードまでを説明してくれてしまう性差の進化心理学本は売れ行きがいいようで，むしろ「なぜ性差が生物学的なものだという言説は好まれるのか」というメタ的な準拠問題が浮かび上がってこざるをえません。

次に続く2つの章では，等価機能主義の精度を確認するためにも，等価機能主義的説明の出発点でありながら／そうであるがゆえに，強い批判を受けてきた「社会問題の社会学」をめぐる機能主義批判（Ch.7），さらに等価機能主義とセットにされる社会理論が飲み込まれやすい「社会的凝集性」の理論を批判的に検討していくことにしましょう（Ch.8）。

一方では，機能主義批判が「社会理論の否定」までいきついてしまう

7　ここでミームという文化的遺伝子のアイディアを持ってくる人もいますが，模倣に依拠したミーム概念——タルドまでさかのぼるものです——を採用するぐらいであれば，素直に文化史として扱ったほうが学問的に安全です。小さな模倣の連鎖に過大な歴史的・生物学的意味を持たせることには禁欲的でなければなりません。

8　北田暁大，新藤雄介，工藤雅人，岡澤康浩，團康晃，寺地幹人，小川豊武「若者のサブカルチャー実践とコミュニケーション——2010年練馬区『若者文化とコミュニケーションについてのアンケート』調査」（『東京大学大学院情報学環紀要 情報学研究・調査研究編』29，2013年）および北田・解体研編著『社会にとって趣味とは何か——文化社会学の方法規準』（河出書房新社，2017年）。

極限を，一方では，等価機能主義がその機能的説明の様式ゆえに親和性を示しやすい「社会的凝集性の希薄化論」をとりあげます。等価機能主義の精度を上げるためには，社会理論の適切な設定を必要とします。この点に関して対極的な対応をみていくことで，準拠集団論の鍛え上げが必要であるということを示していきたいと思います。

本章で話題となっている初期ルーマンの等価機能主義の理論構成については，Ch.3 のフォローアップでも述べたように玄人好みの渋いルーマン研究で知られる三谷武司さんの諸論考をご覧ください。幸いなことにネット上で学会報告等を中心に三谷さん自身が公開してくれているので，本当に助かります。「システム合理性概念の規範論的解明」（日本社会学会第 75 回大会，2002 年）はルーマンにおける「脱存在論的な比較合理性」が明快に示されており，「ルーマン学説における等価機能主義とシステム理論の関係」（日本社会学会第 79 回大会，2006年）では，本章でも議論になった「機能主義」と「社会理論」との関係性がルーマンの忠実なテクスト読解により解説されています。これらの報告記録は，ウェブ[9]上でみることができます。本書でもおおいに参照させていただいた「ルーマン型システム理論の妥当条件――実践的動機の解明と理論の評価に向けて」（『ソシオロゴス』28，2004 年），ルーマンの合理性概念をてこに「ルーマンは規範概念を扱っていない」というわりと広まっているタイプの批判に鋭い切り返しをした「システム合理性の公共社会学――ルーマン理論の規範性」（盛山和夫・上野千鶴子・武川正吾編『公共社会学 1――リスク・市民社会・公共性』所収，2012 年，東京大学出版会）も必読です。へたれた私はとうていルーマンと一緒にやっていく勇気はないのですが，マートンの機能主義を精査するうえで，三谷さんの初期ルーマン解釈はとても役に立ちました。また，三谷さんの論考を承けつつ「機能分析の機能」を論じたものとして，畠山洋輔「社会学的機能分析の機能」『現代社会学理論研究』2007 年があります。

　ウェーバーやデュルケームが今日的な観点からみたとき，どのような

9　http://www2.human.niigata-u.ac.jp/~mt/shakai/2008/02/post_13.php

比較の方法を用いていたのか，については，**N.J. スメルサー『社会科学における比較の方法——比較文化論の基礎』**（山中弘訳，玉川大学出版部，1996 年）と**佐藤俊樹『社会学の方法——その歴史と構造』**（ミネルヴァ書房，2011 年）が大変わかりやすく解説してくれています。まだデュルケームもウェーバーも読んだことがない，というかたは，いきなりかれらの方法論テクストや『自殺論』『プロ倫』などに進まず，まずはこれらの本で，かれらがどのような課題を，どのようなやり方でクリアしようとしていたのか，を確認されることをおすすめいたします。古典は大切ですが，多くの人にとって，アクチュアルな問題設定からのほうが古典に入りやすいというのも事実であるように思います。

課　題

パーソンズは，ベールズとの共著書で「夫・妻・子ども」を基礎単位とする核家族が複雑化した現代社会において果たしている機能を，成人の情緒安定と，子どもの社会化の 2 点において捉えた。このようなパーソンズの現代家族の機能分析については，さまざまな点から批判が寄せられている。こうしたパーソンズ型機能主義における家族の位置づけを，等価機能主義の観点から捉え返し，より適切なかたちで機能主義的に説明しなさい。以下の用語を必ず用いて，500 字程度で解答すること。

性別役割分業　　　M 字型就労曲線　　　少子高齢化

発　展

本書では，ルーマンの理論的考察を援用して，実行可能な等価機能主義のあり方を模索しており，いわばルーマンの観点から，マートン理論に補正を加えるという方向性をとっています。しかし，ということは，根底的にはルーマンの機能主義が社会学的機能主義としてはもっとも優れており，「論文を書くためには補正マートン型ぐらいにとどまったほうがよい」という戦略的判断をしているということです。私の貧しい読書体験では，「ルーマン理論を使った」というので感心した論文と出会ったことがほとんどなく，本当に経験的研究に

活かすのが難しい人だなあ，と思っています。
しかしいうまでもなくルーマンの理論は，意
味システムとしての社会システム（相互行為・
組織・全体社会）を描き出し，それらの比較を
共時的かつ通時的におこなうという壮大な準
拠問題を，相当な水準において達成している
ものと私は考えます。マートンが弱腰に書い
ていた「単位と全体」の問題などはルーマン
理論において徹底的に考察されておりますし，
システムの構造と過程の自己準拠といった難

しい問題も，「なんとなく，構造（硬いやつ）」「なんとなく，過程（動くや
つ）」といった荒っぽいイメージに満足することなく，実によく練られ
た社会理論＝社会システム理論が構築されています。

　またルーマンの面倒くさいところは，等価機能主義という索出的な方
法と，社会システム理論という社会理論との論理的な独立性を認めたう
えで，なお社会理論のほうにも「他でありえる可能性」という論点が入
り込んでいるということです。

　この遠大かつ繊細なルーマンの社会理論の全貌を把握することはだれ
にもできないだろう，と思っていたところ，ものすごく幸いなことに日
本語圏から最高水準の浩瀚なルーマン研究書が上梓されました。**長岡克
行『ルーマン／社会の理論の革命』**（勁草書房，2006 年）です。とんでも
ない分量ですが，衒学的な表現も，構成上の冗長さもなく，「ルーマン
よりルーマンを理解している」といわれるほどの理論的な整合性を備え
ている見事な研究書です。もし万が一みなさんのなかに，どうしてもル
ーマンが気になる，ルーマンを知りたいという人がいるようでしたら，
この長岡本を 10 回ぐらい読んでからルーマンの本を手にすることをお
すすめいたします。奇妙に思想化・哲学化されたルーマンの像はたいて
いこの「長岡本」で（ルーマン解釈で，というよりは理論的に）潰されます。
私も潰されました。あれほどに抽象的であったのに，経験的記述が課題
だという自己認識をけっして捨てることのなかったルーマン。そのプロ
ジェクトの全貌を知るには，この「長岡本」に挑むことが一番です。

Chapter **7**

等価機能主義の／からの問題①

社会理論の飽和と社会問題の社会学

1 ┃ マートン型等価機能主義から考える

　社会学における比較——すなわち準拠問題の解決・解答（solution）同士の比較——を社会学的な説明（answer の導出）の目的とする，というルーマン型等価機能主義を前提とするなら，その比較の規準（answer を求めるメタレベルの準拠問題），対象とする社会の像は実はルーマンのように意味システムとしての社会システムとしなくてもかまいません。たとえば準拠集団論であっても，道理性・意味連関を十分に考慮するならば，十分に代替しうる，というのが前の章で述べてきたことです。

　振り返ってみれば，ウェーバーもデュルケームも同じような準拠問題の比較という作業をおこなっていました。

　ウェーバーの『プロ倫』における全体とはなんでしょうか。西洋社会ではありませんね。比較のために動員された準拠問題にそくしてみるなら仏教圏，儒教圏，イスラム圏も含まれます。そうした準拠問題のなかで「プロテスタントの人びと」という集合が有意味な単位として立ち上がってきたのです。プロテスタントの信仰をもつ人びとの相互行為タイプ（禁欲的で蓄財志向）というのは，複数の準拠問題の比較のなかから炙り出された分析の結果であり，出発点ではありません。方法論的個人主義という言葉はその意味でもあまり適切なものとはいえません。

　またデュルケームにしても「方法論的全体主義」などといわれますが，初発の作業は「自殺」という現象を有意味に理解するために必要な準拠問題はなにか，という問題意識であり，既存統計の問題点を突いたうえでデータを整理しなおし有意味なカテゴリーを与え，そのカテゴリーによって機能を同定したうえで比較（「言語圏・文化」「国・地域」「宗教」……）をおこない，その結果として「社会的凝集性」という解答を導き出したのでした（佐藤俊樹『社会学の方法』ミネルヴァ書房，2011 年）。

　社会的凝集性という概念（answer の水準）を人びとが理解することはなかなか容易ではありませんが，比較の過程では理解可能性を担保したカテゴリーづくりがなされています。そのカテゴリーを比較し，「社会的事実としての自殺の原因とは何か」という自らの準拠問題に理に適っ

た（諸カテゴリーにもとづく分析を意味的に包摂する）解答を与えたのでした。こちらも，等価機能主義の説明様式にそくしていえば，全体は「社会的凝集性の低下による自殺の増加」という解答が解答たりうる準拠問題の及ぶ範囲のことであり，単位は「自殺という社会的行為タイプ」です。ウェーバーとデュルケームでどっちがマクロでどっちが方法論的に個人主義なのかを問うことは無意味とすらいえるでしょう。

　とはいえ，両者の社会像，つまり分析のための単位ではなく，実態としての社会に関する想定が微妙に異なっているのはたしかです。かれらの方法論的テクストを読んでみると，ウェーバーは有意味な行為の総体，デュルケームは，機能的な連関を持った全体社会（有機体的な統一体）を想定しているように思えます。というか実際にそのように考えていたのでしょう。しかし，デュルケームが「有機的な統一体」を先取りしているとは少なくとも『自殺論』については思えませんし，『プロ倫』が，準拠問題が理解可能な全体社会を想定していないとは思えません。

　かれらが実際に何を考えていたかは，それこそ思想史研究者に任せるしかありませんが，経験的な学としての社会学に対してこのことが教えてくれる教訓は，やはりマートンやルーマンが示唆した「等価機能主義と社会理論の論理的水準の違い」（マートンは表裏一体と表現していますが，その両輪は別々に立てられるし，両輪が揃わなければ社会分析はできない）という問題です。その違いゆえにかれらの作業を等価機能主義の応用編と再解釈することはできても，社会理論のほうは判断を留保しなくてはならないのです。

　思想史や学説史では，索出方法よりも，社会理論のほうが重要視されることが多かったので，あたかもかれらの社会理論が方法を導いているかのように思えてしまいます。しかしそうではなく，等価機能主義と社会理論の論理水準の違いを前提としながら，議論を組み立てていくことの重要さを教えてくれる古典としてかれらのテクストを読むことが，本書の課題にとっては大切です。

　さてマートン型の等価機能主義は，準拠集団論という社会理論を採用

1　逆に社会理論のほうが比較のための図式を提示してしまう，というのが，パーソンズ以降によくみられた議論の構図です。理論的に考えられる対立項目を2つ用意すれば四象限ができあがりますね。かつて浅田彰さんが「社会学はなんでも四象限にする」と揶揄したことも根拠なしとはいえないのです。

することによって，経験的研究の指針を与えてくれるものであり，私自身は，準拠集団論をしっかりと再構成すれば，現代でも立派に通用する汎用性の高い社会学理論である，と考えています。

　ルーマンのそれは理論的にはきわめて洗練されていますが，読者のみなさんがぱっと思いつくようなメタ準拠問題，あるいは改良主義的指向を持つ社会学者が採用するような個別具体的な準拠問題にそくして考えた場合，あまりに抽象度が高く「使い勝手が悪い」ものといわざるをえません[2]。そんなわけで，マートン型等価機能主義を推していきたいところなのですが，すでに言及したように，かれ自身の分析にはさまざまな問題が見いだされました。その多くは，準拠集団の設定の仕方と，分析者による準拠問題の不適切な捉え方によるものです。この社会理論としてのマートン型準拠集団論の問題を精査せずに，次に進むことは難しいところです。

　というわけで，ここではマートン型準拠集団論の問題が露呈し，後に多くの批判を受けることとなった「社会問題の社会学」「逸脱論」をインテンシブにみていくこととしましょう。

2 ｜ 逸脱論の系譜学

パーソンズと「秩序」

　本書ではマートンの影に隠れていますが，入門書や学説史の本で大手を振って歩いてきたのが大理論家パーソンズです。パーソンズについて「主意主義的行為の理論」という行為理解に関係した理論と，壮大な「社会システム理論」という2つがどういう関係にあるのか，よっぽどパーソンズを読み込んだ人でないとなかなかイメージできないと思います。しかし，本書のここまでの議論である程度の察しはつきますね。

2　逆に意味や理解という論点にそくして，一貫した姿勢でもって社会を分析しようとする場合には，ルーマン型の視座を敷衍していくべきでしょう。そうした方向性はすでに中河伸俊ほか編『社会構築主義のスペクトラム──パースペクティブの現在と可能性』（ナカニシヤ出版，2001年），小宮友根『実践の中のジェンダー──法システムの社会学的記述』（新曜社，2011年）などで模索されています。

そう，等価機能主義のプログラムと対照させていえば，前者が等価機能主義，後者が比較を可能にする社会理論にあたります。こうした社会システム論の位置づけ方そのものについて，ルーマンはパーソンズに忠実な弟子であったといえるでしょう（理論構成はまったく異なりますが）。

　このパーソンズが差し出したものすごく重要なメタ準拠問題に「ホッブズ的秩序の問題」というのがあります。この準拠問題 RPa はパーソンズのみならず同時代の社会学者に程度の差はあっても広く共有されていたものであり，マートンの「社会問題」論にもかかわってくることなので，その機能をまずは概観しておきたいと思います。

　「社会秩序はいかにして可能か」。「秩序問題」とも呼ばれるこの問いは，パーソンズ以来の社会学が取り組む重要課題の一つです。この問いに対しては，さまざまなかたちで解答が与えられてきましたし，また現在も与えられ続けています。それはたしかに社会を理論的に捉えようとする場合に，もっとも基礎的で根本的なものなのですが，同時にあまりに抽象的・論理的な問いであるともいえます（その部分だけに惹かれてしまう人は社会学に向いていません）。ですから，もしこの問いを経験的（empirical）な水準で捉え返すとするなら，「社会秩序はいかにして捉えられる／記述しうるか」という準拠問題 RPb にいったん変換しなくてはなりません。

　しかしこの変換は，かなり難しいものです。この問いに答えようとするなら，私たちはまず「秩序」という概念の意味内容を確定し，そしてその概念と適合する社会状態を記述しなくてはなりません（**Ch.4** 注8で触れた規則〔rule〕に従うこと／違背することの関係と同型の論理的な問題です）。しかし「秩序ある社会状態」というものを私たちは明確に指示することができるでしょうか。いったい社会がどのような状態にあるとき，私たちはそれを「秩序ある」と認定するのでしょうか。今あなたが生活を営んでいる社会は秩序ある状態にあるといえるでしょうか。

　近年では，政府の差し出す諸法案と立憲主義の関係が問い返され，政府が「例外状態」を想定した立法をめざす一方で，そうした動きを立憲

3　例外状態（Ausnahmezustand）とは，通常の議会制民主主義の手続きにおいては解決しえない（とされる）国家の存立にとって緊急かつ重要な措置を，実定法の拘束をほどいたかたちで，ある主体が講じざるをえない状況のことを指します。こうした事態において決定主体として現れる者を「主権者」と考えるカー

主義・民主主義の危機と位置づける人たちもいます。法による通常の統治が不可能かつ著しい秩序の壊乱を招き，法的秩序・社会的秩序が不全となった社会状態が「例外状態」と呼ばれるものです。秩序はいずれの立場でも取り戻されねばならない善いこと（good）です。しかしその善さを実現する法的措置が正しい（right）かどうかが，ここでは問われます（複数ある善さ・機能を，比較する準拠問題として「なにが正しさを担保するのか」と表現することも可能です）。ということは，秩序は，「善さ」にも「正しさ」にも還元できない，独特の含意を持っているようです。この点に，「社会秩序がある」という状態の複数の像が合致しえない理由があるように思われます。

「秩序問題」の特異性　パーソンズが定式化したこの「社会学の根本問題」は，かれが活躍した 1930 年代なかばから 1940 年代にかけて，きわめて切実なものでした。粗くいってしまうなら，パーソンズ以前には，これは社会学の根本問題ではなかった，といえます。というのも，30 年代までのアメリカ合衆国では，社会が急激な変化（都市化・スラムの繁茂・貧困・人種差別）を迎え，その急変ゆえに，さまざまな社会問題・暴動・紛争が生じており，そうした「社会問題」を解決していくための方法を「科学的」に示していくというのは，社会学者にとって当然の課題であったからです。

アメリカ社会学の原点といわれることの多いシカゴ学派は，都市をフィールドとしてさまざまな社会問題を扱ったし，シカゴ大学は政財界からの支援を受けて，「社会改良のための学」としての社会学の基盤をつくっていました。シカゴ学派に先駆けて本格的な社会調査をおこなっていた「忘れられた社会学者」ウィリアム・E. B. デュボイスは，『フィラデルフィアのネグロ（*The Philadelphia Negro*）』という浩瀚な書をすでに 19 世紀のうちに上梓していましたし（率直にいって，その後のシカゴ学派第 1 世代の調査の質をはるかに凌駕するものと私は考えています），シカゴ学派の周辺には社会改良運動（social reform movement）にかかわる人びと，スラム街に居を構え，貧困者たちへの物的・文化的支援をおこなっていたセツ

ル・シュミットの議論に由来するものです。

174

ルメント「ハルハウス」や，工業都市における労働者の実態を調査した「ピッツバーグ調査」を指揮したポール・ケロッグもいました。あまり知られていませんが，「社会的自我論」で有名なジョージ・H. ミードも所属は心理学部だったものの，同僚のジョン・デューイとともに社会改良運動に携わっており，実際セツルメント活動家と深いかかわりを持っていました。[4]

19世紀末の慈善活動（charity）を抜け出し，調査をしたうえで社会改良をめざしていくという潮流は一般に「社会調査運動（social servey movement）[5]」などとも呼ばれたりしますが，かれらはみな社会学・社会調査が社会の善さの向上に寄与することを当然のこととみなしていたといえます。

いま読むと同化主義とも読めるロバート・パークの人間生態学にしても[6]，社会的な混乱から秩序が生み出されていくメカニズムを解明しようと試みるものでした。社会学にとって，秩序という善い状態をめざすことは当然のことであり，「社会的秩序はいかにして可能か」という理論的で抽象的な問いは生まれてきようがなかったのです。

逆にいうと，「秩序が可能であるとはいかなる状態を指すのか」という問いを社会学の根本問題として据えたパーソンズの特異性は際立っている，ということもできます。

その特異性ゆえに，のちのち「秩序志向の保守主義者」扱いされたりするのですが，それは話が転倒しています。「なにはともあれ壊乱や悲惨を除去していくこと」という社会学のプログラム（メタ準拠問題）を再定式化し，「そもそも秩序があるというのはどういうことか」と問い返したパーソンズの切り込みは，するどい。かれを保守主義者と呼ぶこと

---

4 北田「社会学的忘却の起源——社会学的プラグマティズムの帰結」（『現代思想』43〔11〕，2015年），同「社会学にとって『アメリカ化』とは何か——ポール・ラザースフェルドと『アメリカ社会学』」（『現代思想』42〔16〕，2014年）をご参照ください。
5 当時その名もずばり『サーベイ（Survey）』という雑誌や，その姉妹誌で，図や写真などのグラフィカルな意匠を前面に出した『サーベイ・グラフィック』（1921-1932年）といった雑誌も出版され，小さくない市場を持っていました（『サーベイ』にはパークも寄稿しています）。ジャーナリズムと社会調査とフォトジャーナリズムとが混在していたダイナミズムを感じ取ることができます。
6 同化サイクル論とは新しい環境に住むようになった集団（民族・人種）が競争→闘争→応化→同化という過程をたどって社会環境に適応していく，という段階論の図式のことです。民族・人種コミュニティがいかにして社会へと「同化」されていくかを理念化したもので，「同化（を前提とした）主義」として批判されることも少なくありません。

は，秩序なるものを「体制的」といえてしまえるほどには「壊乱的ではない状態」を前提とした後世の後知恵（あるいは「内戦から革命へ」というスローガンを信じきっていた人たちの信仰）にすぎません。「秩序がない状態を回避すること」は社会学者にとって頭に浮かびようのないぐらい当然の課題であったわけで，それに対してパーソンズは，理論的に待ったをかけた。「そもそも秩序があるとはどういう状態のことを指すのか」と。

　この問い，ときとして「ホッブズ的秩序の問題」と呼ばれるものは，後にルーマンが正面切って引き受けていくこととなりますが，かれにとっても「法が存在しない／秩序がない」状態ではないとはどういうことか，という問いは，ヒットラー・ユーゲントであった若きルーマンが，捕虜収容所で受けた体験に由来する切実なものでした。「二重の期待相補性（doppelte Kontingenz）」などと呼ばれるこの問題系は，たんなる論理パズルではなかったのです。

　秩序がある，ということは good（善い）であり right（正しい）である，そういう信念にかげりが出てきたからこそ，秩序問題は問題たりうることができた——それが私の見立てです。アメリカ社会学でドイツ流の価値判断論争が本格的に展開されるには，質的／量的論争の嚆矢となる，リンド／オグバーン論争より少し遅れて，北欧の経済学者の問題提起を待たねばなりませんでした。膨大な資金が投下され，後に『アメリカのジレンマ——黒人問題と近代民主主義（*An American Dilemma :The Negro Problem and Modern Democracy*)』というタイトルを持つ書として多くの読者を呼び込んだミュルダールの「付録」においてです。

ミュルダールの
当為判断

ミュルダールについてはすでに触れました（**Ch.1**の注5）。かれは後にフリードリヒ・ハイエクとともにノーベル賞を受賞する（というか，かれ自身が創設にかかわった）経済学者でしたが，ロックフェラー財団の要請を受けて「価値中立的（value free）」な科学の立場から，アメリカにおける文化的葛藤を描き出そうと試みました。しかしかれが

7　二重の期待相補性とは，コミュニケーション（相互に理解を志向する態度にある状況）において，ある行為者Aが「（自らが行為を選択した後の）行為者Bの行為の予期」を持ち，一方，行為者BのほうもAの側に対して同様の予期を持つ，という論理的なジレンマ的状況のこと。

8　ロバート・リンドとウィリアム・オグバーンの論争は，きわめて「古典的」ともいえる質的分析／量的分析，全体性／数値化可能性といった対立軸で行われました。

到達したのは，「純粋な社会科学は政策や価値から自由である」という意味での価値論ではなく，いかに中立性・客観性を装おうとも，社会科学が持ってしまう価値判断・規範的要素を明示化すべき，との当為判断でした。

　自由な個人が自己の力能において，自由な競争のもとで，豊かさや善い生活を手に入れることができる，というアメリカの創設神話＝価値は，しかし，人種問題をはじめとするさまざまな出発点がもたらす不均衡を覆い隠すことはできなくなっている。目標とされる価値は，黒人たちの経済的悪環境，それに由来する文化的後進性（マナーや知識獲得への志向など），それを観察する白人による黒人差別という悪循環（累積的因果連関）を招くにいたっている。現在の言葉でいえば「社会的排除（social exclusion）」の連鎖ですが，そうした負の循環を断ち切ろうとする社会科学は，倫理的にも，方法論的にも，それらの状態を改善「すべきという」価値判断を含み込まざるをえない。したがって客観性とは，そうした価値負荷性を隠すのではなく，むしろ明示化することによってこそ担保される，と。

　「秩序をめざす（ことこそ）社会科学」が当然視される状況（シカゴ学派〜リンド）から，秩序回復を示唆する社会科学の価値負荷性が認識される（ミュルダール）のあいだに，「秩序はいかにして可能か」を問うパーソンズが存在しています。逆にいうと，パーソンズによる問題転換があったからこそ，ミュルダール的な（遡及的に考えると新カント派やウェーバーの周回遅れの）価値論が提示されえたのです。「秩序」はようやく分析方法との関係性を問われうる対象となりました。社会科学は「『べき』がいかにして可能か」を問う学問として再定式化されたわけです。

　ミュルダールが最初にアメリカの地に足を踏み入れたのは，1933 年。カーネギー財団の招聘を受けてのこと。まさに未曾有の大恐慌の環境のなかで，この経済学者は，予測と結果の差異が次なる予測につながっていくという「予期の経済理論」を打ち立て，ケインズに先駆け，予期を誘導する財政出動，投資を呼び込む金利政策を支持する経済理論を提示していました。

9　社会的排除については，北田『社会制作の方法』（勁草書房，2018 年）の第三部をご覧ください。

予定調和的な景気変動論に異を唱え，短期的な予期の帰結と中長期的な経済成長とを軸に，いわば長期的な視座に立った労働力への投資などを支持し，スウェーデン福祉社会の基盤づくりにコミットしていく。かれはそれを価値中立的な姿勢とは考えませんでした。計量的な経済学もまた，安定した成長という状態を志向しているのであり，その志向性の由来は人びとの予期にある。この積極財政派の経済理論と労働力の質向上（人的資本への投資）がもたらす「豊かさ」へのコミットメントをミュルダールは隠すことはありませんでした。

社会学の再定式化

ここまで話を進めれば，なぜパーソンズとミュルダールが併記されるのかが，わかると思います。ドイツ仕込みのウェーバー読解の能力を持つパーソンズは，けっして「現状維持（status quo）」の秩序＝均衡をめざしたのではなく，ありうべき秩序＝均衡状態が可能となる条件の模索，ミュルダール的にいえば期待の期待にもとづいた社会秩序を考察する学として，社会学を再定式化したのです。

　パーソンズが立てたホッブズ的秩序の問題とは「期待の相互補完性」が秩序を生み出す条件の探索装置です。他者の期待・予期への期待・予期が安定する条件の模索。その意味で，パーソンズはミュルダールとともに，予期・期待概念と秩序・均衡（あるいは成長）概念との密接なかかわり合いを示した論者だったのです。

　パーソンズは秩序がある状態をそうでない状態よりも明確に「善い」と判断していました。そのうえで，それが「正しい」かどうかについては，判断を保留したとも解釈できます。複数ありうる均衡点のいずれが「正しい」のかを経済学者が口ごもるように。しかし経済学的にいうならナッシュ均衡というよりは，パレート均衡的な像をかれがイメージしていたことは，その行為論からおぼろげに推察されます。パレート改善とは，「だれの効用も犠牲にすることなく，少なくとも一人の効用を高めることができること」を指しますが，パーソンズもまた，その均衡点が複数ありうることを知っていました。知っていたうえで，秩序に関してパレート改善を示唆しうる社会科学として，社会学を位置づけたと考えられます。

　「秩序は善い」から「秩序があるとはどのような条件において可能か」

という問い・準拠問題への転換。これは経済学の模倣というだけではない，秩序の学としての社会学の課題を示唆すると同時に，社会学の不可避的な価値負荷性を明示した「一周先」にある「社会的なもの」へのかれなりのコミットを示したものといえるでしょう。

　「現状維持」の秩序（黒人に対する差別的措置によって成り立つ治安の安定，相互予期の安定性）の維持が善いといっているのではありません。複数ありうる秩序状態が，いかにして，どのような観点のもとに秩序である，と術語づけ，条件設定することができるのか。それがパーソンズの問いです。

　たんに価値負荷的ということだけではなく，「複数ありうる秩序状態の成立要件を特定する」という作業にパーソンズは取り組んでいた。その論理構成に賛成するか否かはおいておくとして（私は賛成できませんが），「相互予期（期待）安定による秩序の成立」という「新しい」規範的課題にパーソンズが取り組んでいたことは間違いありません。「非秩序こそが本質的」といえるためには，最低限そうした秩序が成り立っていないと，非秩序概念そのものが理解不可能です。それは非秩序的な状態がないと，秩序的な状態も意味をなさないという，文法的な問題にとどまるものではありません。パーソンズの分析的リアリズムは，そうした規範的志向にもとづいて提示された研究プログラムだったといえるでしょう。

　こうした秩序へのコミットメントは，マートンやルーマンらの機能主義者にも共有されています。ただしかれらはパーソンズのように，演繹的に「秩序を成立させるものは何か（what）」を示すのではなく，「いかにして（how）秩序は実践されるのか」という経験的な学としての社会学の性能を確かめる方向に舵を切りました。活字化されたマートンの著書はどれも抽象的な「中範囲の理論」と事例で埋め尽くされていますが，くどくど言っているように，かれはラザースフェルドとともにコロンビア大学での実証的な社会学の現代化に大きく寄与した人物です。「秩序とは何か（what）」という問いを括弧に入れて，「いかにして（how）秩序は達成されているか」という準拠問題に取り組んだのが，この2人の機能主義者であったといえます。

10　言語行為論においてある発話の行為としての成功・適切性条件を整えたジョン・L. オースティンの理論が「不適切性の理論」と呼ばれるゆえんです。

3 | 秩序問題の経験主義的変換[11]

「秩序」ってなんだ？

しかし，そうはいっても，「秩序がある社会状態」を明示的に言葉によって説明しようとしたとたん，私たちは袋小路に陥ってしまうのも事実です。ここで，視点を転換してみましょう。

私たちはたしかに明瞭なかたちで秩序ある状態というものを説明することができません。しかし，「秩序を欠いた状態」のほうは比較的容易に同定することができるのではないでしょうか。[12]

実際，秩序という概念を説明する場合，私たちは「社会問題」「逸脱現象」など秩序を欠いた状態がない状態として説明することが多いのではないでしょうか（「非行のない学級」「犯罪のない社会」「混乱のない市場」……）。私たちは，どうやら秩序というものを，「非秩序的でない状態」として捉えているようです。[13]

うまく会話に合わせていくための規則を明示的に語るのは難しいけれども，「会話に乗るのに失敗する」という事態を想起するのはそれほど難しくないでしょう。むしろゲームの適切な差し手（move）にかかわる規則は，「失敗のない状態において機能（passed）しているもの」として消極的にしか定義できない場合が少なくありません。とすれば，「社会秩序はいかにして捉えられる／記述しうるか」という課題を経験的な学としての社会学が引き受ける場合に，接近・調査可能性が高いのは，秩序ではなく反秩序のほうである，ということになるかもしれません。そ

---

11 本節の議論の詳細については北田『社会制作の方法』（勁草書房，2018 年）の「序章」をご覧ください。ほぼ同内容のことをもう少し細かく書いています。

12 ジュディス・シュクラーが「悪のリベラリズム」と呼ぶ立場は，肯定的な価値や理念を提示するのではなく，「悪の排除」こそがリベラリズムの原点にある，というもので，リチャード・ローティなどに援用されています。「よきもの」の検出装置というよりは「悪しき事柄」の政治的検出装置としてリベラリズムを捉えるわけです。この発想は，「非秩序・逸脱のほうが検出可能性が高い場合がある」という本書の立場と通底するものといえるかもしれません。Shklar, Judith N., 1989, "The Liberalism of Fear."（大川正彦訳「恐怖のリベラリズム」『現代思想』29〔7〕，2001 年）。

13 デリダがいうのとは違って「寄生的／逸脱的なもの」のほうが「正常なもの」に依存しているといえるかもしれません。正確にいうならば，「寄生的なもの」はつねに「通常的である／寄生的である」という区別の理解可能性を論理的に前提にしている，ということです。

の経験的にクールダウンされた準拠問題は，社会改良運動の地点にまで立ち戻り，「反秩序（社会問題，社会病理，逸脱）はいかにして捉えられるか／記述しうるか」というように変換されることとなります。

　このように変換された問いは，「社会秩序はいかにして可能か」と同じく，社会学において長らく取り組まれ続けてきたものです。アメリカ社会学史におけるそれは，私が別のプロジェクトとして歴史的な水準で検討しているのですが，ここでは，少しだけ理論的に，というか教科書的にこの問題を考えてみることとしたいと思います。

逸脱理論と
社会問題理論
　私は，先に「『秩序を欠いた状態』のほうは比較的容易に同定することができるのではないか」と述べました。しかし，あらかじめ言っておくなら，それは後の議論で撤回されることになります。社会学者たちは，反秩序を記述する作業を進めるうちにさまざまな問題にぶち当たり，その問題をクリアすることによってさらに別の問題にぶち当たり……といった堂々めぐりを繰り返してきています。ここでは，逸脱理論・社会問題理論の紹介，逸脱を描き出そうとする試みがたどってきた頓挫の系譜に軽く触れつつ，秩序なるものを記述することの足がかりを模索していくこととしましょう。

　あまり適切なアナロジーとはいえませんが，ここで学校などでの「クラス」を一つの社会であると考えてみることとします。クラスには指導者（先生）や社会構成員（クラスメイト）がいるし，「係」や「班」によって枠づけられた役割もある。統制のとれたクラスもあるし，秩序が乱れたクラスもある。現在の社会学の理論水準からいえば相当に稚拙なアナロジーですが，私たちが「社会」という言葉を聞いて想起するイメージを分節化していくうえで，クラスのような小集団を想定するのは，よくあることであり，一定の道理性・妥当性もあります。ここではそうした常識（mundane knowledge）にのっとって思考実験を進めてみます。

　このアナロジーを敷衍して，先に掲げた問い，つまり，「反秩序（社会問題，社会病理，逸脱）はいかにして捉えられるか／記述しうるか」という問いを考えてみましょう。この問いに対して，どのような解答を与えることが可能でしょうか。かつてある大学で「社会学説史」を担当していたときに，学生にこの思考実験をおこなうようにとの課題を出したこ

とがあるのですが，そのときに人気のある解答は次のようなものでした。

第一に，心理主義的（？）とでも形容すべき解答。クラス＝社会をなんらかの集合的な心理状態を持つ存在として捉え，その心理状態が不安定になるメカニズムを，個人の心理に関する（かなりゆるい意味での）精神分析や心理学の知見を援用して分析する，というものです。「成熟を可能にするためのオイディプス的葛藤が欠如しているために……」とか「父＝先生の存在感が弱いために，母的なものとの癒着が……」といった具合に，精神分析的な用語系を借りながら自我＝社会の統合の失敗について説明するタイプの議論ですね。巧拙の差はもちろんありますが，かつて流行した日本人論などに多くみられる説明様式であり，往々にして学生の受けがよい。こうしたタイプの議論の最も優れた作品が，ファシズムの心理的・社会的メカニズムを精神分析的な理論によりつつ説明したエーリッヒ・フロムの『自由からの逃走』であるといえます。[14]

他方，そうした心理主義的な分析方法と並んで人気があるのが，世俗化された社会有機体説です。この議論は，クラス＝社会を生物・有機的統一体のようにして捉え，下位組織（細胞，クラスメイト）／上位組織（器官，班）といった区別を導入しながら，生命体としての均衡―秩序が維持されるメカニズム（ホメオスタシス）を描こうとするものです。いうまでもなく，専門的な社会学の領域でも，社会有機体説からオートポイエーシス理論にいたるまで（もちろん理論の内実はだいぶ違っていますが）こうした生物学的アナロジーは導入されてきました。世俗化された社会有機体説では，反秩序の状態は，生命体（システム）としての均衡が失われた状態，あるいは，特定の要素が首尾よく機能を果たしていない状態ということになります。パーソンズが採用していたことからもわかるように，全体や上位組織に対する要素・部分の機能に照準するという機能主義の考え方と親和性を持つ発想ではあります。

マートンの機能主義的な社会問題理論は，こうした考え方を，徹底的に精緻化し，かつ生物学的なアナロジーを回避しソフィスティケートし

14　少し包摂／排除論に合わせパラフレーズしてフロムの主張を説明すると次のようなものとなるでしょうか。――近代において人は自由になることにより価値の多元性を達成し，複数化した善の構想を持つにいたったが（排除／個人性），それは「自分が・自律的に・選択しなければならない」事態，つまり「孤独な選択者」となることを意味する。この孤独に耐えられなくなった人びとは，拠り所（包摂）を求めて，「自由」を代償にしてでも共同的組織に「逃走」したくなってしまう。その顕著な例が，ナチズムである，と。

たものといえるかもしれません。「社会問題は，社会の現状と，その社会の重要な機能を果たす集合体が，空想のうえではなくもっと真実に，こうあってほしいと望んでいる状態との間の喰い違い[15]」(『社会理論と機能分析』青木書店，1969年，p.441) であるとするマートンの議論は，現代的な社会問題（社会解体）研究から参照されるようになります。それによると，「社会システムを機能という観点から客観的かつ技術的に診断して逆機能的な事態を発見すること，そうした事態の原因をやはり機能的なつながりをたどって見つけ出すこと，そして，それが可能ならその原因を取り除くための処方箋を書いて人びとに示すことが，社会問題の研究者の仕事だということになる」(中河伸俊『社会問題の社会学──構築主義アプローチの新展開』世界思想社，1999年，pp. 5-6)。これまた学生に支持を得ることの多い理論です。

逸脱を特定する？　こうした心理主義的な解答，機能主義的な解答は，全体（自己，システム）としての社会の調和・均衡を秩序状態として設定し，そこからの逸脱状態として反秩序を捉える発想です。このアイディアが説得力を持つためには，解答者・分析者は，均衡的な秩序・調和状態からの逸脱を客観的に測定できなくてはなりません。

　たとえば，〈不良少年たちのグループの拡大が，クラス全体の調和・秩序を乱している〉というように，分析者は，秩序や調和を乱す要素や部分（の様態変化や機能）を，社会に外在しながら特定することができなくてはなりません。不良少年の場合は，分析者も社会の構成員もともに「問題である」と reasonable に理解できるケースですが（「顕在的」社会問題），Ch.2 で述べたように，クラスの成員たちは問題であると認識していないが，客観的にみれば秩序を乱している，というような事柄も十分にありえます（「潜在的」社会問題）。分析者は社会構成員の定義とは独立に，ある事柄の逸脱性・反秩序性を観察することができる，というのがマートン的逸脱論の前提です（表7-1）。別の言い方をすると，かれは等価機能主義を採りつつ，ある意味で民間社会有機体説にのっとっていた，ともいえます。「社会学者は社会問題の範囲を，自分たちが研究の

15　本当は，共同価値への非充足による逸脱の説明は，等価機能主義にのっとれば別の論理構成も可能である（両者は独立である）というのが私の考えです。

表 7-1　マートンによる機能の分類（再掲）

	順機能	逆機能
顕在的機能	顕在的順機能	顕在的逆機能
潜在的機能	潜在的順機能	潜在的逆機能

対象としてとりあげ理解しようと試みる人びとの明白に規定する問題に限定する必要はない」（『社会理論と機能分析』p.425）という言葉は，そのことを証左しているように思えます。

　しかし，これは考えてみれば，かなり強い主張です。秩序を乱す要素を客観的に特定することができる，ということは，病気をもたらす細胞を特定するように，本質的に逸脱的な要素というものが，具体的な分析と独立に特定できる，ということです。がん細胞はどの身体にとっても「悪い（wrong）」。A さんにとって悪いが，B さんにとってはよいなどということはありません。では，社会における「悪い」ものは，この病気をもたらす細胞のように，主観から独立してとりだすことができるでしょうか。Ch.1 以来くどくどといってきたように，これには無理があります。

　たとえば，ピアスをつけて授業を受けることは現在，日本の多くの小中学校では逸脱的とされるかもしれませんが，アメリカではそうではないかもしれない。禁酒法が施行されていたかつてのアメリカ社会では飲酒は社会の秩序を乱す道徳的に「悪い」行為であるが，いまの日本ではそうではない。昔のアメリカでは人種差別は別段「反秩序」的な行為ではなかったかもしれないが，いまでは差別主義者は否定的に扱われる。

　つまり，社会における逸脱的要素というのは，当該社会に内在する人びとの「……は逸脱的である」「……は秩序を乱す」といった，行為や行為者についての意味を介した理解を抜きにして特定することが難しい対象なのです。もちろん，「シーザーを理解するためにシーザーである必要はない」わけですが，自分が対象とする人びとの規定・定義をみないわけにはいきません。「『……は逸脱的である』と観察する人びと」を観察するという分析の入り組んだありかたを重視するなら，もはや素朴

184

な心理主義的説明や社会有機体論的な説明はできなくなるはずです。

4 オルタナティブとしての ラベリング理論，構築主義

ラベリング理論　この点に照準したのが，一般にラベリング理論と呼ばれる逸脱研究のスタイルです。近年では『アート・ワールド』などでも知られるハワード・ベッカーの，初期の名著『アウトサイダーズ』で展開されています（**Ch.2**のフォローアップで挙げています）。そこでは，「なにが逸脱であるのか」「秩序／反秩序」を社会学者が一意的に定めることはできないのではないか，社会学者が決めるよりも前に人びとのほうが「秩序／反秩序」の境界線引きをおこなっている（そしてその常識的理解に社会学者も乗っかっている）のではないか，ということが先鋭的に問われます。

　「秩序／反秩序」を逸脱理論のエキスパートたる社会学者が画定するのではなく，まず社会構成員が「秩序／反秩序」の区別（観察）をしていて，その観察を社会学者が観察する，というのがラベリング論的な基本方針です。

　ラベリング理論の視座転換の骨子を，簡単に標語化するならば，「秩序／反秩序─区別を社会が構成する（◆）」ということができるでしょう。それは「われわれは，それを犯罪だから非難するのではなくて，われわれがそれを非難するから犯罪なのである」（『社会分業論』田原音和訳，青木書店，1971年, p.82）というデュルケームの犯罪に関するラディカルな「社会」主義的定義を洗練したかたちで継承したものです。

　パーソンズのように機能要件などを特定化したうえで，秩序／反秩序の区別を観察者である社会学者自身がおこなうのではなく，社会のなかで日常世界を生きる人びととがなにを秩序（正常）とみなし，なにを反秩序（逸脱）とみなすのか，つまり秩序／反秩序の差異をどのように観察しているかを観察すること，それが社会学者の役割である，というわけです。

特定の出来事，たとえばピアスをつけるという行為や実践が，それだけで逸脱的要素や反秩序的要素（自然種としてのなにか悪い要素）を備えているわけではありません。他者が，ピアスをつけること（者）を逸脱（者）とラベル貼りするからこそ（それらが人工種であるからこそ）当該の出来事・人は逸脱／逸脱者となる。ラベリング理論は「逸脱を，ある社会集団とその集団から規則違反者と目された人間とのあいだに取交される社会的交渉の産物」（ベッカー『完訳 アウトサイダーズ』村上直之訳，現代人文社，2011 年，p.8）とみるわけです。

　こうしたラベリング論的な発想を取り入れることによって，私たちは先に触れた「ピアス」に関する相対主義の成り立ちを説明できるようになります。飲酒法が施行されていない現在の日本では逸脱とみられない出来事・行為も，飲酒法が施行されていた当時のアメリカでは逸脱となる。秩序／反秩序の区別は，社会問題の専門家たる社会学者がするのではなく，社会に生きる人びとがなす。なにが反秩序であるかを定義する特権を社会学者は持っていない，と。

　ところが，このラベリング理論を敷衍していくと，先の「◆」と微妙に齟齬をきたしてしまう可能性があります。ラベリング理論は，2 つの区別を前提としています。つまり，ラベル貼りされる行為・出来事／ラベル貼りされていない行為，出来事という区別と，また，規則違反（逸脱）者／非規則違反（順応）者という区別です。この 2 つの区別を採用すること自体にそれほど問題はないように見えますが，この 2 つの区別を掛け合わせて次のような表を作成してみると，どことなく既視感を感じないでしょうか。

　表 7-2 はラベリング理論の主導者であるベッカー自身が作成したものですが，先に挙げたマートン（の議論を定式化したキツセとスペクター）の図式とどことなく似ています（中河『社会問題の社会学』）。というより，ほとんど同じものといってもかまいません。逸脱と認定された行動／逸脱と認定されない行動の軸は表 7-1 におけるメンバーの定義の軸に，順応的行動／規則違反行動の軸は社会学者の定義の軸になだらかに対応する。もちろん，外部に立つ社会学者が特権的に逸脱／非逸脱を区別をすることをラベリング理論は拒絶しているわけだから，2 つの図はまったく同じものではありません。しかし，この 2×2 の表を描くことによって，

表 7–2　ベッカーによる逸脱行動の分類

	順応的行動	規則違反行動
逸脱と認定された行動	誤って告発された行動	正真正銘の逸脱
逸脱と認定されない行動	同調行動	隠れた逸脱

（出所）ハワード・S. ベッカー『完訳 アウトサイダーズ』現代人文社，2011 年，p. 17 より。

「潜在的社会問題」「偽の社会問題」というカテゴリーと相同的な「隠れた逸脱」「誤って告発された行動」というカテゴリーが実体化されてしまいます。

ラベリング理論の
問題点

「逸脱行動だけど逸脱として認知されていない行動」「逸脱行動ではないのに逸脱行動だと認知されてしまった行動」といったカテゴリーは，当事者による逸脱定義のプロセスの外側から，逸脱の有無を認定する視点を要請せざるをえません（キツセ＝スペクター『社会問題の構築——ラベリング理論をこえて』村上直之ほか訳，マルジュ社，1990 年，p.97）。つまり，ベッカー流のラベリング理論もまた，マートン型機能主義と同じく，人びとの理解可能性から離床した特権的視点——秩序／反秩序を区別する視点——を導入してしまっているのです。ラベリング理論は，秩序／反秩序の区別をなす「権利」を社会・現場に生きる人びとへと譲渡したようにみえますが，別の入り口から秩序／反秩序の区別を導入し，「◆」を裏切ってしまっているのです。

　先の「◆」テーゼを徹底するためには，社会学者が反秩序を同定することをどこまでも回避し，秩序／反秩序という区別を引く「権利」を，社会に生きる人びとに譲り渡す必要があります。つまり，社会学者は，ラベリング理論が用いた裏口を注意深く封鎖し，秩序／反秩序という差異をめぐる社会構成員の観察を観察するという作業に従事しなくてはなりません。こうした観点から出てきたのが，社会問題をめぐる「**社会構築主義**（social constructionism）」と呼ばれる分析視座です。

　社会構築主義は，当事者による「社会問題」についてのクレイム（異議申し立て），定義づけに焦点を当て，分析者による「社会状態」につい

ての特権的な定義・同定可能性に批判的な立場をとります。

　定義的アプローチの論理的帰結に到達しようとするなら，社会問題の
定義をめぐる政治過程の参加者である社会学者は，客観的な観察者も
しくは科学者としての特別な地位を認められるべきではない。社会学
者が定義過程で他の参加者から科学者として取り扱われ，利害関心と
偏見をもたない専門家としての特別の地位を与えられるかどうかは，
一概には答えられないプロブレマティックかつ経験的な問いなのであ
る（キツセ＝スペクター『社会問題の構築』p.109）。

　では分析者による一意的な定義可能性を否定する構築主義者にとって，
社会問題はどのように定義づけられるのでしょうか。

　社会問題は，なんらかの想定された状態について苦情を述べ，クレイ
ムを申し立てる個人やグループの活動であると定義される（同，p.119）。

　これは相当にラディカルな方法論的転回です。ラベリング論にも残っ
ていた観察者＝分析者による客観的な社会状態の同定，複数の準拠問題
の比較への指向を断念し，社会問題を，特定の社会状態（改善が求められ
るような社会状態）ではなく，「想定された状態」についての社会構成員に
よるクレイム申し立て（claim making）である，とするというのですから。

　従来の社会学者は「専門家」の役割をとり，メンバーによる社会問題
の理論化（やその欠如）の「合理性」や「価値」，「もっともさ」等々に
ついて判定を下す。いっぽう，構築主義者は，自分たちに専門家とし
ての特権はいっさい割り当てず，ただ，メンバーの間でどのようにし
てそうした権能が産み出されるかを調べる（平英美・中河伸俊編『構築主
義の社会学』世界思想社，2000 年，pp.49–50）。

　ここでは，穏当な意味での専門家の専門性の否定（分析者が差し出す準
拠問題は，人びとが差し出す複数の準拠問題に優越するものではない）のみならず，
複数の準拠問題に対する解答を比較する分析者の特権も否定されていま

188

す。これはきわめて強い方法論的主張です。

　逸脱や社会問題を，反秩序的・逆機能的な出来事と考える機能主義，逸脱を他者によるラベル貼り（反作用）が生み出すものとするラベリング論から，社会構築主義は，さらに進んで，社会問題を，「想定された状態」を問題化しクレイムする活動そのものだと捉えようとします。ラベリング論が，秩序／反秩序—区別の定義権を社会構成員に譲り渡そうとしつつも，ラベル（逸脱についての定義）／実態という区別を維持してしまったとするならば，構築主義は，ラベル（定義）／実態という区別（A）を，定義／想定された状態という区別（B）に置き換えるものです。

　Aの区別は，社会構成員の視点／分析者の視点という視点の差異を前提としますが，Bの区別の両項はともに社会構成員の視点に準拠したものにほかなりません。分析者が人びとの理解可能性をたどりつつ比較することも厳密には回避されるべき記述ということになるでしょう。

方法論的帰結　したがって，構築主義者は，反秩序的な出来事や社会状態が実在するか否かを問う必要はない，というか，問うてはならなくなります（括弧入れしなくてはならない）。状態のありようを問うことは，外在的で超越的な分析者の視点を持ち込むことになってしまうからです。

　　状態の考察への後もどりを防ぐために，状態そのものの存在さえも，社会問題の分析にとっては関わりのない，外的なものであると考えたい。想定された状態が存在するかどうかについては，関知しない。想定された状態が完全なでっちあげ——嘘——であったとしても，その申し立てを受けた人びとが自ら分析を開始し，それがでっちあげであるということを発見しないかぎり，その状態の真偽について，われわれは非決定の立場を取り続ける（キッセ＝スペクター『社会問題の構築』pp.120–121）。

　実にラディカルな方法論的宣言です。しかし，こうした構築主義の指向性を，過剰に哲学的・認識論的・存在論的に受け止めてはなりません。
　こうした方法論は，経験的研究を進めていくための方法プログラムであって，「クレイムを申し立てる個人やグループの活動」つまり「定義

（活動）」が状態を構築する，という哲学的・存在論的主張ではないのです。この点を誤解してほとんど意味をなさない社会構築主義批判をしている人が少なくないので，この点は注意が必要です。構築主義は，経験的な調査可能性（researchability）を重視した方法論なのであって，哲学的な含意をねらった理論ではないのです。この経験的な調査可能性という表現は，消極的および積極的な意味を持ちます。消極的には，「経験的な調査が不可能な，もしくは困難な事柄には口を出さない」という経験主義的禁欲として表現できるものです。

　スペクターとキツセはこういいます。

　　社会学者は，非常に狭い範囲のクレイムの認定にしか参加できないのに，しばしば，自分に適格性がない領域にまで，権威ある発言をすることを委任されたと誤解してしまう。たとえば，社会学者は，どのような根拠に基づいて，マリファナの嗜好性や遺伝学的影響についてコメントできるだけの権威をもつと主張するのか（同，p.122）。

　マリファナを吸うという行為がかつては社会問題視されていなかったのに，ある時期から社会問題として言挙げされるようになった，ということを社会学者は分析することはできる。しかし，「マリファナ吸引は無害なのに，ある時期から『有害』化され，社会的な問題となった」と（構築主義的）社会学者がいうことはできないはずです。クレイムの対象とされる「社会状態」「実態」の同定・確定作業は，しばしば「自分に適格性がない領域にまで，権威ある発言をすることを委任された」という誤解を社会学者に抱かせてしまう——この領界侵犯＝誤解を回避するために構築主義者は「社会状態」「実態」の同定作業から撤退するわけです。

　しかし，そうした領界侵犯が問題だというだけなら，社会学者が状態同定のための技量を身につければ済む話です。医学や生物学の専門知識を持った社会学者であれば，「マリファナ吸引は無害なのに，ある時期から『有害』化され，社会的な問題となった」「男女のあいだには生物学的差異はさほど存在していないのに，ある時期から本質的で絶対的な差異があるものとして捉えられるようになった」という論述を展開する

190

ことも不可能ではないでしょう（実際そのような論述の事例は山のように存在しています）。しかし，構築主義は，たとえ社会学者がそうした領界外部の知識を持っている場合でも，社会状態，実態への問いを括弧入れすることを方法的に推奨するはずです。つまり，社会状態を同定することにまつわる経験的困難がクリアされたとしても，社会状態への言及を回避する，ということです。機能主義的な方法の持つ問題性をクリアするには，「秩序／反秩序─区別を社会が構成する（◆）」というテーゼを徹底化させなくてはならない，つまり，秩序／反秩序─区別を分析者が特権的に立ててしまうことは回避されなくてはならないのです。

　医学的に判断されたマリファナの「害悪の有無」は，クレイムとなんらかの関連を持っているかもしれませんが（医学的言説を資源として用いるなど），クレイムはそうした「客観的」な状態のいかんにかかわらず，独自の運動形態をもって提示されます。いかに「少年犯罪は急増していないし，凶悪化していない」という犯罪学的知見をもってメディア報道や行政の動きを批判しようとしても，「少年犯罪問題」をめぐるクレイムは独自の論理をもって増殖し，特定のリアリティを獲得してしまうということは私たちのよく知るところです。

　その独自の論理づけの過程のリサーチをめざすのが，構築主義の課題であって，構築主義者は，「少年犯罪の凶悪化」という「申し立てを受けた人びとが自ら分析を開始し，それがでっちあげであるということを発見しないかぎり，その状態の真偽について，われわれは非決定の立場を取り続ける」（同，pp.120-121）のです（少年犯罪の凶悪化に対する反証も，構築主義的分析の一次資料として扱われます）。

　定義／状態という区別を立てたうえで，両者の適合性，つまり定義の真偽を問う姿勢を括弧に入れて，定義・クレイムの自律的なリアリティ構成を経験的に追尾すること，それが構築主義における経験的調査可能性の積極的な意味といえます。社会構成員による状態の定義に対して，外的な分析者の立場から真理値を与えるのではなく，社会生活の現場における定義づけ活動そのものの動態を記述することが，構築主義という方法論の目的（の一つ）といえるでしょう。

5 | そしてふたたび比較へ

社会問題の構築主義

の準拠問題

こうした「社会問題」の構築主義の主張は相当に説得的です。しかし厳密に展開される構築主義的分析のレトリック分析，クレイムのプロセスの記述が，少なくない人にとって「おもしろみに欠ける」というのも半分はわからなくありません。そのおもしろみのなさは，以下のように説明できます。まず，構築主義が方法論的な準拠問題（の一部）として掲げたRPc「社会問題の定義をめぐる政治過程の参加者である社会学者は，客観的な観察者もしくは科学者としての特別な地位を認められるべきではない」は，たしかにRPb「社会問題（反秩序）はいかにして記述・分析されうるか」という多くの社会学者たちが共有する準拠問題と関連性を持つものです。

　その準拠問題は，そもそも，パーソンズが上首尾に再定式化したRPa「社会秩序はいかにして可能か」を経験的な課題としてブレークダウンさせるために変換されたものでした。多くの社会学者や一般読者は，そうしたRPa「社会秩序はいかにして可能か」につながることを期待しつつ，その分析のための手段としてRPbに変換することまではある程度理解を示してくれるでしょう。しかし，マートンにしてもパーソンズにしても，そしてデュルケームにしても，あくまでもRPaが主眼なのであって，RPbという方法論的準拠問題を突き詰めていったRPcはいささか理解に苦しむメタ準拠問題なのではないでしょうか。

　本書で見てきた等価機能主義の立場からいうなら，構築主義はRPa→RPbという準拠問題に，「分析者の特権性をともなわない分析方法の模索」というメタ準拠問題を優越させており，複数の準拠問題・解答を比較考察するプログラム，およびそのプログラムの実行のために必要な「社会理論」の設計を放棄している，といえるかもしれません。それが悪いとは一概にはいえないのですが，準拠問題そのものがもはやマートンやデュルケームと大きくずれているのは事実です。当然のことながらRPbにはRPc以外の機能的に等価な解決法がありうるはずです。

RPaという社会学の伝統的な準拠問題，「社会理論」にもとづく比較検討という社会学の分析課題を放棄することがRPcの解答であるとしても，あまりに「犠牲」が多すぎるのではないでしょうか。もちろん，構築主義者はそれを差し出すに値する犠牲として捉えているわけです。

　また構築主義の立場はカテゴリーの比較検討という社会学の重要課題を括弧入れするため，結果的に「数え上げる」タイプの研究の存在を認めにくくなってしまいます。計量的な分析は，構築主義のプログラムのなかから放逐されてしまうわけです。それは方法による棲み分けだ，という反論があるかもしれませんが，そうであるならば，計量社会学と構築主義はいかなる意味で「同じ」社会学のなかの異なるバリエーションといえるのでしょうか。共通である部分が存在し，そのうえでなにかが同じだったり違っていたりしないと「……と……は同じである／違う」という言明は意味をなしません。社会学内の棲み分けという論理が成り立ちようがないのです。

　というわけで，私はなにも「おもしろくない」から構築主義はダメなのだ，というつもりはありません（構築主義者からすれば，方法論的な精査を怠った逸脱研究のほうがよっぽど「おもしろくない」でしょう）。それが自らの立てた準拠問題に誠実に向かい合っていることは否定しません。しかしその選択が相当数の社会学的な遺産・蓄積をエレガントにさせるとともに，一部無効化してしまうのではないか，小さくない「犠牲」をともなうのではないか，とも思ってしまうのです（犠牲のない，他の準拠問題を後景化させない方法論などありえませんが）。

　やはり私たちは，比較ということで得られる認識利得（知識の増加）を社会学に期待してしまいます。野球でいえば構築主義は2番打者としての技巧を極めようとしていて，それは三振かホームランかのパーソンズ的4番打者とは違った魅力があるのは否定しがたいのですが（通に好まれる），社会学的方法・知見について3番か5番あたりのスラッガー的な存在を求めるというのも，正当化された信念＝知識の総体としての社会学の知にとって大切な仕事です[16]（近年では「2番」の役割は大きく変わってき

---

[16] 野球は絶滅危惧種のスポーツなので（私は大好きですが），サッカーでいうと，2番を守備的なボランチ，4番をずっとオフサイドラインに待機しているフォワードとでも置き換えてみてください。こういうのは酒場談義の類なのですが，案外社会学者それぞれの社会学観がわかってきて，おもしろかったりします。

ていますが)。構築主義は，マートン的方法のなにがダメであったのかの検出装置として実に高い性能を発揮していますが，それをさまざまにある社会学の研究プロジェクトの中軸に据えることは難しいでしょう。私としてはやはり，構築主義の批判を真摯に受け止めつつ，等価機能主義を再構築することをめざしたいと思うのです。

社会秩序の問い 　　「社会秩序はいかにして可能か」という準拠
　　　　　　　　　問題，および「いかにして反秩序(／秩序)
の準拠問題 　　を記述・分析するか」という準拠問題にそく
してみたとき，マートンとは別系統に位置する社会学の古典が理解を助ける範例となるように思います。**Ch.3** のブックガイドでも紹介したイギリスの社会学者，ポール・ウィリスの『ハマータウンの野郎ども』[17](熊沢誠・山田潤訳，ちくま学芸文庫，1996 年)というフィールド調査の名著です。1970 年代にある工場町にある高校で参与観察を試み「ラッズ(野郎ども：労働者階級の不良グループ)」「イヤーホールズ(耳穴っ子：中産階級の子弟)」と，自己執行されるカテゴリー集団の生活空間を描き出したこの古典について，岸政彦さんが興味深い解釈を提示しています。

　ウィリスは，実はこのラッズのある種の合理性を描き出したのではないか，と。なるほど長期的にみれば，たまり場で時間を潰し逸脱的とされる行為を繰り返すかれらの行動は，将来の職業機会のことなどを考えると「非合理」です(「自ら進んで不利な状況に入ってしまった」)。しかし，短期的なスパンで「教室に居場所を持つ」という機能にそくして考えた場合には，中産階級の教育文化に適合的な学校社会のなかで，自らが否定されることなく存在しうる行為空間を提供してくれるという意味で，ラッズという自己執行カテゴリーは「合理的」といえます。

　短期的／中期的／長期的，経済的利益／幸福・効用といった複数の軸から構成される合理性判断の規準が存在し，個々人がそれぞれに自らの環境を(意識的・非意識的問わず)観察し，準拠問題に応じて行為タイプ(解決)を選択している。それぞれはある観点からみると「非合理」ではあるけれども，別の観点からみると「合理的」でありうる。学校という

まあ，いかにもおっさん的な話ですが。
17　アメリカではない，というところが学説史的には興味深いところなのですが。

人為的な相互行為の場には複数の合理的行為のゲームが存在・交差しているわけです。「自ら進んで不利な状況に入っていくラッズたちの，いっけんすると愚かで不合理な選択の背後に，かれら自身にとっての計算や合理性があることを見抜き」「その合理性を，私たちにもよくわかるかたちで提示」したのがウィリスである，そう岸さんは解釈します（岸ほか『質的社会調査の方法』有斐閣，2016 年，pp.28-29）。

　こうしたウィリス＝岸の立場は，等価機能主義的な比較分析を範例的に指し示していると考えられます。なんらかの葛藤は教師の観点からすると「問題」と映るとしても，ラッズとイヤーホールズたちの準拠問題・合理性判断の規準の違いにもとづく，かれらなりの問題解決（計算ではないかもしれませんが）なのです。ラッズという自己執行カテゴリーを用いながら，そのカテゴリーを実践することでかれらはなにをしているのか，それを理解するには，かれらの準拠問題と機能的に等価な解答を考察せねばなりませんし，同様の準拠問題に遭遇した場合のラッズ，イヤーホールズの「解決（solution）」の仕方を比較考察しなくてはなりません。それらの solution を比較し，なんらかの分析者のメタ準拠問題に解答（answer）を与えていくことが社会学者の仕事です。

　こうした solution の比較は「多数の準拠問題が複数の準拠集団によって対応されている相互行為空間」という全体を設定することで可能になります。もし岸解釈が正しいとすれば，ウィリスの分析はまさに「等価機能主義＋準拠集団論」という本書がおすすめする方法論を実践するものであったといえるかもしれません。構築主義を貫徹したときに見えにくくなってしまう（解決法の）比較という観点こそが，社会学に固有の知見を提供してくれるのではないでしょうか。もちろん構築主義もまたシステム理論等と結びつくことによって，因果帰属型とは異なるタイプの比較（ルーマンの機能システム分析のような）を生み出すかもしれません。このあたりは現在進行形の取り組みといえるでしょう。

フォローアップ　本書の主題の一つは，社会学という学問分野が，社会・都市の大変動期に「社会的な（social）」と形容されるような社会的紐帯を求める「社会的ゴスペル運動」「社会改良主義」の動きと連

動して，新しいかたちの都市型・産業社会に適応的な連帯・社会的紐帯のあり方を模索するところで発達を遂げ，いまなおその出発点における課題は継承されている，ということです。

　社会学史の講義を受けると，コントというフランス人の「実証主義」からはじまって，イギリスのスペンサー，アメリカのウィリアム・サムナーなどが19世紀中葉までの主役，そして19世紀末に真打ウェーバー，デュルケーム，ジンメルが現れる，という流れになるのですが，ことアメリカという社会学を大きく成長させた土壌での展開は，そうした大陸的な（サムナーはアメリカですが），理論的に洗練された学問としてというよりは，むしろ社会変動のただ中で社会問題をなんとかするために生み出されたさまざまな潮流，宗教的・住民運動的・慈善的・セツルメント的な動向に棹さすかたちで，実質的な誕生を遂げます。

　1890年にロックフェラー財団からの莫大な寄付により創設されたシカゴ大学では，その後シカゴ学派と呼ばれるような都市社会学（なぜ都市であったかは，あきらかだと思います）の母体がつくられつつありましたが，当初招聘された「ビッグフォー」，アルビオン・スモール，ジョージ・ヴィンセント，ウィリアム・I.トマス，C. R.ヘンダーソンのうち，トマスをのぞく3人は宗教者でしたし，都市改良に深くかかわっていた「善き人」たちでした。

　かれらにとって，社会学とはなにより大都市におけるスラム問題などを解決するための理論兵器であり，都市下層の問題に取り組む「社会改良運動」「社会調査運動」こそがかれらの主舞台であったといえるかもしれません。その後「融和志向」のブッカー・ワシントンのゴーストライター兼秘書を務めていた理論家R. E.パークが招聘されると，シカゴ大学社会学部は都市社会学の，というより社会学の一大拠点を形成し，パークの指導のもと，数多くの優れたフィールドワーカーが育っていきました。パーク自身はフィールド調査で論文を書くタイプの人ではなかったのですが，かれの差し出す理論装置（人間生態学，同化サイクル論）は後進たちの研究の羅針盤となり，「理論的・改良主義」とでもいうべき立場が醸成されていきます。こうした知的・実践的土壌に，「社会秩序はいかにして可能か」という理論先行的な問いを投げかけ，経済学のように演繹的な理論体系を構築しようとするパーソンズが現れたのは，一

つの事件であったといえるでしょう。このように，第2草創期のアメリカ社会学は，つねに「秩序」への問いに貫かれていました。こうしたアメリカ社会学の動態については，なにより**矢澤修次郎『現代アメリカ社会学史研究』**（東京大学出版会，1984年）を熟読してください。

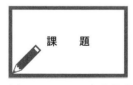

課　題

1800年代以降1930年代までのシカゴの人口，産業構造，移民比率などをネット上で検索し，シカゴ学派の登場以前から存在していた社会改良運動の生成と，パークの研究プログラムの異同について，400字程度で論じなさい。

発　展

本書をここまで読んでくれた読者であれば，そろそろ構築主義，社会問題の社会学の本丸に飛び込んでみてください。**ジョン・I. キツセ＝マルコム・B. スペクター『社会問題の構築──ラベリング論をこえて』**（村上直之ほか訳，マルジュ社，1990年）ですね。この書においてキツセらは社会問題に関する先行研究，「機能的定義と規範的定義」「価値葛藤学派」などを精細に検討し，分析者の認識論的特権性をどこまでも拒絶する構築主義の理論綱領を描き出しています。すでに本文中でも紹介しましたが，マートンもかなり厳しく批判されています。「期待と現実の間に実体的な齟齬があるか否かについて，社会学者と社会のメンバーの考えが一致しないときには，社会学者の定義が客観的証拠に基づいているために優先権をもつ，というのがマートンの立場のようだ」（同，p.56）という鮮やかな批判は，しかし，考えてみれば，『社会分業論』におけるデュルケームのトートロジカルな犯罪定義を（他のデュルケームの犯罪・逸脱についての「社会理論」を削ぎ落して）徹底的に，純粋なかたちで継承したものといえるでしょう。またかれらが淡々と社会成員のクレイムの遷移を描き出していくとき「自然史（natural history）」という言葉を用いているのは，

パークの人間生態学，人種関係サイクル論以来の「社会問題の社会学」の伝統に忠実であることを示唆しています。論争的な書であり，実際日本でも構築主義批判の際に言及されることが多いのですが，しっかりと読み込まれているようにはみえません。書き方も文体も平易であり，ただ（存在論的な含意を持つ）構築主義に対する偏見をもってかかると，なにが主題かがわかりにくくなってしまいます。Ch.2 のブックガイドで紹介した平・中河編著とともにていねいに読み直し，その問題意識の突き詰め方を読みとってください。

Chapter **8**

等価機能主義の／からの問題②

民間社会学としての「社会解体論」

1 | 問題としての「○○化する社会」論

等価機能主義

による再解釈

Ch.6 の 4 節では，ウェーバーやデュルケームの議論を等価機能主義として再解釈できること，その際，比較による因果帰属を因果的説明のためにではなく，可能な機能的等価物が経験的に構造的拘束をかけられていくプロセスを遡行的に記述する機能的説明のための手続きであると位置づけました。

ウェーバーは，近代的な資本主義を成り立たせる合理的な制度の成り立ちという，分析者の観察視点から見いだされた合理性判断の規準をもって，研究を駆動させる準拠問題 RP（解答〔answer〕を導くもの）として設定し，それと人びとのさまざまな準拠問題 rp との連関を（意味連関において）理解し，それぞれに一定の合理性を持つ個別の rp において生み出された表現型 t のなにが RP との関連においてどのような機能 f を担ったのか（解決法〔solution〕）を分析していったのでした。

少し面倒，というよりもこの時代のドイツ知識人らしく，やたらと小難しい（法学的ともいえる）定義を差し出し，それを分類・記述してしまうので，ウェーバーの社会学における，形式合理性／実質合理性，目的合理的／価値合理的（伝統的行為／慣習的行為）といった区別もどのような区別の規準（それこそ分類のための合理性判断の規準！）なのかがあきらかではなく，人びとの rp により見いだされうる機能的に等価な（機能 f が充足しうると人びとにとって理に適ったかたちで理解可能な）行為群 A1，A2，A3……An と，分析者ウェーバーが見いだす機能的に等価な行為群とがどのような関係を持っているのかが不分明である，ということができます。

理論研究者の杉野勇さんは，「行為の意義・意味についての反省的意識がある」という規準と「行為の意義が行為そのものに志向しているか，それとも行為の帰結に志向しているかである」という 2 つの規準にもとづき，ウェーバーの行為類型「伝統的行為・感情的行為・価値合理的行為・目的合理的行為」は，「分類の基準となっているポイントに忠実に沿って考えるならば，習慣によって起動する無反省的行為・情動によっ

て起動する無反省的行為・行為そのものに志向した反省的行為・行為の結果に志向した反省的行為，の４つである」とまとめあげています（「『合理性』の概念特性——ヴェーバーの合理性類型論の再検討」『ソシオロゴス』19, 1995 年）。しかし，そもそもなぜ反省的意識の有無，行為への志向性[1]，行為の結果への志向性という規準が規準として成り立ちうるのかはよくわかりません。

　ウェーバーがどう考えていたのかは，おそろしいぐらい多く存在するウェーバー研究に教えてもらうしかありませんが，「ウェーバーを理解する」ために「ウェーバーになる」必要はありません。まずは経験的記述をめざす本書の立場から考えると，こうしたウェーバーの分類はあまりに場当たり的で，「禁欲的に生活する」という人びとの行為の合理性・道理性と「近代資本主義の合理性」というときの合理性との関連性は不明なままです。

　前者を当事者の合理性，後者を，結果を観察しうる分析者が分出しうるマクロな合理性というとわかった感じがしますが（実際，ギデンズの「行為の意図せざる結果」を問題化する構造化理論によるなら，そのようにウェーバーの分析を解釈することができます[2]），等価機能主義においてこうした分析者（解答）／当事者（解決）という区別は相対的なものでしかありえませんし，また照準する機能項目（「禁欲的な生活をする」という行為タイプ）が機能項目として成り立ちうるような全体は，「西欧的な近代資本主義社会（における相互行為の総体）」と言い切ってしまってよいのでしょうか。機能項目の検出における合理性の扱い（そもそも意識的／非意識的は，「問われれば理由が述べられる／られない」といった道理性の水準には関係のない区別です），単位／全体の論理的同時決定性に対する対処の仕方としてウェーバーの説明構図が説得的なものであるかはオープン・クエスチョンといわなくてはなりません。

　しかしウェーバーが偉大であったことは間違いありません。同時代に

1　「意図を意識しているか」と「意図を持っているか」は，別の論点です。この点は G. E. M. アンスコムの古典『インテンション——実践知の考察』（菅豊彦訳，産業図書，1984 年）を熟読してください（柏端達也による新訳もあります。『インテンション——行為と実践知の哲学』岩波書店，2022 年）。また意図の意識的把握と意図的であることとの差異については，ウィトゲンシュタインによりつつ，北田『社会制作の方法』（勁草書房，2018 年）で簡単に論じています。
2　ギデンズの「行為の意図せざる結果」概念の論理的困難については北田『責任と正義——リベラリズムの居場所』（勁草書房，2003 年）をご覧ください。

カール・G. A. クニースらによって固められつつあった（比較にもとづく）因果帰属の方法を[3]，理解社会学という意味に重点をおく自らの研究プログラムのなかに位置づけ，自然科学とは異なる説明のスタイルを提示したことの凄さはどれだけ強調しても足りません。

　他方，デュルケームは「社会的事実をモノのようにしてみる」といった具合に，自然科学にならったかたちで社会物理学の構想に向かっていました。自然科学的な方法で社会の法則性を見いだしうると考えた点ではデュルケームは近代統計学を生み出したアドルフ・ケトレの衣鉢を継ぐ，いかにも 19 世紀的な人でした。しかし皮肉なことに，そのデュルケームこそが，後期の宗教社会学の展開において機能主義的社会学の基盤を創り出し，モースやラドクリフ＝ブラウン，マートンに大きな影響を与えたのでした。本書の等価機能主義は，デュルケーム（機能主義）を経由してウェーバーに戻り（理解社会学），デュルケームを継承可能なかたちで再構築する，と表現することもできるかもしれません。むろん，その先鞭をつけたのがマートンにほかなりません。

ウェーバーから

現代の分析へ

本章では，ウェーバーがおこなったような歴史分析・比較社会学を，もう少し現代的な問いに引きつけて考察してみたいと思います（等価機能主義で等価機能主義の機能を測るわけです）。

　すでに私たちは，前章で，等価的機能主義に社会理論が必要であり，それが欠けると通常の意味での比較も不可能となり，社会学的分析の醍醐味が消えてしまうことを，「社会理論の回避」を旨とする社会構築主義の検討をとおして確認しました。

　今度は逆に，「社会理論」があまりに明快すぎる（社会学者のみならず人びとにとっても自明化されている）ために説明力を失ってしまうというケースをみてみましょう。その範例が「かつては濃密であった社会関係が，○○ゆえに希薄化してしまった」という社会的凝集性の減退理論，社会解体論とでも呼ぶべき「社会理論」です。

　こちらは構築主義と異なり過剰なまでに人びとの興味を引き，またしばしば社会学者もとくだんの検討もなく乗っかってしまう図式です。こ

3　ウェーバーの因果帰属論については，佐藤俊樹さんの『書斎の窓』（有斐閣）ウェブ連載「ウェーバーの社会学方法論の生成」http://www.yuhikaku.co.jp/static/shosai_mado/html/1607/11.html をご覧ください。

の濃すぎる理論を相対化し，等価機能主義が対応可能な程度に再定式化していくことが，本章のねらいです。なにしろ「減退」「解体」である以上，少なくとも2つの社会状態が比較されねばなりません。つまり「解体前と解体後」です。「○○化する社会」という新書は，だいたいこの図式に乗っかっていますが，要するに時系列的な水準での，通時的比較が必要である，ということです。

　歴史的・時系列的な機能分析を進めていく際には，ウェーバーと同様，比較にもとづく因果帰属がおこなわれますが，あわせて，**Ch.2** で確認したような「単位と全体特定の論理的同時性」や行為や出来事タイプの道理的な理解との関連づけが不可欠となります。たんに時系列的に変化を追うだけでは，きわめて素朴な「変化」を見いだしうるにすぎません。比較をおこなうための参照点を明示することにより，ようやく時系列的分析は「社会学」たりうるのです。

　このことを説明するために，実際のデータを用いて話を進めていきましょう。分析を駆動させるメタ準拠問題 RP は「若者論は現代日本社会にとってどのような機能を持つのか」です。

2 ｜ 時系列変化を語る「社会学」と 絆の弱体化という民間社会学

解体論法の起源

社会学者のコメント，ということでよく耳にするのが，「昔は……だったけど……のため現在は……という問題が起こっている」という話法です。「解体論法」とでも呼んでおきましょう。「最近の若者の○○離れ」みたいなものや「親世代のような右肩上がりの経済成長が見込めず，若者の愛国心が高まっている」みたいな感じのものです。

　これは前章でお話ししたように，社会学の伝統芸というか，社会学が19世紀に立ちあがってくる際に，とても重要なものの考え方でした。

　近代国家の生産力が高まり，農業就労者が減り，都市部へ土地を持たない貧農の子どもが単純労働をするためにやってくる。アメリカだと，大発展を遂げる合衆国の国力に惹かれて移民が大量に大都市に流入した

り，奴隷制廃止以降に悪化する南部での人種差別と劣悪な労働環境に耐えかねた黒人が北部大都市に押し寄せる。そうした未曾有の労働形態・生活形態・共同体・家族・住居空間の変化は，大都市部での貧困層を悲惨な状況に追い込みました。現代とは違って，貧困が犯罪や逸脱と直結しやすい程度の経済規模であり，社会保障もなにもあったものではない。そんなわけで，都市のスラム街に集住する貧困層や言葉を解さない移民は「社会問題」の温床とされていました。そうした社会問題がなぜ起こったのか，その「大変化」の結果，人びとの生活や人間関係はどのように変化したのか，社会的な統合や連帯はどのように変質してしまったのか。そういったことを調査し，処方箋を考える，というところから，19世紀末からの現代社会学ははじまっています。

　イギリスでは，チャールズ・ブースがロンドンの貧民の調査を敢行し，アメリカでは黒人初のハーバード卒業生のデュボイスがアトランタの黒人街をていねいに分析しています。少し遅れて1920年代に入るといわゆる「シカゴ学派」と呼ばれるシカゴ大学社会学部のスタッフたちが次々と「大変化」による負の所産である社会問題をさまざまな手法で調査しはじめます。また，どんな教科書にも登場するフランスのデュルケームにとっては，自己破壊行為ともいえる自殺という行為がどのような社会の条件により解明できるか，昔の共同体の人びとの人間関係のあり方（無機的連帯）から産業化社会におけるそれ（有機的連帯）へとどのように変わったのか，社会的凝集性（連帯）がどのように変化したのかが重要な分析課題でした。

　ドイツではウェーバーらが紡績工の工場調査をしていますし，「ゲマインシャフトからゲゼルシャフトへ」という有名な標語をつくりだしたフェルディナント・テンニースも社会誌（Soziographie）と呼ばれるフィールドワークを試みています。工業化，工業化に伴う農村社会の共同性の変化，家族形態の変化，そうしたものを「昔は……だったが……のため，現在は……となった」という構図のなかで捉える，というのは社会学の伝統的な語り口であり，また19世紀末から20世紀初頭にはかなり切実な課題であったのです。「ゲマインシャフトからゲゼルシャフトへ」というフレーズは，社会学史の基礎知識として暗記されていますが，その提言者であるテンニースが当時のドイツでは珍しくフィールド調査を

試みた人物でもあったことは頭の隅にとどめておいてほしいところです。

現代日本の解体論法　　しかし，たぶんみなさんが日々目にする「社会学」の解体論法は，どうもそういう世紀転換期の切実さとは無縁のものなのではないでしょうか。

たとえば宮台真司さんは，2012 年に「援助交際」とは何か，という短文で次のように述べています。

> （こうして）95 年から 96 年にかけて売春という意味での援助交際がピークを迎えた。それまで売春的援助交際をしていたのは謂わばカッコいいリーダー層だったが，96 年中に一挙にフォロワー層に拡がった結果，援助交際がカッコいいといったイメージが急速に風化した。
>
> 以降しばらくは学級でも目立たない子がむしろ援助交際に目立つようになった。だが携帯電話の世帯普及率が 5 割を越えた 2002 年頃から，高額の携帯電話料金を親に迷惑をかけず消費者金融も使わないで払うための手段として援助交際を用いる臨時援交が目立ち始める。
>
> こうした流れの中で動機も変遷してきた。2002 年頃以降の臨時援交以前は金銭的動機は稀で，「不完全な女じゃないと証明したい」「父親に復讐したい」「性的好奇心を満たしたい」「友達に同調したい」「自傷したい」など多様な非金銭的動機の複合体が専らだった。[4]

ここでのロジックは，簡単にいうと，①「カッコいいリーダー層」によるいわば「イケてる」という示威のための売春が，②「目立たない」普通の子にも広まって価値を失った。そして，③高額な携帯使用料などの負担もあり「金銭的」な動機が前景化するようになった，という構図です。

これも解体論法のひとつです。自らの価値をポジティブに示していた手段が，一般に広がることによって機能を失い，自己証明となんの関係もない端的な金銭獲得の手段と化してしまった。この変化の要因として

4　MIYADAI.com Blog（http://www.miyadai.com/index.php?itemid=980）

挙げられているのは一般的普及であり，「動機の金銭化」です。なんとなくですが，「非金銭的動機の複合体から金銭的動機へ」という変化をネガティブに捉えている，という印象を受けますね。

　解体論の基本的な考え方は「濃厚なものが薄くなった」です。ある特定の相互行為タイプが構造として機能しえなくなってきた，あるいはその相互行為タイプを機能項目としていた準拠集団が弱体化した，とでも表現できるでしょうか。「昔は地縁と血縁で結ばれた共同体があったが，現在ではそれが失われて，人びとのアイデンティティが不安定になった（あるいはアイデンティティが希薄化した）」みたいな議論です。

　形式的には，世紀転換期の社会学者たちと同じ論法なのですが，なんか違うと思いませんか？

　世紀転換期の議論は，背後に「急速な経済的・社会的・生活的な変化がある」といういくらでも証拠が差し出せる要因を前提にしていました。デュルケームの場合だと「それだけで説明できるのか。他の原因がありうるのではないか」という疑いをもって，複数の想定される原因の比較検討をしています。しかし，少なくともこの宮台さんの分析の場合，まず「動機・機能の変化って本当？」という疑問もありますし，その変化の原因が「目立たない」子たちの増加とかれらの金銭的動機の前景化，といわれても「本当にそうなの？」と疑問がぬぐいきれません。複雑な動機から単純な動機へ，という見取り図も本当かなあ，と思うのが心情というものでしょう。しかしこういう論法が，いやこういう論法こそが「社会学」なんだというイメージには，なかなか強固なものがあります。

　社会的背景によって，解体論を使うこと自体は悪いことではないのです。問題は，**原因と結果の関係**（因果関係），**データとしての動機の記述をどう処理しているか**（機能分析の手順）**が明示されていないと，正しいとも間違っているともいいがたい**ということです。

　因果については，複数の原因が考えられるので，ある特定の原因をことさらに挙げるのであれば，その原因の効果の強さを立証しなくてはなりませんし，データがなければなにより「結果（達成された機能）」自体が本当に存在しているのかどうかわかりません。宮台さんは大量のデータを元にしているといいますから，そのうち明らかにしてくれると思います。しかし，順番はやはりおかしい。データや原因帰属，効果・機能

206

の比較が明示されてはじめて「分析」というものが提示されるわけで，「分析」を先に出されて「データはある」といわれても，やや首をかしげてしまいます。すでにこれまでの章で再三確認してきたように，複数考えられる原因・理由・動機の効果を比較する，というのは社会学という学問にとってとても大切な作業です。そういう過程を省略した解体論法，社会構造の弱体化論はそのままで受け入れるわけにはいきません。

「ぷちナショナリズム
症候群」の当否
　次に，社会学者というわけではないのですが，精神科医の立場でありつつ，社会学的な分析をさまざまなメディアで提示されている香山リカさんの「愛国心」に関する議論をみてみましょう。

　香山さんは日韓共同主催ワールドカップのときに目についた，若い人たちの「日の丸」のためらいのない使い方に違和感を持ち「ぷちナショナリズム症候群」という診断を与えていました[5]。「え，なんでサッカーWC で日の丸ペイントするのが症候なの？」と思われる読者も多いでしょう。まさにそこが問題なのですが，「日の丸を掲げる」という行為自体に非常に特殊な意味を込める人は政治的な左右関係なく，ある年齢以上にはとても多いのです。私自身も古い人間ですので，日の丸を若い人たちが掲げていたりするとドキッとするほうなのですが，文科省が「日の丸掲揚・国歌斉唱」を学校に通達したということからもわかるように，特定世代による思い入れは全然「普通のこと」ではないわけです。「左」が日の丸を警戒し，「右」が日の丸をなんとしても公教育の場に持ち込みたい。これは香山さんがどうこうではなく，政治的に反対側に立つ人もまた日の丸に強い思い入れをもっていることを示しています。

　「そんなこと知ったこっちゃない」という若い人たちの気持ちもわかりますが，日の丸は（まともな）歴史家たちによって侵略戦争と認定されている第二次世界大戦の参戦・敗戦国「大日本帝国」の象徴でもあり，「君が代」は戦争に関して統帥権を持っていた天皇を讃える歌ではありますから，戦争責任を強く受け止める人にとっては「身の毛がよだつ」ものです。また逆に「侵略戦争ではなかった」とする人たちにとっては「奪還すべき」象徴的な記号なのです。日本以外の類例をみると，ナチ

5　香山リカ『ぷちナショナリズム症候群──若者たちのニッポン主義』中公新書ラクレ，2002 年。

スによる法外な歴史的犯罪をしたドイツでは鍵十字（ハーケンクロイツ）は公共な場ではご法度ですし，ヒトラーの『我が闘争』も長らく市販禁止となっていました。日本とドイツとでは事情が違う，というのはそのとおりだと思うので，ちゃんとした歴史家の本を読んでいただくとして，心情的には香山さんが持つ問題意識の道理性は理解しておいてほしいところです。

　さて香山さんの懸念がある程度理解できるとして，問題は，「知ったこっちゃない」という若者層がおこなう「日の丸を掲げる」という行為の意味と，分析者である香山さんにとっての「日の丸を掲げる」ということの意味が，はたして比較・接続可能なものなのか，ということです。というのも香山さんは「日の丸を掲げる」という行為に対して，「ぷちナショナリズム」という意味づけをしているわけで，大げさにいえば「カジュアルなかたちでナショナリズムが再燃しつつある」という解釈をしているわけです。

　しかし，頬に日の丸ペイントをした若者が，香山さんが懸念するような排外主義的傾向を持つナショナリズムと親和性が高いかどうかはわかりません。もしかしたら野球でベイスターズを好きな人が，ベイスタグッズを身につけて応援しているのとある観点からして「機能的に等価」なのかもしれません。ワールドカップは国際戦ですから，選択肢はそもそも国にかぎられます。多かれ少なかれなじみのある自国を応援するという傾向はあるでしょう。しかしそれが日本（の若者）に固有のことであるかどうかは慎重に精査しなくてはなりません。

　社会学では，「日の丸を掲げる」という行為タイプ・機能項目の意味をどう捉えるか（人びとの準拠問題，合理性判断の規準をどう帰属するか）という点にまで踏み込まないと，なかなか「ナショナリズムが若者に広がっている」という分析を飲み込むことができません。ある分析者の行為の意味づけでもって，社会の変容を語るというのは，なかなか難しい作業です。これは Ch.2 でお話ししたカテゴリー化の話と関連する問題です。異なる意味を与えられた行為が「増えた／減った」といっても，「それ

6　実は拙宅には，1998年に横浜ベイスターズが優勝したときに駅の売店で買った優勝記念ワインというものがあるのですが，「次の優勝のとき飲む」とか考えていたら，なんと20年もののワインになってしまいました。白だったはずのものがロゼっぽくなっています。

別の話じゃないの？」「本当に数え上げられるの？」と問う必要があります。「昔は過去の負の遺産に自覚的であったが，いまはそれが失われている」という解体論法はこうした問題を抱えている場合が少なくありません。

「目につく新奇な事象に着目し，それが出てきた原因・理由を探る」という方針そのものは間違ってはいません。重要なのは，そういう方針を社会学として貫くうえで，どのような手続きが必要か，ということです。「変化」というのは，時間的にみた比較ですが，比較はちゃんと比較の規準点を設定しなくてはなりません。

たとえば「セクハラ」。この概念が広がりをみせたのは 1990 年代末のことですが，当然この概念がないときはセクハラはゼロなわけです。だからといって，セクハラの認知件数が増えた現在は「昔よりもセクハラが増加した」とはいえないでしょう。端的にその行為を名づける社会的制度がなかっただけで，外形的に同じ行為はずっと昔からあった。これを単純に数的に比較しても意味はありません。

また，A 大学ではセクハラ認知件数が年間 500 件で漸増傾向，同規模の B 大学では 10 件程度で低水準維持，といった場合を想定してみましょう。この場合，①B 大学でのハラスメント対策が功を奏しているのか，②B 大学と A 大学とでハラスメント行為の意味づけと処分の制度（セクハラというカテゴリー使用に関してのルールおよび制裁との関連についての理解）が異なっており，実は B 大学のほうが加害者に「甘い」（あるいは手続きについて「慎重」な）のではないか，という両方の可能性を考えなくてはなりません。②の場合には，単純に数字（認知件数）で比較することは不可能で，両大学のハラスメントに関する認識や制度を分析しなくてはなりません。

時間的な比較にしても，共時的な比較にしても，比較は「同じ規準において」という条件設定が不可欠です。「日の丸を掲げる」という行為の意味についても同様です。ではどうやって「同じ規準において」という条件をセッティングするのか。ちょうど若者の愛国心の話も出たところですし，この点にそくして少し掘り下げてみましょう。

7　このあたりに興味のある方は，ピーター・ウィンチ『社会科学の理念——ウィトゲンシュタイン哲学と社会研究』（森川真規雄訳，新曜社，1977 年）などをご参照ください。

3 │ 歴史比較の注意事項[8]

　はじめて大学で講義を受け持つようになった 2000 年の末以来，ある
時期まで，私が必ず講義の元ネタとしていた論文があります。社会心理
学者の橋元良明さんが 1998 年に公表した「パーソナル・メディアとコ
ミュニケーション行動——青少年にみる影響を中心に」（竹内郁郎ほか編
著『メディア・コミュニケーション論』所収，北樹出版）と辻大介さんの 1999
年の論文「若者のコミュニケーションの変容と新しいメディア」（橋元良
明・船津衛編『子ども・青少年とコミュニケーション』所収，北樹出版）です。

若者論批判

この 2 本の論文は，2000 年代の論壇を席捲した
若者論批判の嚆矢となる作品といえます。橋元さ
んの論文の準拠問題は，携帯電話やパソコンなど
当時急速な勢いで普及しつつあったパーソナル・
メディアと心理傾向がどのような関係にあるのかを分析するというもの
で，とりたてて若者論に照準したものではありません。しかし，媒介的
に挿入された第 2 節「若者の対人関係の変化」は，辻さんの論文に大き
な影響を与え，若者論批判の基本的構図を差し出すものであったといえ
ます。

　橋元さんは，若者のコミュニケーションがメディアなどの影響で希薄
なものとなってきている，という議論の構図を関係希薄化論と呼び，時
系列的なデータをとりあげつつ，その成否を検討しています。まずは，
親しい友人の数が「ここ 20 年来，多くなりこそすれ，けっして減少し
ていない」こと，さらに友人とのつきあい方の内実についても 10 年来
変化がみられないことを指摘し，関係希薄化論の根拠の薄さを浮かび上
がらせます。橋元さんの弟子筋にあたる辻さんの論文は，こうした橋元
論文の議論を受けつつ，やはり希薄化論を否定し，同時に若者のコミュ
ニケーションにおける「深さ／浅さ」「全面的／部分的関係」の様式変
容が，先行世代における希薄化論に信憑性を与えているのではないか，

8　Ch.8 の第 3〜6 節は，北田暁大「若者論の理由」（小谷敏ほか編『若者の現在 文化』日本図書センター，
2012 年）をもとにしています。

との仮説を提示しています。

　辻さんが差し出す仮説は，現代の若者のコミュニケーションは，「本当の私」を中核とし外にいけばいくほど「部分的」「形式的」となる自我モデルではなく，行為の局面に応じて自己を使い分ける多中心的な自我のモデルによって捉えられるのではないか，というもの。同様の仮説は，浅野智彦さんの1999年の論文「親密性の新しい形へ」（富田英典・藤村正之編『みんなぼっちの世界』所収，恒星社厚生閣）などでも提示されており，論者たち自身によってその後検証されてきています。

　こうした橋元論文，辻論文の知見は，2000年前後の大学講義において，大変に重宝するものでした。1997年には神戸連続児童殺傷事件が，2000年には2ちゃんねるに犯行予告を書き込んだとされる佐賀バスジャック事件が起こり，さかんに当時の「14歳」「17歳」そして，新しいメディア（インターネット，ゲーム）などとの関連が取りざたされ，若者たちの「心の闇」が語られ続けていました。そうした言葉の洪水のなかで，ほとんどの受講生は「少年犯罪は増加，凶悪化している」と信じていたし，「携帯やネットが人間関係を希薄化した」と信じていました。パオロ・マッツァリーノの『反社会学講座』（イースト・プレス，2004年〔ちくま文庫，2007年〕）でもとりあげられ，若者論批判の定番ツールとなった戦後の少年凶悪犯罪者数の推移のグラフを合わせて見せれば，平均的な受講生の多くは，けっこうな衝撃を受けたようでした。行為の文脈が多元化せざるをえない入学当時の大学生たちにとって多中心的自我のモデル・理論は実存的にフィットします。「メディア論」という講義の鉄板ネタであったと記憶しています。

　この若者論批判の構図は，いまでも重要性を失っていません。しかし，橋元さんや辻さんの論文をあらためて読み返してみたとき，かれらの当初の問題意識・準拠問題が現在にいたるまで必ずしも十分に継承されているとはいいがたいようにも思えます。橋元さん，辻さんにとって，メディアに広がる若者論をデータにもとづき反証するというのは主題の半分でしかありえません。かれらがそうした反証の手続きとともに力を入れて理論的想像力を傾注していたのは，「では，なぜそうした実証性に欠けた希薄化論が信憑性を得て広まってしまうのか」という準拠問題でした。

そもそも辻さんの多中心的自我のモデルは，先行世代による認識の錯誤がなぜ生じてしまうのか，という準拠問題に対する可能な解答の一つとして提示されたものです（したがってそれは，哲学的な含意を持った自我論ではありません。当事者たちの錯誤が可能となる意味の配置図を描き出すためのモデルです）。若者たちのコミュニケーションは希薄になっているどころか，むしろ緊密になっている可能性すらある。にもかかわらず，なぜ先行世代はそれを希薄化として捉えてしまうのか。反証を反復すること（のみ）によっては，こうした問題設定に応えることはできません。いやそれどころか，反証主義は，この問題設定を回避することにおいて，「メディアの影響」や「年長世代の非合理」を過剰に見積もってしまう危険性を孕（はら）みます。

因果を語るのは慎重に　つまり，人びとが非合理なことを信じるのは非合理な理論を垂れ流しているメディアや（影響力を持つ）論者のせいだ，という因果的説明を暗黙のうちに前提としてしまう可能性があるのです。その因果的説明自体が，データにもとづいて検証されるべき仮説であることはいうまでもありません。その意味でも，若者論批判の嚆矢が差し出していたもう一つの問題設定（なぜ若者の関係希薄化論が受け入れられてしまうのか）を想起しておく必要があるでしょう。

　以下では，こうした橋元さんたちの問題提起をあらためてとりあげ，若者－文化－論という問いの立て方そのものについて検討していくこととします。「なぜ若者・文化論は『社会問題として』語られ続けるのか」という問いに対する仮説的・索出的な検討を加えていくことが次節以降の課題です。いっけんメタ的な「若者論・論」を繰り出しているように映るかもしれませんが，真意はそこにはありません。むしろ，「若者論という言説が存在する」という機能項目を説明するための論理づけを追尾し，解体論的な図式の持つ過剰な説明力を相対化しておくこと，さらに若者論の対象を若者に限定されないより広い社会層（単位としての若者論の存在が準拠する全体の設定）に開いていく必要性を綱領的に示すことが目的となります。

4 | 若者論の理由と機能①
——世代論の使用上の注意

「希薄化論の

受容」の検討

橋元さんが提示する「希薄化論の受容」原因の仮説は，文化社会学者にとっては，どこか身も蓋もない印象を覚えるかもしれません。しかし分析視点の過剰な社会学化を自省するためにも，ここであらためて確認しておくこととしましょう。

橋元さんが提示する原因・理由は，大まかにいって3つ，①コーホート効果と年齢効果の混同，②分析データの偏り，③マスメディアの影響，です。準拠問題にそくしたデータ取得の不適切さが中心問題です。

第1の論点は，社会学でもおなじみの，しかし何度も繰り返し確認されるべき基本的な手続きの問題です。出生コーホートとは，特定の年代に生まれた同世代の集団のことです。世間に流布する世代論の多くは，自らが観察する数字上の差異を，このコーホートの効果として説明することが少なくありません。しかし，その差異の発現に年齢差が与えている効果を考慮していない場合があるのです。馴染みのない読者のためにわかりやすい例（橋元さんの例ではありません）を挙げておきましょう。**図8-1**は「若者の愛国心」が話題となった2000年代，2006年に朝日新聞がおこなった愛国心についての調査から作成したものです。このグラフを見て，「若い世代の愛国心が希薄化している」「日本人の愛国心が希薄化している」（つまり若い年齢層の愛国心の低さをコーホートの特質として説明する）ということは可能でしょうか。

ぱっと見るとそういえるような気がしますが，当然のことながらそう簡単に結論をくだすわけにはいきません。もしも「いつの時代も若い年齢の人たちは高齢者よりも愛国心が低い」といえる場合には，若者の低い愛国心ポイントは年齢の効果によって説明できる可能性がある。つまり，「現在の高齢者も若い頃は愛国心が低かった」「いまの若い人たちも加齢にともない愛国心が強くなる可能性がある」と推論される場合，グラフに示された愛国心の濃淡差を説明するためには年齢の影響を考えな

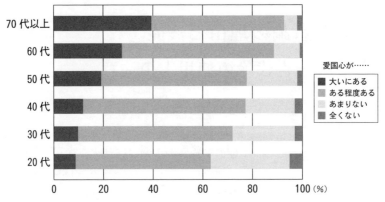

（出所）　北田暁大「若者論の理由——若者文化論はなぜ繰り返され続けるのか」小谷敏ほか
編『若者の現在 文化』日本図書センター，2012 年，pp. 33–62。

図 8-1　世代別愛国心の程度

くてはなりません。コーホート・世代差は，年齢の影響を統制したうえ
で考察されなくてはならないのです。

データの性質と
効果を考察する
　手元にあるデータの性質上，厳密な変数の統制が
できない場合でも，少なくとも周辺的なデータに
もとづいて，コーホート効果と年齢効果の混同を
回避する努力がなされる必要があります。朝日新
聞の調査はこの時点では単年調査なので，きちんとしたかたちでそうし
た手続きを経ることはできませんが，たとえば類似した調査で経年変化
が追えるもの，しかも年齢層ごとの数値が把握できるものを探し出し，
検討を施すことは不可能ではありません。

　たとえば，**図 8-2** は，「社会意識に関する世論調査」（内閣府大臣官房政
府広報室）の「あなたは，他の人と比べて，『国を愛する』という気持ち
が強い方だと思いますか。それとも，弱い方だと思いますか？」という
設問にたいして，「非常に強い」あるいは「どちらかといえば強い」と
答えた人のパーセンテージを示したグラフです。これを見ても，どの時
代においても，全年齢層での値に比して，20 代の値が低いことがわか
ります。愛国心については，年齢の効果を無視することはできそうにあ
りません。

214

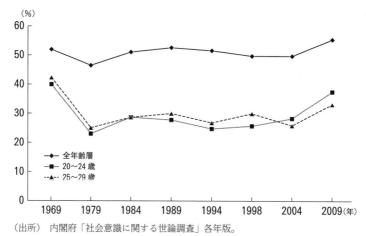

（出所）　内閣府「社会意識に関する世論調査」各年版。

図 8-2　「国を愛する」という気持ちが「強い」「どちらかといえば強い」

　歴史分析では，厳密な変数の統制は難しい（不可能な）ケースが少なくありません。しかし，有意味な比較をおこなうためには，たとえ近似的にではあれ，コーホート効果と年齢効果の混同を回避する努力はなされるべきでしょう。

　もう一つ面倒なものに，時代効果というものがあります。

　若い世代だけではなく，全世代が時代の変化に応じて愛国心を希薄化（あるいは高まり）させているとすれば，若い世代だけをとりあげて「愛国心の希薄化（や高まり）」を問題化することにほとんど意味はありませんね。その場合には若者，若い世代の問題ではなく，日本人全般の問題ということができます。つまり，準拠問題に相応する単位が変わってきてしまうわけです。社会関係資本論で有名なロバート・パットナムがアメリカ社会における信頼（trust）の低下を指摘するときには，ちゃんとこの時代効果が問題化されています[9]。時代効果，世代効果，年齢効果を混同せずに，慎重に検討してはじめて社会学的な意味で「最近の若い者は……」という時系列的な比較をすることができる。逆にいうと，自ら直観的に観察した差異を，時代効果，年齢効果を考慮せずに世代によって説明できるという安直な考えこそが，世代論的言説の基盤となってい

---

[9]　ロバート・パットナム『孤独なボウリング──米国コミュニティの崩壊と再生』柴内康文訳，柏書房，2006 年。

るといえるかもしれません。

　世の中の多くの人は，社会学者でも統計学者でもありません。これら
の効果の混同を回避すべきというルールが共有されているわけではありま
せん。その一方で「新しいもの＝これまでと異なるもの」は若者に近
しいものとして把握されることが，とりわけ「消費社会」的な環境では
多くなってしまいます。そのため，社会学的には根拠のあやしい世代論
が次々と生み出されてしまうわけです。

5 若者論の理由と機能②
——年長世代の関係の希薄化

分析者の視点の限定性

　第2の論点である，分析データの偏りというの
は，標本抽出の手続きにかかわることですが，
抽出のランダム性の欠如を批判する，といった
議論とはやや趣が異なります。橋元さんが問題
化しているのは，むしろ，世代論の生み手が推論の際に用いる理由の布
置・知的資源の限定性です。社会調査法で問題とされる標本抽出作業の
恣意性に対する批判や，また限定された身近な若者を素材とした印象論
への批判とは（部分的には重なりつつも）少し違っていることにご注意くだ
さい。

　橋元さんの論点は次のようなものです。すなわち，世代論の語り手の
多くは，大学の研究者である。かれらは，自らの若い頃の大学生イメー
ジ（自分自身の記憶）と，自分が接することの多いいまの若い大学生との
違いを観察する機会が多くあり，その違いへの実感にもとづき，若者論
を組み立てる。しかるに，大学進学率は1995年までの40年で10％か
ら45％へと大幅に増加しており，学生の質が変わっていても不思議は
ない。「かつての大学生を念頭において，今の大学生を論じればさまざ
まな面で違いが浮き彫りにされるのは当然である」。この議論の仕方は，
「大学生（若者）の質は本当は変わっていないのに，変わったと錯視され
ている」というタイプの若者論批判（真実の暴露）とはやや異なっていま
す。

重要なのは，分析者の無知（や分析の恣意性）と真実を突き合わせることではなく，分析者が比較分析に際して用いている視点，知的資源・理由空間の限定性について検討することです（「偽」を言っているというよりは，違って当たり前のものを同一基準で比較していることを問題化するのです）。つまり若者論そのものではなく若者論を展開する年長世代についての知識社会学を試みるということが準拠問題として提示されているわけです。

　橋元さんはそうした知識社会学的分析をインテンシブに展開しているわけではありませんが，提示しているもう一つの仮説もきわめて興味深いものです。「大学の研究者が若者の対人関係の希薄化を嘆くのは，かれら自身の大学生とのつきあいが希薄化しつつあることの反映かも知れない」。つまり年長世代自身の関係の希薄化が，若者自身の関係の希薄化として誤認されている可能性があるということです。

　こうした論点は，年長世代の若者論を真／偽の水準のみで断罪するのではなく，若者論の生産者自身のおかれた社会的状況を考察し，その一定の「合理性」「機能性」を摘出するという分析の方向性を示唆しています。もちろん，真偽の水準が無用というわけではないし（むろん，とくに大学の研究者が書いたものであれば，そのようなかたちでのテストは不可避です），相応の合理性があるからといって印象論的な若者論が倫理的に免罪されるわけではありません。しかし，執拗に回帰してくる若者論の反復性を考えるなら，それをとりあえず，真／偽，よい／悪いの水準とは別の水準で捉えておく必要があるでしょう。論者自身の関係の希薄化が若者の関係希薄化論と関連を持っているとすれば，反証主義的な若者論批判とは異なる若者論への対応の可能性もみえてくるかもしれません。

　ちなみに，2つ目の仮説については，私自身仮説的な議論を提示したことがあるので，ごく簡単に紹介しておきたいと思います。

　1973年から続いているNHK放送文化研究所の「日本人の意識」調査には，親戚・近所・職場における人間関係について問うた質問項目があります。①「何かにつけ相談したり，助け合えるようなつきあい」という全面的関係，②「挨拶する」「一応の礼儀を尽くす」「仕事に直接関係する範囲のつきあい」という形式的関係，③「気軽に行き来できる」「仕事後も話し合ったり遊んだりする」部分的関係。この3つのうちどれが望ましいと思うか，を問うものです。

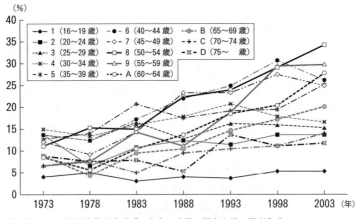

図 8–3　職場での形式的なつきあいの変化

　調査によると，親戚でも近隣でも職場でも「全面的」関係は一貫して下がってきていて，形式的・部分的が増えてきています。とくに形式的なつきあいを望む率の増加は，社会的場面での人間関係の希薄化を示唆しているものと思われますね。世代的にみても，若い世代ほど「部分的」な人間関係を志向するという傾向がうかがわれ，「全面的」を志向する人は減る傾向にある。では，これを世代論，「若者の人間関係希薄化」に還元して語ることができるかというと，やはりそういうわけにはいきません。

「形式的なつきあい」
の変化

　NHK 放送文化研究所のご好意により，年齢別の経年データを使わせていただき，「希薄化」と関連の深そうな，形式的なつきあいの部分，そのなかでも職場での形式的なつきあいの変化を分析したことがあります。それをグラフにしたのが図 8–3 です。これを注意深くみてみると，実は若者と呼ばれる層にはそれほど大きな変化はなく，むしろ 40 代，50 代のほうが「形式的」と答える率は増えていることがわかるでしょう。

　少し見にくいので，1973 年と 2003 年だけに絞ったグラフをみてみましょう。図 8–4 をみると，「形式的なつきあい」を望む率は，30 代半ば

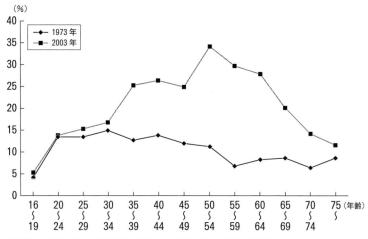

（出所） NHK 放送文化研究所「日本人の意識」調査を元に筆者作成。
図 8-4　職場での形式的なつきあい（世代別）

ぐらいまでの若者では 30 年間ほとんど変化はなく，むしろ 30 代後半か
ら上の世代で大きな変化が見られることがわかります。ということは，
「いまの若者は（会社で）昔の若者より形式的な人間関係を望んでいる」
というのは疑ってかかっていい議論だということになります。

　むしろ，「会社で中堅以上を担う年齢層が，以前よりも『形式的』な
人間関係を望んでいる」といったほうが適切であるように思えます。特
に 50 代の変化は著しい。つまり，「30 年前に若者であったような世代
が，昔のオトナよりも『形式的』である」ということです。職場でドラ
イになったのは，若者ではなく，50 代の働き盛りなのです！ 2006 年の
読売新聞の調査では，「関係が希薄化した」に「そう思う」と最も多く
答えたのは 40 代，ついで 50 代でした。つまり，働き盛りの世代は，
〈自分たち自身が職場での「形式的なつきあい」を望み〉つつ，その一
方で〈「世の中一般において，人間関係が希薄になりつつある」と感じ
ている〉年代なのです。

　若者が昔に比べて職場での人間関係をドライに捉えるようになったわ
けでなく，むしろ年長者のほうがドライになっている。かれらはその一
方で，「世の中一般の人間関係が希薄になった」と実感してもいる。実

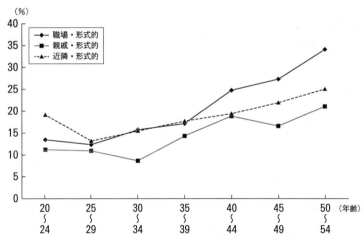

（出所）　NHK 放送文化研究所「日本人の意識」調査を元に筆者作成。

図 8-5　形式的なつきあい（団塊世代付近）

際，かれらは若い頃は，それほど職場づきあいをドライに捉えていたわけではなく，年をとるにつれ，ドライになっていっています。

　図 8-5 は，NHK 放送文化研究所の調査において，「団塊世代」と最も近いと思われる 1949 年から 53 年にかけて生まれたコーホートの人間関係評価の推移を年齢段階ごとに示したものです。これをみても，団塊世代は，年をとるごとに「形式的」なつきあいにコミットするようになった世代であり，とくに職場の人間関係においてその傾向が顕著であることがわかりますね。

　団塊世代は，「若い頃よりもドライになった」という自分自身の体験を持っている。それはそれでよいのですが，その自分自身の変化の体験が，「昔よりも，若い人がドライになっている」と読み替えられている可能性があるのではないでしょうか。**「自分の若い頃と現在の自分との落差の観察」**が，「世の中一般の昔と今」の差異として捉えられる。そして，「昔と今」の差異をもたらした要因として，**新しい世代・若者**が見いだされてしまう。**世代語り**というのは，往々にして「自分の世代は変わらないのに，若い世代は……」というように，**自分自身を固定的なアクターとして設定する**ものなので，変化部分は他の世代の変化によっ

220

て説明されることとなる。その際に，「若い世代がドライになっている」という説明図式（原因帰属）が呼び出されてしまうのではないか。ここに，「若者の人間関係希薄化論」が執拗に反復される理由の一つ（解答）があるように思われます。

印象論との向きあい方　印象論的に語られる問題含みの論壇若者論の多くが，論者の知的怠惰によって生み出されているということは間違いありません。しかしそうした若者論が一定の信憑性をもって受け入れられたり，また必ずしも出版物などを介してではなく，広く社会のなかで受け入れられてしまう，ということはそれ自体説明を要する社会的な出来事です。

　そこに社会学からはどう応答できるでしょうか。一つの考え方は，若者論を受け入れる人びとの非合理性や論者の知的不誠実性[10]を指摘し，非合理な信念としての若者論の排除をめざすこと。もう一つには，そうした偽なる信念を受け入れてしまうことの相応の合理性・道理性を分節化し，そうした受け入れに合理性・道理性を与えてしまっている状況の変革を考える，というスタンスもありえます（とくに民間若者論についてはそうした対応可能性を考えたほうがいいように思います）。

　もし仮に先行世代の関係の希薄化が，若者の関係希薄化論とかかわりがあるとするなら，問題のある若者論の広がりは（たんなる年長者の非合理というよりは）「年長者の関係希薄化」という問題としても考えることができるかもしれません[11]。

　橋元さんの挙げる「関係希薄化論第2の理由」は，そうした研究の方向性を示唆しています。考えてみれば，辻大介さんの多中心的自我の議論も，浅野智彦さんの選択的人間関係の議論も，人間関係の深さ／浅さ，部分性／全面性の混同（あるいはそれらをめぐる意味づけの変化）が，年長世代による若者の関係希薄化論の前提となっている可能性を示唆するものでした。「人間関係の実体的な変化が，関係希薄化論の原因になっているのではない。とすると，なぜ希薄化論が確からしく感じられてしまう

10　あるいは若者を批判することにより既得権益を守ろうとしている，という世代論的闘争理論。
11　いうまでもなく，もっと詳細に議論を展開するのであれば，年齢効果，時代効果を考慮しなくてはなりません。現時点では，入手できるデータの限界もあり，詳論は別の機会に譲りたいと思います。

のであろうか」という準拠問題が立てられているわけです。

　民間若者論を，年長世代の非合理に還元するのではなく，年長世代の
おかれている社会的文脈にそくして理解するということであります。も
ちろんいうまでもなく，こうして「理解」するためには「共感」する必
要はありません。

　第3の理由，つまりマスメディアの影響については詳述するまでもな
いと思います。多くのマスメディアは定形化された関係の希薄化論を好
み，拡大再生産する。偽ではあっても「情報価値がある」言明が好まれ，
真であるものの「情報価値がある」とはいえない言明の重要性は低く見
積もられる。関係希薄化論や「少年犯罪の凶悪化」論が信憑性を得る過
程でマスメディアが果たした役割は小さいものではありません。

　社会的事象のなかには，ほとんどすべての人が一定の体験を持つため，
専門性がなくても，いや，ないがゆえに，各人が一家言を持ち，その妥
当性の局所的な性格が認識されにくいものがあります。「家族」や「恋
愛」「教育」「若者」などがその典型でしょう（近代社会において，私的なも
のとして制度化された領域が多いのは偶然ではないと思います）。浅野さんが指摘
するように，[12] だれしもが若者であった時期を持ち，その実体験から強度
なリアリティを感じ取っているために，若者語りはなかなか相対化され
にくい，つまり真／偽の水準よりも共感／非共感の水準のほうが優先さ
れやすい言論領域であると考えられます。

　マスメディアの情報選択の構造と若者論という語り口の性格が相まっ
たとき，「共感可能な」「情報価値あり（とみなされる）」若者語りが好ん
でとりあげられることとなる。「昔とは違う」という点で共感を呼び，
「新しいメディアの登場」や「地域社会の崩壊」といった説明が情報価
値ありとみなされ，定型的な説明図式が反復的に使用される。佐藤俊樹
さんによると，2003年には，すでに若者の殺人増加を否定する記事が
出ているのですが[13]（『朝日新聞』4月4日夕刊「こんな私たち白書⑤日本の若者は
殺さない（上）」），そうした「客観的には情報価値がある」が「直感的に

12　浅野智彦「若者論の失われた十年」浅野智彦編『検証・若者の変貌──失われた10年の後に』勁草書
房，2006年，所収。
13　佐藤俊樹「常識をうまく手放す──集計データから考える」山本泰ほか編著『社会学ワンダーランド』
新世社，2013年，所収。

は共感できない」情報が，埋もれてしまったという印象はぬぐいきれません。

　ただ，先ほども述べたように，マスメディアの影響力そのものが説明されるべき事柄であり，マスメディアの影響という「民間若者論の原因」分析は慎重に進められていく必要があります。マスメディアの問題性を批判的に捉えようとする批判理論や文化研究の一部には，首をかしげたくなるほどマスメディアの影響力・権力を大きく見積もっている議論がしばしば見受けられます。

　ネットで散見される「マスゴミ批判」が，自らの批判の正当性を示すために，不可思議なほど強力な権力と影響力をマスコミに見いだそうとする，という奇妙な構図をなぞり返すのは避けたいところです。マスコミや有名論者の言説への批判を正当化するために，マスコミや有名人の影響力を持ち出す必要はありません。粛々と自らの準拠問題にそくして批判すればよいのです。マスメディア効果をブラックボックス的な万能の説明変数としてしまうと，他の変数のかかわりを見落としてしまう可能性が生じます。

　「希薄化論の原因」としてのマスメディア批判に比して，「希薄化論の理由」（年長世代のおかれた社会的文脈などにそくして「理解」する）分析のほうは，十分なかたちで進めてられてきたとはいいがたいものです。橋元さんの問題提起の重要性は，そうした「希薄化論の理由」分析の方向性を指し示した点にあるといえるでしょう。

6 なぜ「若者文化」が再定式化され続けるのか

議論の社会的性格　橋元さん，辻さん，浅野さんらの先駆的な業績が指し示していた「もう一つ」の課題，つまり民間若者論の持つ社会的性格を理解する，という方向性は，まだまだ展開の余地のある準拠問題です。

　ここまでで述べた論点は，近年の若者論が，文化的なものの歴史的変化（「○○化」という問題の立て方）に照準していることと密接に関連してい

ます。

　一つには，労働や経済といった事柄よりは，文化的なもののほうが読者にとって「わかりやすい」（若くない人にとっては若い人の文化やコミュニケーションは不可解であることが多く，その不可解さをわかりやすく説明するものとして若者論という機能項目がある）ということがあるわけですが，そもそも「○○化」という歴史的変化を語る図式自体が，文化という対象設定，希薄化論の図式を呼び込みやすい性格を持っていることもあります。文化や規範的なものを対象とした通時的な比較考察——それが若者論の基本構図です。この図式自体は，べつだんそれ自体として問題を孕んでいるわけではありません。

　しかし，文化や規範というのは，比較対象としての同一性の確認がけっこう難しい対象であり（同一性の確認が難しいという点では他の対象と違いはないのに，強力な言及関係〔後述〕への信憑が存在するために，同一性の確認が容易であるかのように当事者たちによって了解されている対象といえます[14]），誠実に準拠問題に解答を与えようとするのであれば，相当に慎重な等価機能主義的な説明が必要です。でないと「固まっていたものが崩れていく」というきわめて単純な社会理論に足元をすくわれてしまいます。

　たとえば，18世紀フランスの社交界の文化と，現在のパリのサブカルチャーを比較し，フランス文化の変化を語るのがおかしいということはだれにでもわかるでしょう。橋元さんが指摘する大学生の変容と同じことで，それらは漠然と文化としてくくられていますが，ある観点から「同じ」とされるものの「変化」とはいいがたい[15]。それは比較ではなく，端的に「違うもの」を並列させているだけかもしれません。ここまで極端ではないにせよ，文化とその変容に焦点を当てる場合，これと似た問題が生じてしまうことが少なくありません。

　そのためかもしれません。ある特定の文化的・社会的事象（たとえば全共闘運動）などによってその時代の若者文化を代表させることに違和を表明する人もいます。その問題提起は十分に理解できるのですが，一方

14　現在Bという名前が与えられる対象が，かつてAと呼ばれており，かつBと呼ばれていた別の対象が存在した，という場合には，「Bの変化」ということはできません。それは端的に異なる対象です。
15　この点についてはハッキング『知の歴史学』（出口康夫ほか訳，岩波書店，2012年）が参考になるでしょう。

で，その問題提起が代表性をめぐる問題の指摘というのであれば，それらの若者論における「当時の若者」という表記をすべて「当時の若者の一部」と一括変換すれば済んでしまいかねません。おそらく，この問題提起の真意は，代表性の欠如という論点とは，別のところにあるはずです。

　抽象的というか，あいまいにいうならば，同一の文化・社会という対象を描き出す「文体の闘争」の問題化ということができます。戦後日本において文化についてもっとも多くの言論を生み出してきたのは，思想，評論（あるいは広い意味での「哲学」）と呼ばれる言説群でした。その言説群と通常科学としての社会学の言論とは，だいぶ異なった水準でデータと対峙します。その水準のズレが前面化しやすい領域，それが文化といえるかもしれません。

批評・思想と社会科学
：言及関係

批評や文化論の系譜をたどり返す能力は私にはありませんが，日本において思想・批評と呼ばれている言論と，アカデミックとされる社会学的言論とを分けているのは，分析データの取り扱いについての理念・手続きの相違です。ものすごく粗い一般化・類型化であることは承知のうえでいうならば，批評や思想は，基本的に対象（部分）となる作品・出来事を取り巻く言及関係（全体）に照準し，その固有性を描き出そうとするのに対して，社会学は，カテゴリー化・数え上げ可能な標準的なものとそこからの偏差を測定することに関心を向けます。

　言及関係（referential relation）というのは，こなれない言葉ですが，とりあえず，たとえば，ある作品，音楽家がなにから影響を受けているか，なにを引用しているのか，それは凡庸なジャンルの引き受け方とどのように異なっているのか，といった間テクスト的な関係性を明示化する行為として考えてください。とりあげる作品の固有の価値を浮かび上がらせるには，まずその価値が有徴化する（他よりも際立った意味を持つ）ような言及関係が説得力のあるかたちで描き出されなくてはなりません。別の言い方をするならば，「作品の言及関係」をめぐる批評というメタ作品の言及関係をいかに説得的なかたちで更新するか，ということが重要な準拠問題となります。「思想史を書き換える」という問題設定が何

度も反復されるのも，そのためです。かつて「個性記述的科学」という
言い方がありましたが，それは本質的直観によって個性をつかむという
方法論であるというよりは，むしろ，比較の規準を言及関係のみに求め
る（本当は比較のための合理性判断の規準は「他でもありえた」のに，です）とい
う点にポイントがあったとも考えることもできます。

　批評の主眼点は言及関係なのですが，しかし，自らもそうした言及の
一つの様式であるために，言及関係は客観的なかたちで一意的に特定化
されることはありえません。そこをいきなり「（対象の）本質」というマ
ジックワードで埋めるか，「時代のリアル」にもとづき新たな準拠問
題・言及関係を提示することにより更新するか。アカデミックな思想研
究は，その両者の道を拒絶し，それらの準拠問題への解答から，準拠問
題に関連のある合理性判断の規準や解答の比較をめざします（思想家の研
究，テクストクリテイーク）。また，言及関係を括弧に入れて記号論的構造
を摘出しようとするニュークリティシズムや，社会史的な知見をとりい
れた外的批評というのも，いずれも，言及関係の更新の可能な方法の一
つと考えられるでしょう。言及関係に定位するがゆえに，当然のことな
がら，批評や思想においては，言及の内容を検討する精緻なテクスト読
解を欠かすことはできません。

　それに対して，社会科学（social science）としての社会学的分析の基本
的スタンスは，標準なものと標準的なものからの偏差を測定する，それ
は言及関係にかぎられない有意味な関連性を読み解く，それらの比較を
おこなうというものです。そのスタンスがもっとも明確に現れるのは，
計量系の研究ですが，他の手法（フィールドワーク，歴史研究）においても，
多かれ少なかれ共有されています。そうした社会学的な論理においてし
ばしば重要視されるのが，自らが扱うデータの代表性です。

　手元にある標本データから得られた知見が母集団についても当てはま
るか，あるいは直接の母集団以外に拡大適用可能か，といったことが，
社会学の実証研究においては，厳しく問われます。適当なサンプル抽出
法で得られた限定的なデータ（友だち20人へのアンケート調査）から，母集
団での傾向性を読み解くことはできませんし（「……大学での性愛意識」），
たとえそうした意味での妥当性を満たしているとしても，それが特定の
母集団以外に適用可能な考察かどうかは，別途検討されなくてはなりま

せん（「……大学」の調査だけで，「現代日本の大学生」を論じられるか）。

　もちろん，フィールドワークや歴史研究のみならず，計量的な研究においてもこうした妥当性を厳密なかたちで満たすことはきわめて困難です（調査技術の側面においても，コストの側面においても）。しかし，いずれにせよ，なんらかのかたちで自らのデータの代表性（問題関心にそくして想定される母集団について論じるうえでの抽出の適切さ）を説明することへの責任は，回避できません。特定のデータをとりあげる根拠の提示は，言及関係の指示（のみ）によってではなく，代表性の確保の手続き，関連性の存否を確認する手続きによってなされなくてならない。大まかにいえば，これが「思想」「批評」的なスタンスとの大きな違いです。

　たとえば，ある時代の文学について分析する場合，「思想」「批評」は作品が内在する言及関係，分析者自身が更新をめざす言及関係を明示しつつ，議論を進めるのに対して，社会学は，とりあげる作品や作家の代表性をなんらかのかたちで明示しようとします。前者なら，商業的にマイナーであり，同時代的に重要視されなかったテクストでも新しい言及関係の網の目の中で再発見することができますが，後者では，たとえば「売り上げ数」や「言及された数」などの指標でもって，まずは平均的なイメージをつかもうとします。

なぜ文化論は「批評」的になるのか

いうまでもなく社会学はとても新しい学問です。学問としての基礎を創り出したといわれるデュルケームやウェーバーが活躍したのは19世紀末から20世紀初頭。いま社会学というときに真っ先に想起されるような計量的な社会調査法がラザースフェルドらによって整えられていったのは，1940年代以降ですし，*American Sociological Review* 誌上で計量的な論文が主流となったのは，1950年代です（伊勢田哲治『認識論を社会化する』名古屋大学出版会，2004年）。

　とすると，社会学が社会学らしい方法論を整えるにいたったのは，ごく最近，ここ数十年のことといっていいでしょう。一方，思想や哲学（批評にしても）の言論は，社会学よりもはるかに先んじて文化を取り扱い続けてきたし，ことに日本の文壇・論壇においては，思想的・歴史的な色彩が強かったといえます。鶴見俊輔や清水幾太郎，加藤秀俊といった社会学者として（も）カテゴライズされる論者たちも，メディアにお

いて文化を語る際は，歴史的・思想的な語り口を採用することが少なくありませんでした。

　もちろん社会学の内部において計量的なかたちで生活や文化をとりあげる研究は連綿と継続されていたわけですが，一部の例外を除き，それが大きな市場を持つ論壇・文壇に姿を現すことはあまりありませんでした。ここには，日本のアカデミズムと学術系出版社（とマルクス主義）との独特の関係が関係しているように思うのですが，いずれにせよ，文化を語る（目立つ）語彙が，哲学や思想，歴史の領域を中心として生み出されるというシステムは，かなり長らく維持されてきたのは事実です。つまり，文化は長らくのあいだ，言及関係との関連という限定的な合理性判断の規準において語られ続けてきたのです。

　言及関係の更新のためには，言及関係と言及関係についての言及の関係（批評）についての知識，つまり教養が必要不可欠です。教養は，独自の体系性を持つし，またその配分が論者の階層と関連を持っている社会的な知的資源ですが，それは通常科学的なかたちで教育，伝承，反復可能なものではありません（むしろ反復不可能であることにおいて，強く属人化される）。一方，social science において（実行可能かどうかはともかく理念的に）重要なのは，同じ条件であれば，だれでも追検証することができるということ，知見が属人化されることなく共同的に蓄積・更新されることです（ミクロ経済学において，パレート最適という概念を学ぶためにパレートの原著を読む必要はないように）。

　若者論と若者論批判の関係は，ちょうどこの教養・言及関係と科学・非属人的分析という関係と対応しているように思われます（後者が科学たりうるのかどうか，は措いておくとして）。文化という，経済や労働などと比べても，批評的な論じ方が大きな存在感を持っている領域においては，このコントラストが明確なものとならざるをえません。また，注目される文化・風俗の関与者の年齢が若年化していくと，文化論はおのずと若者文化の言及関係の検証という色彩を強くする。本章で挙げた理由のほかにも，「文化は言及関係において論じられるべきだ」とする規範の頑強さを考慮しておかなくてはならなりません。

　そうした若者文化論は，たしかに社会学的な観点，等価機能主義の観点からみると問題含みではあるのですが，ある種の言論の伝統に忠実な

議論であるともいえます。文化という概念それ自体に言及関係への対応ということが含まれているのであれば，文化論が批評的になることにも一定の理由があるといえます。

　もしかしたら，ビートルズに熱狂したのは，ほんの一部の若者であったかもしれません。しかしそうした情報よりは，具体的に「サージェント・ペパーズ・ロンリー・ハーツ・クラブ・バンド」の革新性を当時のメディア環境，音楽界の動向と絡めて論じたもののほうが，ビートルズという対象そのものに興味のある人たちの関心を引き，言及関係への言及を生み出しやすいでしょう。さまざまな準拠問題・解答の比較から標準を測定し，「ビートルズの時代というのは幻想であった」と分析する議論は一部の社会学者たちの目を引くかもしれませんが，多くの人たちにとって，それはビートルズそのものから距離をとった外在批評に映るに違いありません。言及関係に照準する議論が，やや大げさに「……の時代」というときにも，それが一種のレトリックであると考えるなら，さほど有害なものではありませんね（そもそもビートルズ論をやるぐらいの人であれば，いかに「普通の人」がビートルズを知らないのかをよく知っているものです）。

文化社会学と言及関係

　というわけで，社会学的な問題設定は言及関係になかなか近接しにくい。多くの人たちにとっては，自分が関心を持つ領域以外に関しては，批評が展開するような言及関係はさほど重要ではありません。しかし社会学はそうした標準からの偏差において対象を分析しようとします。たとえ計量的な手法によってではなくとも，そうです。いわば文法的に，文化社会学は文化に対して外在的であらざるをえないわけです（同じことはどの連字符社会学についてもいえるのですが）。

　それでも文化社会学が言及関係に近接する手立てがないというわけではありません。言及関係そのものをある種の準拠問題への解答として受け止め，それを記述し，他でありうる説明の構図と比較することは可能です。分析者が自らの教養を元手に言及関係の配置を考えるのではなく，人びとがどのような言及関係を実践しているのか，をなんらかのかたちであきらかにする，という方法ですね。

　自らが想定する言及関係のなかでの文化的趣味の選択を，ブルデュー

にならって戦略と呼ぶとするならば，戦略の記述法には，本人たちのなかば非意識的な選択が生み出す社会関係を，①アンケート調査などをもとに分析者サイドで再構成する，②本人たちにあえて意識的に再構成してもらうといったやり方がありえます。

　①だと，ブルデュー自身がおこなったような計量分析を用いた社会空間の記述，②だと，特定の文化的対象のファンへのインタビュー調査などが考えられます。社会学的文化研究には，作品そのものの分析ではなく，「受け手」「オーディエンス」へと向かうものが少なくありません。それは標準性測定の妥当性をどこかで担保しつつ（それによって社会学となる），言及関係にも目を向ける（それによって文化論となる），という準拠問題への解答の一つであったといえるのではないでしょうか。とすると，批評的な言及関係論と社会学的な言及関係論（そして，言及関係に関心を持たない社会学的分析）はまったく別の準拠問題に取り組んでいると考えられます。ならば両者を抗争関係におく必要は本来的にはありません。

　しかし，両者は文化という対象を見据えたうえで，一方では名人芸的に組み立てられる言及関係の創造，他方では標準的な言及関係の記述という，微妙に，しかし決定的に異なる方向性を向いているため，しばしば抗争的な場に巻き込まれてしまいます。柄谷行人さんや浅田彰さんといった批評家が，しばしば社会学的な議論の構図やカルチュラル・スタディーズに対して批判的な言辞を投げかけてきたことはよく知られています。

　しかしそこで批判の対象となったカルチュラル・スタディーズと社会学との関係もなかなかに複雑で一筋縄ではいきません。さらにいえば，社会学と一口にいっても，1990年代以降の「売れた社会学」は，人文学的な言及関係の描出とも，社会学的な記述とも異なる，独特の——両者を各人の塩梅でブレンドしたような——位置にあり，標準的な社会学と同一視することはできません。「文化をめぐる文の抗争」[16]は，それなりに根が深い社会問題なのです。

　言及関係を精細に理解することが対象としての文化を理解することである，という理念は，ことに批評や論評を書くような文化資本を多く持

16　このように，なんの説明もなくジャン・フランソワ・リオタールの「文の抗争」という言葉を入れたりするのは，社会学的な表現とはいえませんね。

つ人びとのあいだでは，なかなか否定することのできない文化語りの構成的ルールとなっています。

　この構成的ルールが崩れないかぎり，いかに社会学的な文化論が批評の恣意性を突こうとも，文化論が絶えてなくなることはないでしょう。圧倒的多数の若者文化論は，方法論的手続きの問題や，代表性問題を素通りして次々と生み出され続けるでしょう。むろんそれ自体なんら悪いことではありませんが，当事者が証拠主義／反証拠主義という疑似的な対立構図を反復することによって，重要な準拠問題が見失われるようなことがあれば，社会学者は介入さざるをえません。その対立・相違を可能にしている準拠問題はなんなのか，と。

7 │ 時系列比較と社会理論

　本章では，ウェーバーの時代には考えられなかったような学問的蓄積によって，歴史的な比較がどのようにして可能なのかを考えてきました。そして，その際にどのような社会理論が使われており，その社会理論の真偽が危うい場合に社会学者がなすべき分析のプロセスを範例的に示してきました。これを等価機能主義のマニュアルに沿って再確認してみましょう。

(1)分析対象を設定する。
(2)それが解決の一つになるような問題（準拠問題）を立てる。
(3)この準拠問題の別の解決（分析対象の機能的等価物）を探索する。
(4)別の準拠問題を立てる（複数可）。
(5)これらの準拠問題に関して先の機能的等価物同士を比較する。

　第2節でとりあげた最初の準拠問題は，RP1「なぜ若者の人間関係は希薄化したのか」でしたが，まずは数え上げられうる有意味な数値の比較によって，RP1という準拠問題の立て方自体が偽であることを確かめました。最初は素朴に「親しい友人」の平均数の違いによって，そして次には，コーホート効果，時代効果といった効果（結果）のとりうる範囲を比較可能なように統制することによって，RP1が疑似的な問題

設定であることが確認されました。そののちに，しかしそうした偽である理論が説得的かつ理解可能なかたちで人びとに受け入れられてしまうという社会的事実，「若者論が存在する」という機能項目を確認し，それを準拠問題としました（(1)と対応）。

　次に「解体論的な色彩を持つ若者が存在すること」が解答の一つとなるような準拠問題「なぜ解体論的な若者論が受け入れられるのか」という新たな準拠問題を設定しました（(1)(2)と対応）。この準拠問題への解答「若者の人間関係が実際に希薄化している」というのは確からしくない解答であることを確認したうえで，だれが・どのような準拠集団が「若者の人間関係の希薄化」をいっているのかを調べ（(3)と対応），今度は「なぜ団塊世代は若者の人間関係が規範化したと考えるのか」というさらに新しい準拠問題を提示しました（(4)と対応）。

　それによると，どうも希薄化しているのは若者の人間関係ではなく（機能的等価物），「働き盛り」の世代における自己定式化であることがあきらかとなり，そうした働き盛り出生コーホートのライフコース（人間関係のとり方）を分析の課題としました。つまり別の準拠問題を立てて，「解体論的な色彩を持つ若者が存在すること」という準拠問題の解答を得ることをめざしたわけです（(4)と対応）。

　そうすると，団塊世代が「かつての若者」であった頃の職場やメディア環境，人口学的な環境と，現在の若者の環境とが比較対象項として現れてきます。そうした「他でもありうる要因」のうちとくにメディアが好んでとりあげられる理由を，ここはデータを参考にしながら常識的な推論で，考察しました（(5)と対応）。

　かくして「『昔と今』の差異をもたらした要因として，新しい世代・若者が見いだされてしまう。世代語りというのは，往々にして『自分の世代は変わらないのに，若い世代は……』というように，自分自身を固定的なアクターとして設定するものなので，変化部分は他の世代の変化によって説明されることとなる。その際に，『若い世代がドライになっている』という説明図式が呼び出されてしまうのではないか」という解答（answer）が得られました。

　さらにさらに，この解答は次なる準拠問題を生み出します。つまり「『若者の新規な行動様式を文化・趣味によって理解する』ということが

団塊世代に特有なものであるか」という準拠問題が導かれたわけです。そこでは「言及関係を重視する日本の論壇的・思想的傾向」が解答の一候補としてとりあげられ，それが回答たりえているのか，他の機能的等価物はありえないのか，が未決の課題として残されました。こうした作業の行程は，私自身が最初に論文執筆を思い立ったときの事前理論とはだいぶ違ったものでしたが，各種のデータを揃え，事前理論の可否を「他でもありうる可能性」を考慮しつつ点検し，試行錯誤のうえ，あらためて整頓したものでした。

　論文を書く際には，書き始める前に，こうした等価機能主義にもとづく検出を済ませ，そのうえで，説得性や理解可能性を重視したデータ挙示の方法を選び，(1)〜(5)の検討過程を整序するわけです。

　こうして一つひとつ書きながら考えつつ，メモをとり，最終的に自分が考察した「他でありえた」機能項目のうち説明力が大きいものを取捨選択し，社会学的な論文として提示することになります。一つの論文には，無数の書かれていない「他でありえた可能性」が刻み込まれていることを前提としてください。逆にいうと，ある論文を批判するときは，「他でありえた可能性」について検討されたのか否か，その効果を阻却したのはなぜか，といった内在的な姿勢が必要です。イデオロギーや分析者の立ち位置などよりもはるかに，そうした準拠問題の明確化・整理のほうが，学的知見の蓄積にとっては大切なのです。

　「かつて緊密であった関係性が……ゆえに希薄化している」という社会解体論の構図は，相当に共感可能性が高いものですが，等価機能主義の手順にのっとり，データと照らして常識的な推論を進めていくなかで，その信憑性が失われていきます。10年単位から100年単位，1000年単位にまでいたる「転換」「変容」の意味はそれこそ準拠問題の立て方をしっかりと把握し，複数ありうる可能性のなかから慎重に選択されなくてはなりません。

　社会学者や「コメンテータ社会学者」にとって，解体論は，人びとに即座に理解してもらえるという意味で魅力的な構図ではありますが，それを万能視することはきわめてリスキーです。分析者自身が加齢して微細な差異を読みとることができなくなるという加齢効果も再帰的に考察しなければなりません。そのうえで有意味な差異を検出し，比較するの

です。

　私には，AKB48などのようなグループアイドルのメンバーを個体認識することは不可能です。だからといってそこに分析に値する差異がないというつもりはありません。自分には差異があるといいうるほどの精細度を持った準拠問題を立てることができない，ということです。逆にいうと，そうした準拠問題をしっかりと明示することができるなら，対象はなんだってかまわないわけです。

　指導教員に「なんでそれを分析対象にするの？」と聞かれたとしましょう。そこで問われているのは，「**あなたはどのような準拠問題に立ち，なにを説明対象たる機能項目として設定しているのか，そしてそれは他のどのような準拠問題とかかわっているのか，あなたが絞り込んだ準拠問題には他の解決法はありえないのか**」ということなのです。「好きだから」だけではとうていこの問いに答えることはできませんが，「好き（関心がある）」じゃないとこの分析をしっかり続ける資格はありません。指導教員に「自分の好きなものを分析する理論を求める」のではなく，ちゃんと自分で準拠問題を明示化できるようにしてください。そうすれば，きっと先生たちも，「AKBの先行研究は……ぐらいしかないなあ」といった対象定位型のアドバイスではなく，準拠問題にそくした先行研究のアドバイスをくれると思います。

　社会学はたしかになんでも分析の対象とすることができます。しかし，それは準拠問題を明確にしうる場合に限られます。この自由度を活かすも殺すも分析者のあなた次第であり，対象として設定された項目（AKB）のせいではありません。そのあたりの区別をできるか否で指導教員からもらえるアドバイスの価値はずいぶん変わってきます。ダメ出しされたからといって「社会学は方法もない非科学だ」とキレずに，ゆっくりと思考・調査を進めていただきたいと思います。

フォローアップ

新書ブームも一段落したといわれるものの，とにかく新書のタイトルはそれ自体が社会学の対象になるようなある種の傾向性を持っていて，人びとがなにを読み解きたがっているのかを部分的にでもうかがい知ることができるように思います。そうしたなか，

もっとも人気のある——必ずしも新書のみならず汎用性のある——表現のひとつに、「○○化（……zation）」というものがあります。**東浩紀**さんの**『動物化するポストモダン——オタクから見た日本社会』**（講談社現代新書，2001 年）あたりが嚆矢となるのでしょうか（ただし私自身はこの本をたいへん高く評価しています。くわしくは，北田暁大・解体研編著『**社会にとって趣味とは何か——文化社会学の方法規準**』〔2017 年，河出書房新社〕を参照してください）。いま google で「化する社会」を検索してみたところ，「中身化する社会」「グーグル・アマゾン化する社会」「エヴァンゲリオン化する社会」……と次から次へと出てきます。しかし本章で述べたように本当は「○○化する社会」とか「若者の○○化」という表現は，注意深く使わないと社会学的にはけっこう危険です。それでもオブセッションのように社会やある年齢カテゴリーの「○○化」を語らずにはいられないというのはいったいどういうことなのでしょうか。

2010 年に編集させていただいた**東浩紀・北田暁大編『思想地図 vol.5 特集・社会の批評』**（日本放送出版協会，2010 年）という本のなかでも述べたことなのですが，こうした「固まったもの」「しっかりしたもの」が緩んでいく，溶けていく，というのは，近代という社会空間を生きる人びとにとってもしかするとビルトインされている思考のスタイル——そうした変化を読み解くことによって認知的な複雑性を単純化できる——なのではないか，と考えています。

本書で繰り返し書いているように，社会学の草創期はまさにどう考えても社会が激変し，社会問題が多発していた時代ですから，「ゲマインシャフトからゲゼルシャフトへ」といった社会的紐帯（つながり）の質の変化は，切実に感じ取られるものであったと思うのです。しかし 20 世紀初頭のアメリカのような大激動があるとはいえそうもない現代日本において，この図式が執拗に反復される。この執拗さは「○○化」という理解の構図そのものになんらかの機能があるとしか思えません。そんなわけで書いてみたのが，本章のもととなった**北田暁大「若者論の理由」**（小谷敏ほか編『若者の現在 文化』所収，日本図書センター，2012 年）でした。まだまだ稚拙な分析ですが，これらの言説は機能項目としてどのような準拠問題を解決しているのか，また，他なる解答（機能的等価物）はありえないのか，つくづく考え込んでしまいます。そうした意味で，「人びと

の絆が弱まっている」ということを，実証的なデータにもとづき，かつ繊細なデータ処理手続きを経て分析した**ロバート・パットナム『孤独なボウリング——米国コミュニティの崩壊と再生』**（柴内康文訳，柏書房，2006年）などはとてもよいお手本であるといえます。数量データに繊細な感性をもって取り組む，解体論の枠組に収まらない歴史社会学の発展が期待されるところです。

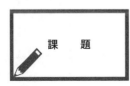

必ずしも学問的なデータの裏づけがない議論なのに人口に膾炙する「民間社会学」として，若者論のほかに，家族論，教育論，女性論などがある。ネット上でこれらの言説を収集し，その特徴を示すとともに，そうした言説が現代社会において担っている機能，およびそれらが解答・機能項目となっている準拠問題を500字程度で考察しなさい。

「社会が変化している」「若者が○○化している」「○○化する社会」といった時系列的変化を思いつきではなく，ちゃんと研究したい場合には，本章で述べたように，コーホート効果，年齢効果，時代効果を析出したうえで，経年的な資料にもとづき，さまざまな変数を統制したうえで，変化があったといえるか，いえるとすればその変化はどのように記述・解釈できるか，という問題に真正面に向かうしかないのですが，実はもう一つ手があります。「変化」ではなく，通時的な「比較」研究をしてしまう，という方法です。変化そのものを強調するというよりは，なんらかの基準で同一と思われるある時代の現象・事象を取り囲む信念・知識・正当化のスタイルAが，ある時期を境にBへと「変わっていた」ことを確認するという方法ですね。これは正確には時系列変化を追っているのではなく，任意の2時点，3時点を比較対照群として設定し，そうした理由空間の差異を検出する，というものであり，比較社会学と親和性のある議論のスタイルです。この点を全面的に打ち出した科学社会学の古典が**トマス・クーン**の**『科学革命の構造』**（中山茂，みすず書房，1971年）です。「パラダイム」という言葉は

どこかで聞いたことがあると思います。クーンは科学的な考察・言論を取り囲む知的環境，ある科学的言説が科学として正当化されうる理由の網の目をパラダイムと呼び，このパラダイムが異なると同じ科学言語でも共約不可能になる――「原子」の意味など――と論じました。「変化」というよりは，むしろ断絶や違いを描き出すわけですね。

　こうしたクーン的な発想をもっと大胆に，壮大なスケールで描き出したのが**ミシェル・フーコー『言葉と物――人文科学の考古学』**（渡辺一民・佐々木明訳，新潮社，1974 年）です。経済学から生物学，社会思想，美術の画法にいたるまで同時代的に共有される「エピステーメー」が内包する論理を抉り出し，異なる時代におけるエピステーメーとの断絶を強調する。この現代思想に大きな影響を与えた書の魅力はいまだ消える兆しがありません。

　ただ，さすがにフーコーの大風呂敷には歴史学者や科学の専門家も好意的ではない場合もあり，イアン・ハッキングなどは「エピステーメー」を，ある言述が真／偽判断の対象となりうるようなスタイルを共有していること，ぐらいの意味合いに弱めています。クーンの共約不可能性テーゼも，科学哲学者たちの厳しい批判を受け，だいぶ弱められたかたち（マトリクス）に修正されています。大胆な比較は興味を喚起しますが，ここでもやはり比較のための手続きの妥当性が検証されねばなりません。

Chapter 9

等価機能主義を実践する

メディア論とフィールドワーク

1 | 等価機能主義の相棒

　Ch.8 では，「等価機能主義＋社会理論」というセッティングパタンのうち，社会理論極小化（社会構築主義）の方向性と，社会理論が強すぎるタイプのもの（解体理論）の２つをみてきました。

　前者は焦点を当てる項目の人びとにとっての道理性（reasonability）を重視するあまり，相方の社会理論が飽和してしまった事例（社会理論ほど分析者の特権性を指し示す科学言明もありませんからね），後者は理論が単純すぎて，肝心の比較の条件設定自体がなされていない事例でした。

　後者は無自覚的に，前者は自覚的になされている場合が多いかもしれません。後者の事例は書店にいって「○○化する××」とかをチラ見していただければわかるでしょうし（その多くは説明されるべき「○○化」を理論として設定してしまっている），前者の自覚と戦略については中河伸俊さんや赤川学さんの本を読んでいただくとわかると思います。

　中河さんも赤川さんも構築主義のプログラム自体を「分析者の特権性を括弧に入れ，人びとのクレイムの記述に徹する」という知のゲームであるとみる点では共通していますが，中河さんは相互行為分析やエスノメソドロジー，そしてルーマン的社会システム理論といった社会理論──とりあげられた項目を比較分析することを可能にすると同時に項目摘出の規準を提供する理論──との連携を図り，理に適った連関を──認識論的な意味での分析者の特権性を回避しながら──再構成しようとしています（中河ほか編『社会構築主義のスペクトラム』ナカニシヤ出版，2001年）。

　それに対して，赤川さんは社会理論については「禁欲的」なスタンスを示しつつ，構築主義プログラムの魅力を説明しています。

　その魅力とは，①人目をひく新奇な新しい問題や争点も，過去の問題の反復である可能性が見えてくる，②クレイム群ではある時点での論争を有利に導くレトリックとそうでないものがみえてくる，③学問的に考えると非合理きわまりないトンデモ統計分析が世の中に広がりをみせることがあるが，「だめであるにもかかわらず，広く社会に流通し，影響

力を発揮するのはなぜなのか」を考えることができる，というものです（赤川『構築主義を再構築する』勁草書房，2006年，pp. 10–12）。

　赤川さんの挙げるこうした点はたしかに魅力的なのですが，それらは構築主義のプログラムから導かれる作業・知見というよりは，端的に，①通時的レベルでの比較，②特定の理由空間で特定の理由や合理的説明が説得力（人びとが肯定的態度をとることを可能にしやすい）を持つという，準拠問題・解の比較，③ある準拠問題からみたときの合理性と，別の観点からみた場合の合理性との比較，というこれまで私たちがたどってきた比較であることがわかります。

　そのように比較を魅力として特定の分析方法の導入を肯定的に評価するのであれば，やはり比較自体をどのような規準，社会理論にもとづいておこなうのか，という点が明示されねばなりません。赤川さんの場合ここで積み込まれているのがフーコーの言説分析です。中河さんも赤川さんも，以上のような意味では，比較を可能にする社会理論の存在を否定してはいないのです。あくまで相対的に構築主義という方法の錬磨を表に出している，といえるでしょうか。

　とすると機能主義か構築主義か，を言い争っているよりは，等価機能主義という項目検出装置の相棒たる社会理論がなんであるのか，を考えてみたほうがいいかもしれません。しかし社会理論の適用というのはそんなに簡単にできるものではありませんし，私もこの講義で準拠集団の理論を精緻化することはできそうもありません（雰囲気は前章の分析でわかると思いますが）。

　本章では，分析対象＝機能項目の同定が比較的容易であるようにみえる事例，つまりなんらかの外的特徴にもとづいて「なにとなにがどのような点で違う／変わった」ということが相対的に容易に見える事例として「メディア論」という方法と，その逆に，対象同定そのものが調査の過程で創り出されていかねばならないフィールドワークという2つの極端な事例を考えてみることにしましょう。

　前2章では「社会理論」の濃淡の両極をみましたが，本章で扱うのは「社会理論」の立て方の手続きの違いです。

2 | メディア論
——等価機能主義の優等生

メディア論の

準拠問題

日本語圏でメディア論というとき，メディア研究，マス・コミュニケーション研究とは異なるある特定の方法論のことを指すことがあります（日本語圏以外ではそのような区別はなさそうです）。マーシャル・マクルーハンやハロルド・イニスといった，歴史研究にもとづきさまざまなメディアの生成と機能変容を扱う，いわゆるトロント学派の人びと，モノとしての人為物と人間の関係を模索する物質文化（material culture）論，書物の物質的形状やルビ，ページ，章の位置などを，詳細に検討し，「どのように読まれていたのか」を再現するロジェ・シャルチエらの分析的書誌学——こうしたモノとしてのメディアに人びとがどのように身体的（視覚，聴覚，触覚など）にかかわりを持ち，人びとのコミュニケーション，意味伝達を媒介するメディアが，どのようにその機能（意味伝達のあり方）を変化させてきたのかという点に準拠問題をおく研究スタイルのことを，ここでは日本語圏での慣習にならってメディア論と呼ぶことにしましょう。

このメディア論はモノとしてのメディアに書き込まれている意味内容を問題化するのではなく，モノとしてのメディアがどのように語り方や聞き方，受容の仕方を変え，かつその変化が内容の理解の仕方にどのような変化をもたらしたのか，ということを分析課題とします。厳密にいうと難しくなってしまうのですが，この方法は，書物やテレビ，電話，映画といった物質としてのメディアの同一性をある程度当てにできる（本当はそれが同一であるか自体も重要な問題なのですが）という点で，かなりお得な方法です。というのも，比較のために必要な同一性条件がある程度物質的形状や人びとの名づけの一定性によって（とりあえず）可能になるからです。

そして等価機能主義的考察を進める前に，ある程度押さえておくべき社会理論もそんなに煩雑なものではありません。あくまで指標的にです

242

が列挙してみると，だいたい次の 3 つになります。

①特定のメディアは 2 つの誕生を持つ

蓮實重彥さんが明快に述べた言葉なので，ここではこれを蓮実テーゼと呼んでおくこととしましょう。「第 1 の誕生」とは写真なら写真，映画なら映画，電話なら電話といったメディアが物質的な形状と一定の機能を託されて創り出されることを意味します。この際には，現在の私たちから考えるととんでもないと思えるような不可思議な機能が託されていたりしました。このメディアが世の中に広まるにつれて，次第に淘汰を受け，現代の私たちもよく知るような特定の機能に収まるようになります。これが第 2 の誕生です。

②メディアはメッセージである

これは有名なマクルーハンの言葉ですが，簡単に言ってしまえば，メディアというのはたんに情報や意味を伝送するパイプのようなものではなく，それ自体として伝送される内容のあり方を規定する，ということです。「なんの乗り物に乗るか自体が，受容者へのメッセージとなる」というわけですね。[1]

③メディアは他のメディアの内容である

これまたいっけん意味不明なマクルーハン語ですが，これは簡単にいえばメディアの進化プロセスについての仮定です。あるメディア（新聞）は，それまでのメディア（書物）などで担わされていた新奇的な出来事の伝達といった機能（内容）を，他のメディア（ガリ版印刷されたチラシなど）とともに担わされるべく分化する。メディアはさまざまな相互のメディアの連関（環境）のなかで，他のメディアの内容（下位機能）となり，自身もまた他の（次の）メディアの内容たりうる。これは要するに，ある時点でのメディア環境のもとで構成された人びとのコミュニケーションに関する準拠問題を解くために新しいメディアがつくられるが，その

---

1 こうした論点については北田『〈意味〉への抗い——メディエーションの文化政治学』（せりか書房，2004 年）をご参照ください。ルーマン理論の再解釈から，映画の歴史にいたるまで，メディア論的な視座から考察を進めています。

新しいメディアが環境世界そのものを変えてしまうので，またしても新たな準拠問題が構成され，その解としてのメディアがさらに……という環境世界／人びとの準拠問題／メディアの循環的なプロセスをいったものです。

　この3つぐらいからなる「メディア理論」を携えて，いよいよ機能分析に入りましょう。

メディア論

による機能分析

手順は，「(1)分析対象を設定する。(2)それが解決の一つになるような問題（準拠問題）を立てる。(3)この準拠問題の別の解決（分析対象の機能的等価物）を探索する。(4)別の準拠問題を立てる（複数可）。(5)これらの準拠問題に関して先の機能的等価物同士を比較する。」でしたね。

　ここで準拠問題を「若者や社会にとって，電話はどのような機能を果たしているかを歴史的に考察する」というものにしましょう。この準拠問題を携帯電話の普及以前，1992年に掲げたのが，吉見俊哉・若林幹夫・水越伸『メディアとしての電話』(弘文堂)です。この本の分析視座がどう展開されるかは共著者の個性が反映されているのですが，電話の歴史が描かれた部分は「メディア論」のある種の範型となっていると思われます。

(1)分析対象を設定する

　歴史的に電話（telephone）と呼ばれてきたものを分析対象とします。ベルが開発した電話がはたして現在のそれと同一であるか──正確にいうとどういった面で同一といえるのか──は措いておいて，まずは電話と呼ばれてきた音声情報の送信装置の存在を分析対象とします。

(2)それが解決の一つになるような問題（準拠問題）を立てる
(3)この準拠問題の別の解決（分析対象の機能的等価物）を探索する

　遠隔地に意味のある情報を伝達するという課題については，すでに電信は19世紀半ばには実用可能な水準にまでいたっていました。「手紙などの通信メディアに代わって短時間でリアルタイムに情報を送受信するメディア」を求める準拠問題が当時の人びとのあいだに共有されていた

わけです。

⑷別の準拠問題を立てる

通信メディアとしての電話はたしかに現在にいたるまで存在している
が、音声情報のリアルタイムでの送受信という特徴は、「他なる」電話
の機能を果たしていたのではないか、を考えます。そして実際、歴史を
紐解いてみると、「通話」以外の機能、たとえば通信・放送のような現
在からみると奇妙にも思える「他でありうる可能性」が当時の人びとに
よって構想・実行されていたということがわかります。そうすると、
「誕生時に電話に期待されていた・使用されていた機能とはどのような
ものであったか」という別の準拠問題が浮かび上がってきますね。ここ
で、実際に「音声情報のリアルタイムでの送受信」がどのような合理性
判断の規準において、理に適った使用法であったのか、を個別に検討し
ていくこととします。これを水越さんの用語を借りて「メディアの可能
的様態の探索」ということができるでしょう（水越伸責任編集『20世紀のメ
ディア1 エレクトリック・メディアの近代』ジャストシステム、1996年）。

⑸これらの準拠問題に関して先の機能的等価物同士を比較する

とはいえ、にもかかわらず電話というメディアは1990年代にいたる
までまるまる1世紀のあいだ、さまざまな「他である可能性」を後背化
させ、「遠隔地にいる他者との通信」という機能に特化されるようにな
ります。たとえばラジオのような使用法、コンサートの実況中継といっ
た放送的な使用法が、どのような他のメディアとの関連（メディア環境）
のなかで、後景化していったのか、そして通信的機能が淘汰をサバイブ
したのはなぜか、を通時的なメディア環境の布置連関の精査とともに分
析します。

こんな具合です。言うは易し、おこなうは難し、というやつで、実際
にこの課題を達成するのは、資料収集を含めて難しいわけですが、分析
の手順・論理的順序はわかりやすかったと思います。これらを進めてい
くうえでは、「メディア論」の理論にそくして、「なにが話されたか」な
どはいったんは考慮しなくてよさそうですね。あくまでモノとしての同
一性が見込まれる電話にそくして、その可能的様態から機能収束までの

過程を描くことができれば，この分析は成功です。同様の分析は，水越さんが『メディアの生成——アメリカ・ラジオの動態史』（同文舘出版，1993年）という本のなかでラジオについておこなっていますので，興味のあるかたはぜひご覧ください。マクルーハンはあまりに文体が難渋すぎて初心者にはおすすめできません。

電話の分析

さて上記の電話分析はなにもアレクサンダー・グラハム・ベルの発明までさかのぼる必要はありません。通信装置としての機能が共通理解となった後にも，「いかなる通信か」はまたメディアを取り巻く環境に応じて変わっていくものです。かつては電話は高価でしたし，一家に一台というわけにもいかず，また電話交換手と呼ばれるオペレータの存在が不可欠でした。そうした使用機会が希少性を持つ時代から，だれもが携帯電話を持ち歩く現在にいたるまで，メディアとしての電話はやはり機能変化を遂げてきたかもしれません。

　つまり，「あるメディア（電話）の内容は他のメディアである」というマクルーハンの公準にそくして考えると，通信機器としての電話もメディアとしての機能変化，使い手との関係性の変化を経ていたといえるかもしれません。実際に『メディアとしての電話』では，当時の大学生（だいたい「団塊ジュニア」ぐらいです）へのアンケート調査から，そのような時間スパンの設定を変えた，つまり準拠問題を変えた分析を行っています。

　『メディアとしての電話』が採用したのはきわめて興味深い調査手法でした。当時の大学生に，自分の住まいのなかで電話が置かれていた位置の変遷を書いてもらい，その全般的な傾向を調べるというものです。

　そうすると，電話の置かれている位置が，子どもの頃は玄関，次第にリビングルームに置かれるようになり，子機が誕生すると個室で電話する機会が多くなったというパタンがみえてきました。この変化を説明するために，他の歴史資料などを参照しながら，吉見さんたちは，「家庭に電話が入る以前」「入ったばかりの頃」「定着期」「子機によって空間の固定性が解除された後」という段階を見いだし，その意味を考えます。

　まだ高価であり個別の家庭に普及する以前の電話は，現在のコピー機のように，不動産屋や会社など生産領域での仕事に関する用件をやりと

246

りする「公的」なメディアであった。それがある程度家庭に普及した後も，「公的」な性格は依然として認識されており，電話は公的空間と私的空間の境界線である玄関に置かれることとなった――これは電話設置技術上の功利性がもたらした偶然的結果であると考えられますが，それにしても一律に玄関にあったというのは興味深いですね。

やがて電話が廉価となると，「主婦」による，用件のやりとりでないおしゃべりのためのツールとして機能するようになり，また子機もデフォルトとなった1980年代以降には，親機そのものはリビングに置かれ，家族成員は自室（私的空間のなかの私的空間）などで用件伝達という機能が希薄な自己目的的（コンサマトリー）コミュニケーションのメディアとして電話を利用するようになった――これが電話の現代史編になります。電話は通信メディアから，私的なコミュニケーションのためのメディアへと変貌していったわけです。

もちろん，この背景に家族関係の変化，団塊ジュニア世代の養育期における住宅供給などの要因（環境の変化）も密接に関連しています。いずれにしても，準拠問題を「電話はいかにしてコンサマトリーなやりとり（用件ではないおしゃべり）のメディアとなったのか」とすると，また異なる電話分析が可能になってきます。こうなるとみなさんは，携帯電話，スマホが普及した現在はどうなの？という疑問が湧いてくるかもしれません。親機子機体制の後にはポケベル（ポケットベル）が若い人たちを中心に広がった時期があり，1997年のPHS導入で携帯電話が大幅に廉価なものとなっていく混戦期がありました。そこを携帯電話が生き残り，さらにスマートフォンが登場する。その一連の過程をどのように分析するか，はまさにみなさんの課題です。すでに多くの研究書が出ていますから，それらを参考にして，等価機能主義＋メディア論で調査・分析してみてください。

対象の同一性　メディア論はとにもかくにもメディアの同一性というそれなりに理に適った比較のための同一性規準がありますので，比較的等価機能主義的な分析をおこないやすい分野です（もちろんそれは簡単であるということを意味しません）。むやみになんでもかんでも好きなものを準拠問題とすると，比較のための理論が見当たらず，途方に暮れることが

しばしばあります。というかそういう無数の途方に暮れた学生たちの葛藤をみた経験を踏まえて，この本を書いています。「好きなもの」を研究するのはいっこうにかまわないし，道理的推論の目が細かくなるので悪くはないと思うのですが，準拠問題を調査可能なレベルまでクールダウンすることが必要です。その意味でメディア論という方法論はとても「クール」なので，使い勝手がよい，ということはできます。

　他にも同一性をある程度当てにできる対象を選択し，それをたとえばイアン・ハッキングなどの言説分析の方法，ループ効果といった分析装置を「社会理論」として，分析を進めるということも可能です。このタイプの研究で私が一番成功していると思うのはカート・ダンジガーという心理学者・心理学史研究者の『心を名づけること』『被験者を構築する』などです。かれの議論はハッキングにならったものですが，ハッキング以上に明快で，範例的な（等価機能主義的）言説分析を示してくれています。

　心理学で問題となる「心」「意志」「動機」「態度」といった人びとに帰属される概念は，無前提に自然種のように存在するもの，と捉えることはできません。この問題に対して哲学者は身体と心的事象との関係をめぐって，さまざまに難しい議論をするわけですが，ダンジガーは分析対象を「心理学における心的概念」に絞り込みます。

　そのうえで，「心」「動機」「態度」のように，心理学で「観察」され続けてきた事象は，むしろ心理学が観察することで，つまり数え上げられるように観測の手法とカテゴリーを整えることで生み出された人工種である，という大胆な仮説を立てます。そして，実験室において被験者と実験者の関係はどのようなものであったか（草創期の実験心理学では被験者は分析者自身でした！），心理学的分析の単位（タイプ的に同一な刺激・反応か，トークン的なものか）はいかに決定されるか，そうした人工種的な性格を完全に認めたうえで心理学研究のプログラムを指し示す操作主義（operationism）は，いかにして行動主義という観察の方法と連動して説明概念としての心的語彙を心理学から放逐しようとしたのか，といった事柄にそくしてきわめて明快に分析，検討します。

2　カート・ダンジガー『心を名づけること——心理学の社会的構成』（上・下，河野哲也監訳，勁草書房，2005 年）。

「心的語彙・概念の心理学における位置」という準拠問題から，心的概念が「数え上げる」「実験」のために生み出される過程を分析対象とし，さまざまな心理学説・研究実践をこの準拠問題にそくした解として捉え，その解答がもたらすさらなる準拠問題を今度はどのような心理学説が解決しようとして……といったプロセスを描き出していくのです。それは，準拠問題にそくした通時的な「人びとの準拠問題の比較」であるといえるでしょう。

　ここでダンジガーが「心的なもの」の意味は同一であるとも違っているともいっていないことにご注意ください。「心的なもの」は心的なカテゴリー，そのカテゴリーを必要とする心理学理論・信念，測定するための技術などがおりなす体系のなかで構築されます。このように対象の哲学的身分を留保しつつも，比較分析は可能であるということを，ダンジガーやハッキングの言説分析は示しているように思えます。

3 ┃ フィールドワークの強み

フィールドワークの 3 つの「困難」

　メディア論やダンジガーの言説分析が，相対的に比較という問題設定を立てやすかったのは，分析対象の物質的あるいは用語的・制度的な同一性を対象の側が示してくれるからでした。しかし，この比較がそうそう簡単にはいかない分析対象もあります。フィールドワークの手法で扱われる生活史・生活誌（エスノグラフィー）などはその典型でしょう。

　事例として挙げるということは，調査や分析目的を比較する・相対化することでもあり，その意味で重要／深刻であると思えるイシューほど，例解に用いることは躊躇われるものです。しかしここで言及した困難さは，とくだんフィールドワークに固有の技術的困難ではありません。そもそもラドクリフ＝ブラウンだってモースだってフィールドワークからその社会理論を組み立てたのでした。対象の同一性を自然世界におけるそれらによって特定しにくい。これは，ちょうど **Ch.2** で学んだ「DV」などをどう数えるか，と同様に，社会学的思考全体に染み付いた問いで

す。ただし，フィールドワークによる生活誌／史については，メディア論のような「安定感」がないように思われるのも事実です。

「（比較や傾向分析のためには）せめて20人位には聞きなさい」という指導をする人もいるようです。これは計量的な手法に少しでも近似しなさい，という考えを前提としたものです。しかし，フィールドワークという方法を選んだ人の多くは，そういう近似値を得るためにフィールドに行ったのでしょうか。まあ，そういう人もいないではないので，そういう人はフィールドワークを検出的調査として，数えるタイプの研究に移行したほうが理に適っているといえるでしょう。私がいう相対的な「安定感」のなさというのは，そうした「十分なサンプルの欠如」といった意味においてではありません。

まず第1に，私たちは繰り返し分析対象と全体（準拠集団）の論理的同時性ということを強調してきました。ある行為のタイプをそれとして理解しうる全体をみるとき，私たちはすでに特定の行為をただの物理的事象ではなくタイプとしてみています。フィールドワークにおいてはこの循環構造の初発点を，メディア論のように，外的行為・出来事を外延的に捉えることが難しい。操作的なものであれ，学術的，法的な意味でも内包的に分析対象の単位や概念が定められている場合には，そこを始点として手持ちの理論からスタートすることもできるけれども，それも世間が注目する以前の「いじめ」同様に難しいでしょう。

フィールドワークというのは，こうした単位と全体の同時性についての「事前理論（prior theory）」を文献やプレ調査などから括り出し，自らの立てたはじめの「問い」そのものが適正（回答可能なもの）かを探索する作業となります。逆にいうと，たとえば「○○ファンのコミュニティ」のようにあらかじめ全体と行為とを固めて議論を進めるタイプの研究に対しては，「なぜフィールドワークなの？　なぜそこまでわかってて数えないの？」という問いが投げかけられても仕方ありません。フィールドワークのせっかくの肝の肝を捨て去ってしまっているのですから。

第2に，準拠集団の複数性を慎重に検討する必要があります。メディア論などでは，なにものかにメディアとしての機能を与える人びとを，ある程度類型化し，複数の「ありえたかもしれない可能的様態」から現代に残った様態への変遷を描き出すこと自体が，目的となりえます。メ

ディア論者はたいてい「メディアに1機能しかない」という発想をせず，淘汰の過程での偶然的契機を重視したりしますから，ある意味でダーウィニズム的です。問題は，人間行為・有意味な出来事について，そうした意味でのダーウィニズム的な絞り込み，時間経過と相まった，準拠集団の絞り込みを期待することはできるでしょうか。

　Ch.7 5節などで言及したポール・ウィリスの『ハマータウンの野郎ども』を思い出してください。そこでは「ラッズ」という自己執行集団カテゴリーが，その集団らしい行為タイプを可能にしていました。しかし「ラッズ」たちだけがその行為と全体の循環を創り出すのではなく，「ラッズ」らしさを「ラッズ」たちに読み込む周りの者（教師や生徒）もまた，そのカテゴリーの有効性に寄与する準拠集団をなしているわけです。フィールドワーカーは行為パタンをパタンとして読み取り，それが「どのような準拠集団」によってなされる行為とされているか，逆にどのような行為パタンがどの準拠集団にとって逸脱とされるのか，を注意深く分析し，自らの準拠問題にそくした準拠集団の位置を確定していかねばなりません。

　理由や規則，知識，信念がからみあうフィールドでは，メディア論のようなかたちでの自然淘汰を期待することはできません。準拠集団の複数性という問題に関しても，フィールドワークは相対的な難しさを抱えています。

　第3に，行為タイプや出来事を仮に「新聞」やメディア，記録などなんらかの客観的なかたちで捉えられるとして，その行為や出来事の外延的広がりが不確定である，ということがあります。これは歴史的記述などでわりと問題となる事柄です。

　たとえば，アレッサンドロ・ポルテッリ『オーラルヒストリーとは何か』（朴沙羅訳，水声社，2016年）というオーラルヒストリーの名著がありますが，ここに描かれているのは，名を残さなかった人びとの物語＝歴史です。オーラルヒストリーとは，文献資料に残ることなく消えていく一般の民衆・当事者の言葉から拾い上げられていく，小さな，しかし広がりと厚みのある歴史のこと。ポルテッリは，1949年中央イタリアの

3　ある意味でもっとも偶然性を重視するがゆえに，コンピュータにいたってきわめて特異な目的論にたどりついたのがフリードリヒ・キットラーであったといえるでしょう（章末の発展的ブックガイド参照）。

ある工場デモで亡くなった一人の労働者ルイージ・トラストゥッリの死に焦点を当てています。この教科書に現れ出ない男の死は，その場にいた労働者のみならず，後の人びと，警察，公的機関の関係者などによって異なるかたちで記憶され，意味づけられている。そこには事態の捉え方のみならず時間的なズレもあるわけですが，それらはあいまいな情報として捨て去られることなく，無名の男の死という出来事の重層性が記述され続けます。オーラルヒストリー，生活史などを扱うときに顕著に現れてくる問題系です。ポルテッリは，その不確定性を確定させていくのではなく，むしろその複数性をそのものとして描き出します。それぞれの準拠集団・理由空間の相対性が，全体としての出来事の総体性を浮かび上がらせる，というわけです。

フィールドワークと準拠問題

すでにおわかりのように，ここまで挙げてきた3つの「困難」はフィールドワークに固有のものではありません。しかし，「なにが対象なのか」をめぐる問い自体が重要性を持つ質的研究において，こうした困難が相対的にみえやすい，ということはあります。ただ，留意してほしいのは，いずれの方法も，「なにかの分析されるべき対象があるはずだ」という出来事に関する想定をてこに，その出来事を説明・解釈しうる理由・信念の体系（事前理論）を構成し，その事前理論を対話やインタビューを通じて修正していく，という志向性テストを繰り返しおこなっていることです。ここでいろんな問題が出てきます。

　たとえば計量的調査で「音楽を1日25時間聞いている」というIDがあれば不整合として，平均値よりもはるかに突出して高い値があった場合は「外れ値」として処理したりしますが，フィールドワークの場合，そうした「外れ値」や「不整合」そのものが有意味である場合がたびたび登場します。それを変数の補正とは異なるかたちで，それ自体説明されうる事柄として分析すること，それはフィールドワークの強みです。

　たとえば岸政彦さんの『同化と他者化——戦後沖縄の本土就職者たち』（ナカニシヤ出版，2013年）は，沖縄の就労パタンについてある側面からの「非合理性」を認めつつ，それがどのような理由や信念にもとづいて理解可能なものとなっているか，を理由空間の成り立ちを可能にする制度的・歴史的背景を参照しつつ，分析します。

たいていの場合，他者は理解しえる／あるいは理解できてしまっている。それを岸さんは「他者の合理性の理解社会学」という言葉で表現しています。それは3種の困難をふまえたうえでフィールドに通いつめ，言葉を書き留め続けることによってみえてくるパタン（世界や社会状態に適応的な行為パタン）を析出する作業といえるでしょう。ポルテッリが複数性を複数性のままに差し出す，といういわば変化球を投げたとすれば，岸さんの研究はきわめてオーソドックスな王道的なフィールドワークです。出来事が事実としてあることの固有性を差し出すという課題（準拠問題）は，岸さんの『断片的なものの社会学』（朝日出版社，2015年）という著作に顕著に表れています。パタンとして理解しうることと，事実を事実として理解すること，それはいっけん対照的にみえるけれども，そうではない，というのが岸さんの考え方といえるでしょうか。

　さらに，準拠問題を「……という社会問題の解決」とおかずに，「どのようにして相互行為は達成されているか」「どのようにしてある指し手は理解可能なものとなっているか」を中心的課題に据えるエスノメソドロジーのような立場もあります。これも「数えるタイプ」ではない社会学のあり方を指し示すものといえるでしょう。

　岸さんがいう「他者の合理性の理解社会学」とエスノメソドロジーが問題にしてきた合理性とが同じものであるかどうか，は要検討です[4]。同じ合理性に定位していても，「準拠問題が違う」ようにも感じます（同じデータが対象であっても，「相互行為はいかに達成されているか」と「過去の行為はどのように正当化されている／されうるのか」では焦点が異なってきます）。しかしいずれにしても「数える研究」でなくとも，合理性・道理性の理解という課題が，社会学にとってきわめて重要な課題であることはご理解いただけたのではないでしょうか。

　本書で推している等価機能主義においても，機能を定める規準となる準拠枠は，準拠集団が共有する理由や信念，価値の画定をおこなわなければとりあげようがありませんし，また準拠枠を見定めていくためにも，行為者にとっての意味を漸進的に抽出していかねばなりません（抽出の仕方にはいろいろあるわけですが）。

4　この点については，岸・北田・筒井・稲葉『社会学はどこからきてどこへ行くのか』（有斐閣，2018年）でも触れています。また，本書 **Ch.4** の補講を参照してください。

4 「質的も量的もない，いいデータと悪いデータがあるだけだ」

　こうしたなかなかに込み入った問題系を考察していくとき，統計的データやインタビューから得られたデータ，メディアなどにみられる言説データなどがフルに動員されなくてはなりません。大切なのは適切な説明をすることであり，データの性質を独断的に分別することではありません（データの質は分析における機能によって区別・測定されるものです）。

　やってはいけないことは，どうやったら説明したことになるかを考えずに，断片的なデータ，準拠問題のみにそくして「人目をひく説明」をしてみせることです。なんのデータも理論的裏づけもなく「日本では差別ってないんじゃないですかあ」とか言っているような人のいうことは美容室で流れているボサノバ風にアレンジされたＪポップぐらいに聞き流しておいたほうがよいでしょう。

　本章では，比較分析の対象や準拠問題の同一性が比較的見いだしやすい（ように思われる）メディア論と，そうした同一性画定自体がインタビューという相互作用空間の内外で確認されなくてはならない，つまり同一性の画定が難しい（ように思われる）生活史の分析を対照させて，社会学的分析の実践を例解してきました。

　念のためお伝えしておきますが，水越さん，吉見さん，若林さん，そして岸さんが「等価機能主義を用いている」といっているのではありま・・・せん。そういわれたらみなさんむしろ否定されることでしょう。

　重要なのは，一見まったく異なる手法と理論を用いているように思われる研究が，等価機能主義という枠組でみたときには比較可能なものとなる，一定程度まで分析の手順を一般化できる，ということでした。

　くどくど申し上げているように，フィールド調査の苦手な私がまとめあげることには強い抵抗感があったのは事実ですが，生活史研究はしっかりとした妥当性と信頼性を持った研究であり，それを代表性がある／ない，客観的／主観的，マクロ／ミクロという区別に落とし込まないでほしいというのが本書の立場です。

問われるべきは分析においてつくられるデータの精度であり，データの作成の妥当性・信頼性であり，比較のための（有意味な関連を持つ）社会理論の整合性であり，それらを総体とした研究プログラムの適切性です。そうした視点から読み返すとき，バラバラに見える社会学も驚くほどの一体性をもっており，また手法の差異も相対的なものとみえてくるでしょう。巧拙はもちろんあります。しかしそれは，質的／量的，主観的／客観的，ミクロ／マクロといった区別とは関連がないのです。この点が伝われば，本書の目的はほとんど達成されたといえるでしょう。

フォローアップ

　　　　　　　　　　　　　　本章でメディア論と呼んだような思想の系譜，つまりメディア生成期の第1の誕生期まで遡行し，現在の私たちが想定しているのとは異なる機能（可能的様態）がさまざまなかたちで構想・実践されていたものが，使い手側の身体の馴致により，次第にある特定の機能へと「適応」していった過程を，言説やメディアの物質的形状，メディアが「伝達する内容」の変化にそくして分析し，メディアと人びととのコミュニケーションとが相互反映的に変容していく姿を描き出すという方法論は，機能主義のお手本ともいえる分析視座です。メディア論がお手本となっていることには一定の意味があります。まずそれが「モノ」としてのメディアの同一性をある程度当てにして「変化」を記述することができること，機能的に等価な使用法を見定めるという点で等価機能主義的想像力と親和性を持つこと，そしてなにより，メディアという「モノ」が，コミュニケーションという人びととの相互作用に深くかかわり，相互作用の様式の比較の格好の対象であること——このような分析対象そのものが持つ特性が，機能分析の遂行を比較的容易にしてくれます。正確な表現ではありませんが，いわばメディアは，半分はモノとして自然種的な同一性をもっていながら，一方で，人びととの利用・利用による環境の変化を反映して機能や形状を変化させる人工種・相互作用種でもあるからです。逆にいうと，ある人工種に属する事象・事柄をメディア論的に捉え返していくと，一定程度の等価機能主義をおこなうことができる，ということでもあります。もちろんメディア論が簡単だ，といっているのではなく，メディア論は等価機能主義と実質的に同じよ

うなことを実践してきている，ということが私のいいたいことです。こうした点からメディア論を捉え返すためにおすすめなのが，**佐藤健二『読書空間の近代——方法としての柳田国男』**（弘文堂，1987 年），**水越伸『メディアの生成——アメリカ・ラジオの動態史』**（同文舘出版，1993 年），**吉見俊哉『博覧会の政治学——まなざしの近代』**（講談社学術文庫，2015 年），**ロジェ・シャルチエ『書物の秩序』**（長谷川輝男訳，ちくま学芸文庫，1996 年），**夏目房之介『マンガはなぜ面白いのか——その表現と文法』**（NHK ライブラリー，1997 年）です。対象と照準ポイントこそ異なりますが，「他でありえた」機能，使い方の実践を歴史的に指し示しながら，特定の機能へと関心を集中させてしまっている私たちの現在に思考を喚起するものです。イニスやマクルーハンらの「方法」を理解するためには，**吉見俊哉『メディア時代の文化社会学』**（新曜社，1994 年）や**北田暁大『意味への〈抗い〉——メディエーションの文化社会学』**（せりか書房，2004 年）などをご覧ください。映画というメディアに社会学的とも美学的ともいえる角度から深く切り込んだ**長谷正人『映画というテクノロジー経験』**（青弓社，2010 年）は，現時点での日本語圏での最大のメディア論の成果であるといえるでしょう。また，メディア論的な視座を他の「モノ」に適用していく分析視座として「物質文化（material culture）」研究と呼ばれるものがあります。**祐成保志「テレビ研究における民族誌的アプローチの再検討」**（『社会情報』15〔2〕，2016 年）などを入り口として祐成さん自身の成果である**『〈住宅〉の歴史社会学——日常生活をめぐる啓蒙・動員・産業化』**（新曜社，2008 年）を読み込めば，この方法論の深度と広がりを実感できると思います。

　一方，人びと自身が立てる準拠問題に照準するフィールドワーク的技法は，（私が理念型的に構成した）メディア論のようにきれいにフォーマット化できるものではありませんし，またそうすべきでもありませんが，当然のことながら，それはフィールド研究の記述法や評価の仕方が「あいまい」「主観的」であることを意味しません。ここのところフィールドワーク，質的調査法については，読み物としても楽しめるいい教科書が出版されています。Ch.1 でも取り上げた**前田拓也・秋谷直矩・朴沙羅・木下衆編『最強の社会調査入門——これから質的調査をはじめる人のために』**（ナカニシヤ出版，2016 年），**岸政彦・石岡丈昇・丸山里美『質**

的社会調査の方法──他者の合理性の理解社会学』（有斐閣，2016 年）など
が，方法としての「質的調査」の固有の強みを教えてくれると思います。

加藤秀俊・前田愛『明治メディア考』（河出書房
新社，2008 年）には，新聞やカメラのように現代
の私たちがコミュニケーション・メディアと考
えるもののほかに，筆記用具や手紙，日記，付
録，景品，絵葉書など様々なモノがメディアとして捉えられる。それを
参考に，一般に「メディア」とみなされないようなモノを一つとりあげ，
それがメディアとして機能する歴史を 4000 字程度にまとめなさい。

メディア論の教科書をみるとよく「技術決定論
vs 社会構成主義」という対立図式が紹介され
ています。技術決定論というのは，活版印刷な
り映画なり電話なりタイプライターなりといっ
たメディア技術がそのものとして，人びとの知覚や認知，社会関係を変
化させる，というものです。ヨハネス・グーテンベルクが発明した活版
印刷によって，人びとの「読むこと」のあり方（音読から黙読へ），自己
の捉え方（一緒に集まって情報を聴覚的に受容する共同体的な受容から，個人が黙
読して世界に対する個人的省察をする），社会関係（ある一定の信念体系，あるい
は物語，予期を可能にする規範を共有する共同体から，内省的な「個人」を単位とす
る社会への変化など）が大きく変動し，使用言語を共有するが共同体的紐
帯からははじき出された「個人」を単位とする「国民国家」が生成する，
というマクルーハンの見取り図は，技術決定論の典型とされています。
実際のところは，『グーテンベルクの銀河系』『機械の花嫁』といったマ
クルーハン自身の記述を読んでみると，そんなに単純な「技術が社会を
変える」論にはなってないのですが，かれが活躍した頃のニューメディ
アであったテレビがもたらす世界的紐帯（地球村）の構想などはたしか
に「メディアが社会を変える」式の技術決定論，メディア文明論と読め
なくもありません。一方の社会構成主義というのは，要するに「メディ
アが社会をつくるのではなく，社会の側の欲求や信念，知識の変化がメ
ディアを生み出し，またそのあり方を規定していく」という考え方であ

り，1980年代以降流行し続けている論壇での「高度情報化社会論」「メディア社会論」などを牽制する学術サイドからのカウンターでした。本章で名前を出した，吉見さん，水越さん，若林さん，佐藤健二さんなどは，構成主義の立場からマクルーハン理論の持つポテンシャルを再発見していこうというスタンスであったと思われます。この対立図式は大学院入試の用語説明問題などにも使われたりするのですが，実際のところ，「マクロ／ミ

クロ」「主観的／客観的」なみに問題含みの対立構図であるように思えます。なにしろ，この対立図式自体が物質としてのメディア／社会という二分法を反復してしまっています。歴史的な経緯は，人びとのコミュニケーションにおける遠隔通信・反復的な情報伝達といった準拠問題のなかから，あるメディア技術が解として生み出され，またそのメディアの使用実践のなかで他の準拠問題が生じ，メディア技術が組み替えられ……といった再帰的な過程をたどっていると考えるのが相応しく，件の対立構図は，だれのどのような準拠問題から分析をスタートさせるか，という入り口の違いを意味しているにすぎません。近年流行している「アーキテクチャ論」なども，そうした観点から再解釈すべきでしょう。

　こうした準拠問題の差異を孕んだ循環的反復に対して相当な問題意識をもってメディア史に取り組んでいるのがドイツのメディア論者**フリードリヒ・キットラー**です。かれは技術決定論の権化のようにいわれることが多いのですが，フーコーとルーマンからしたたかに影響を受けているかれの歴史記述は，技術決定論という分類箱のなかにおとなしく収まっているようなものではありません。主著『**書き取りシステム1800・1900**』（大宮勘一郎・石田雄一訳，インスクリプト，2021年）や，姉妹本である『**グラモフォン・フィルム・タイプライター**』（上・下，石光泰夫・石光輝子訳，ちくま学芸文庫，2006年）などが，日本語で読むことができます。膨大な文化史，文学史，哲学史への知見に裏づけられた著作なので読解は困難をきわめますが，いっけん荒っぽい議論のなかに垣間見える分析手続きの繊細さは熟考に値するものです。

Chapter 10

復習編
次のステップに進むために

このあたりで本書での講義は一段落を迎えました。実は統計的な分析についての実例を解説した幻の「Ch.10」があったのですが、「東大女子は本当に（いかなる意味で）『少ない』のか」という論題を扱ったこの部分については、かなり議論が込み入ってしまったため、別の機会にそれ単体で論じてみたいと考え、思い切って本書からは削ってしまいました。それでも等価機能主義の性能を試す、というか紹介するという本書の最低限度の目的は果たせたのではないでしょうか。

　私としては、もっとチャート式なものにしたかったのですが、思いのほか難しくなってしまいました。しかし、「社会学ってなんなん？　対象も方法もバラバラやん」というFAQ（よくある質問）には、ある程度答えられたのではないか、またデータが意味との連関において採取されるものである以上、「質的／量的」「主観的／客観的」「ミクロ／マクロ」といった区別が有意味とはいえない、ということもおわかりいただけたと思います。「これに従えば、自動的に論文が書ける」という意味でのマニュアルは書けませんでしたが、こうした作業を経ておくと、量的研究にも質的研究にも開かれた社会学の実践が可能ですよ、という検出の道具は提供できたのではないか、と願っています。

1 ｜ 講義のおさらい

　あらためて、ここまでに試みてきた、等価機能主義＋社会理論（準拠集団論）の目的と手続きのポイントをおさらいしておきたいと思います。

① 機能的説明の目的

　因果的説明には還元されない有意味な比較を行うこと。因果帰属はもちろん行為や相互行為の理解・記述の過程、および比較分析において有益に使われるが、それは機能的説明の精度をあげる場合、もしくは人びとによってなされる因果帰属の記述自体が機能的説明において有意味とされる場合に使用される。存在論的含意を持つ因果推論は、機能的説明の課題ではなく、機能分析においては、ある準拠問題にそくした時系列的な比較のみが扱われる。

② 準拠問題とその解決の等価選択肢

ただし，科学的説明として有効たりうるためには，マートンが示した3つの機能主義のドグマ「社会の機能的統一の公準」「機能主義が普遍的であるという公準」「特定機能項目の不可欠性の公準」を回避しなくてはならない。そのとき，分析者にとっての解くべき準拠問題 RP にそくして，分析の「単位／全体」を定め，機能的等価物を探索するという等価機能主義が有力な候補となる。

③ 準拠問題の複数性

準拠問題 rp は人びと（社会の成員）が立てたものでもありうるし，分析者が立てたものでもありうる。第一のドグマを否定するのであれば，両者に認識論的な序列関係はなく，分析者の立てる準拠問題 RP もまた，人びとの立てる準拠問題 rp と同様に道理性・理解可能性との関連が示されていなくてはならない（前者には解答〔answer〕が，後者には解決〔solution〕が与えられる）。準拠問題 rp もまた，複数の機能的に等価な解答を持ちうる。

④ 準拠問題と社会理論

a. とはいえ，準拠問題・解決法がバラバラに存在しているだけでは，比較する作業（①）ができなくなってしまう。そのためには，準拠問題を比較するというメタ準拠問題（解答を導くもの）＝社会理論が必要である。この社会理論もまた人びとの問題定立・解答に対して認識論的な優位性を主張するものではなく，理解可能性を担保する必要がある。

ルーマン型等価機能主義では社会システム理論が，マートン型等価機能主義では準拠集団論が，社会理論に該当する。パーソンズ的機能主義も独自の社会システム理論を採用するが，社会理論の理解可能性・道理性が保証されていないので，経験的学問という自己規定からした場合，採用するのは難しい。本書では「マートンより一歩先，ルーマン一歩前」といったスタンスで，準拠集団の画定を根本的には人びとによる実践の遂行的成果とみなしつつも，メンバーシップや社会的属性によって境界線が引かれるいわゆる「集団」を，一応の社会理論の説明対象とする（しかしそれが「一応」であることには変わりはないので，計量的研究などでは変

数を構成する属性などを過度に実体化——集団として処理——しないことを心がけなくてはならない)。

　b.　ルーマン型機能主義が採用する社会システム論は，人びとが自らの準拠問題を，先行する準拠問題・解答タイプ（構造）にもとづき解決していく，そのあり方（作動）を描くものであり，社会システムは実在するものとされる。システムの同一性は，人びとの準拠問題にそくしてさまざまな水準を持つ（相互行為・組織・機能システム・全体社会）。一方，マートン型では，準拠集団は分析者もある程度同一性を期待しうる明示的なメンバーシップを持つ集団・組織を理念型として，成員が複数の集団に属しうること，ある成員の行為・相互行為が他の集団から異なる準拠枠組で記述されることを許容する。この場合，準拠集団は，人びとにとって理解可能な意味連関を持ちうるという限定つきではあるが，社会学的分析のために構築された分析者側の人工種としてのカテゴリーで（も）あり，ルーマンの社会システムと同様の意味において存在するとはいえない。マートン型機能分析は，むしろ準拠集団が分析のためのモデルであることを前提としつつ（つまり「中範囲の社会理論」がモデル的・理念型的性格を持つことを前提に），意味連関の確証においてルーマン的社会システムに近似することをめざす。パーソンズ型機能分析は，社会システムが分析のために構築されたモデルであることを前提とし，実在との近似を主張するが（分析的リアリズム），その近似が経験的に確認される方法は明示されておらず，理論負荷性がきわめて高い分析者の分類モデルから演繹的に適用されている。

⑤　中範囲の（社会）理論

　機能的説明の「相棒」となりうる社会理論は複数ある。「農村社会学」「地域社会学」「家族社会学」「文化社会学」「社会問題の社会学」「歴史社会学」……といった冠社会学はそうした中範囲の社会理論をある程度共有可能な理由空間・信念の体系によって成り立せしめている，学問的準拠集団であると考えられる。社会問題研究における緊張理論やラベリング理論，構築主義，社会運動研究における資源動員論や新しい社会運動論などは，対象にそくして分析のために適切な単位／全体の設定方法，準拠集団の構成方法等を模索してきた，個別領域における「中範囲の社

会理論」の蓄積を示している。

こうした「中範囲の社会理論」の「乱立」は，嘆かれるべきことではなく，人びとの準拠問題との意味連関に焦点を当てる，という社会学の方法にとってなかば必然的なものである。それらを統括するグランドセオリーは意味連関の問題を捉えにくくする可能性があり，その性能がしっかりと経験的な水準で示されねばならない。

要するに，「中範囲の理論」というマートンの標語は，準拠問題によって「マクロにもミクロにも」なりうる意味連関・理由の体系を明示せよ，という要請であると考えるべきであり，社会学の対象が相互作用種である以上，対象そのものに「マクロ／メゾ／ミクロ」という区別が内在しているわけではないことを意味している。実際，社会心理学や心理学において一定程度の成功を収めているこうした範囲設定を明確にせよ，というのがマートンの命題の意味するところである。

⑥　社会理論としての準拠集団論

本書では合理性・道理性の連関に準拠したタイプの準拠集団論を採用してきた。これはルーマンのコミュニケーション・システムを，その利を活かしながら調査可能な水準である「集団」へと連接したもので，準拠集団そのものの——ルーマンが社会システムは存在する，というときの同じ意味での——実在を含意しないが，分析者や人びとの理解可能性において重要な役割を持つ。しかし当然のことながら，いわゆる属性的集団や組織と同一視はできない。重回帰分析などで説明変数として投入される変数は，複数仮想されうる準拠集団から操作的に加工されたものである（その意味で，ルーマン的な意味でいえば二重に加工された「集団」である）。そうした加工を経てはいるが，④で述べたように，補正型のマートン型でも，個々人はひとつの準拠集団にのみ属するわけではないし，行為もまた複数の準拠集団から意味づけられうる。

⑦　社会理論による準拠問題比較の作業

準拠集団ごとの「準拠問題・解決・機能的等価物」を考えるのが，比較という作業である。「他でありえた可能性」は，ある特定の観点から見た「準拠問題・解決」のセットが，メタレベルの準拠問題からすると

「他でありうる」ことを意味する（変数同士を比較することに相当する）。「他でありうる」可能性の探索とは、いわば「結果から原因の推定」を反実仮想によって行うこと（因果帰属）であり、「もし……がなければ」「もし……があれば」といった条件の統制をおこなうこと、「もし……ならば」の連言によって「結果（機能項目）」を特定化する作業である（実験群と対照〔統制〕群，統制群のような仕分けをすることを想起してほしい）。①で述べたように、この因果推論は因果的説明ではなく、機能的説明において比較のために導入されるものである（関連はあるが因果ではない，とよくいわれることと同型）。

⑧ 常識的推論と統計的分析

　計量的研究の多くはこうした作業を行っている。相関関係（関連性）の読み取り→疑似相関の検出（偏相関分析・重回帰分析）というのは，変数を統制し，理に適った解釈を得るための手段であり，理解可能な推論が難しい相関関係などについてはその変数を統制することにより理解可能性を高めるか，疑似的な関連として分析から外すべきである。理解可能性を持つ常識的推論に到達しうる程度にまで統制の作業を続けていくことが「比較」である。

　「分析者のメタ準拠問題」→「それと関連性を持つ人びとの準拠問題の画定」→「可能なる解決（他でありうる解決）」→「可能なる解決を比較し，分析者の問題設定に解答を与えるための新しい準拠問題の設定」→「可能なる解決・解答」……という作業のプロセスが繰り返され（あるいは回帰分析などで示され），変数＝仮構された準拠集団の関連の有無や強さが確認される。

⑨ カテゴリー化と情報量

　こうした分析過程において，計量分析は，数え上げられるカテゴリーの質を重視する（なにをどの程度測定できているかを自覚的にとりあつかう）。質的（カテゴリカル）データをそのものとして重視するロジットモデルなどの手法はその典型である。数え上げる場合には，たとえば線形回帰モデルの適合性などは，説明の妥当性を判断するひとつのポイントになるが，それは，分析者によるカテゴリー化によって失われた情報量を示す規準

提示という意味合いが強い（すでに述べたように，準拠集団ですら，すでにシステムの再記述であり，数え上げられるようなカテゴリーはそれをさらに操作するものなのだから，数値化によって失われる情報量は小さく見積もるべきではない）。

　数え上げないタイプの研究（フィールドワーク，相互行為分析，言説分析など）では，逆にカテゴリー化，カテゴリー使用実践の過程を記述することが主たる焦点となる（代表性の話ではない）。情報量を重視して統計的検定を重視しないタイプの分析手法（P. ラザースフェルドの潜在構造分析や，J. P. ベンゼクリのコレスポンデンス分析，林知己夫の数量化理論など）が存在することも，それが開発された趣旨は「質的データの情報量の維持」である。質的分析であれ計量的分析であり，（計量研究内の）質的データであれ数量データであれ，その分析の過程で「どのような情報が失われたのか」を明示しなくてはならない。逆にいうと，それを明示できているかが分析者によるデータ使用の妥当性を示すものであり，その妥当性を理に適ったかたちで明示できるならば，質的調査のデータの代表性を問うことに社会学的な意味はない。

2 ｜「マニュアル」的まとめ

　以上，9 項目にわたって本書の後半でたどってきた「探索装置＝等価機能主義／人びとの社会的なかかわり方を比較可能な程度に抽象化する社会理論」というセットの実践例をまとめてみました。これは，いっけんわかりにくいかもしれませんが，Ch.4 で提示した補正後マートンの等価機能主義の課題，

①　機能が認められる項目を設定せよ
②　動機・目的といった志向的概念との関連を考察せよ
③　合理性判断の規準を明示せよ
④　分析の単位と全体メカニズムを明示化せよ
⑤　機能的等価物および等価性の範囲を画定せよ

と，Ch.6 で示した三谷武司さんが明確にしているルーマン型機能主

義の課題，

(1)分析対象を設定する。

(2)それが解決の一つになるような問題（準拠問題）を立てる。

(3)この準拠問題の別の解決（分析対象の機能的等価物）を探索する。

(4)別の準拠問題を立てる（複数可）。

(5)これらの準拠問題に関して先の機能的等価物同士を比較する。

を適宜遂行してきた過程をなぞり返したものです。

　補正後マートン型とルーマン型は等価機能主義という検出道具としてみた場合，ほぼ同内容であることがわかります。①と(1)は機能項目の設定，(2)は準拠問題を立てることを，②はその場合に人びとの理解可能性，道理性との連関をていねいに観察し（それは同時に単位と全体を定める作業④にもなります），準拠問題－解答のセットが合理的に正当化可能なように特定化すること（③）を，⑤が(3)とともに機能的等価物（解決）の探索という課題を指し示しており，(4)(5)は，今度はそうして得られた準拠問題－解答とは異なる「機能的に等価な」準拠問題の探索に向かいなさい，ということです。

　要するに「準拠問題」→「可能なる解答（他でありうる解答）」→「可能なる解答を比較するための新しい準拠問題の設定」→「可能なる解答」……という作業のプロセスの反復を指示しているわけです。

　これだけ読むとえらく難しいことのように思えますが，「メディア論」でも「フィールドワーク」でも，こうした入れ子になった（α）準拠問題の定立と等価な解答，（β）準拠問題同士の比較，という作業をデータと常識的推論にもとづいておこなっていくわけです。この反復をどこで断ち切るか，といえば，それは分析者自身が明らかにしようとした当初の問題意識・出発地の準拠問題です。

　この反復をこなしているうちに，データの限定性や，常識的推論での解釈が難しい場面に遭遇し，初発の準拠問題そのものが不適切であった，あるいは修正が必要であった，とする場合もあるでしょう。

　ですから，それこそマニュアル的に書くならば，【分析者の問題意識→先行研究を参照して問題意識を経験的な分析にまで加工する→【「準拠問題」→「可能なる解答（他でありうる解答）」→「可能なる解答を比較

するための新しい準拠問題の設定」→「可能なる解答」……】→分析者の問題意識の修正・棄却→……】という作業の総体が，社会学的分析であるということができます。

　これを論文にするときには，順番を入れ替えて「問題意識→準拠問題にもとづいた項目の等価機能物（解答）探察→準拠問題どうしの比較→結論」というふうになるわけですが，それは氷山の一角というやつです。嫌になるような変数の統制と比較の繰り返しのなかから，知見と呼べるものがみつかったとき（反復を止めてもいいような解答が得られたとき），やっと論文にとりかかることができるのです。

　等価機能主義とは，有意味な比較を可能にすると同時に，新しい問題を分析者に突きつけてくる。この誰もが社会生活のなかでこなしてしまっている比較，区別を，秩序立ったかたちで，再帰的に行うという「**素人の玄人**」。それが社会学という学問の強みの一面を照らしているように私には思えます。

　もちろん個々の社会学者がこうしたことをいちいち意識して行っているわけではありません。しかし学会などで「……については統制したのか」「……とは比較したのか」「比較していない理由はなんなのか」といった質問——なかには分析者の準拠問題をおおよそ理解していないと思われる，実につまらない定型質問みたいなのもありますが——がなされるのは，「他でありえたのではないか」「他の準拠問題の立て方がありえたのではないか」という点を共同的にチェックしているわけです。「特徴を示す」という研究をしている人も，「特徴のない状態」を想定して特徴を出しているのであり，それもまた比較の作業にほかなりません。

　あんまり定型化された「……は統制したのか」「……と比較したのか」という質問は，しばしば分析者自身の準拠問題を見誤っていることがあります。その質問自体があらたな準拠問題を生み出しうる有意味な関連を持つ問い（準拠問題）ではなく，見当違いの「別問題」を問うてしまっているわけですね。そういう的外れな質問を受けたときには，「その問いが私の準拠問題とどのように関連しているのか」と問い返せばよいです。もしかすると相互に利益をもたらす準拠問題の精細化につながっていくかもしれませんし，断絶しているとわかれば時間の無駄が省けます。ドナルド・デイヴィドソンの「概念枠のドグマ」ではありませんが，あ

まりに話が通じないとき，たぶん質問者は別の話を別の理由体系から話しているのでそもそもコミュニケートできているといえるかどうか不分明ですし，逆に，ある程度コミュニケートできているときには，まったく異なる——共訳不可能な——準拠問題について話しているわけではない，といえるでしょう。

　研究会や学会，ゼミというのはそうした共訳可能な準拠問題にそくして，共同的に準拠問題・解の比較を行う場なのです。論争の勝ち負け，言明の真偽，知識の多寡で争うのではなく，共同的に準拠問題を探究する場，それこそが学的共同体の「かけがえのない」機能であると私は考えます。

3 おわりに——社会学の機能

　正直に告白しますが，本書はある講義準備をしていた日にレジュメが長くなってしまい，これを機にふだん学生指導の場で考えていることをとりあえず書いておくか，と思い立ち10日で書き上げたものです。構想1日執筆10日（そしてなんと校正5年……）ということになります。こうした書き方はけっして褒められたものではありませんし，私自身もはじめての体験でした。

　ただ教員生活もそろそろ20年。授業や論文指導の場でバラバラに話してきたことを自分のなかで整理しておきたいという思いがあり，本当に修士課程のゼミ生に話しかけるように書いてしまいました。自身の研究とは別に，「社会学」に入門してくる学生たちになにを伝えるか，どうやったら社会学の卒論やレポート，修士論文になる条件を伝えることができるか，ということは教師としての課題でありつづけてきました。

　なので構想1日とはいいますが，正確には，最初に非常勤で講義をさせていただいた成蹊大学「メディア論」以来，構想20年ともいうべきかもしれません。最後のほうがやや難しくなってしまいましたが，書きたいことはだいたい書いた，あとはフィールドワークやエスノメソドロジー，計量社会学のテキストを読んで，しっかりと方法を身につけてほしい，といった気分です。

社会学という学問については，最近よくテレビでも見る（聞く？）ようになりましたが，学生に「アニメとかアイドルの研究もできるらしい！」と人気がある一方で，いざ卒論やレポートを書く段となると「どうやったら社会学になるのかわからない」というとまどいをもたらすことで悪名高いのもこの学問領域です。たしかにテレビには「……社会学者」という肩書きの人が出ていて「社会」の現象にコメントしたりしているのですが，経済学者やエコノミストのようになんらかの規準にもとづいて話しているようには思われず，アメリカ合衆国の大統領選から芸能人の不倫騒動まで解説できてしまえるのですから，いったいどういう学問なんだろう，と思われても仕方ありません。

　またアニメや映画を素材にして，社会の変化を語ったりする芸風も「社会学」と呼ばれたりしますし，かと思うとコスプレしている人たちにインタビューしたりしている。さらには難しげな統計データを出してきてグラフ化して少子化問題を語っている人もいる。「方法」がどこにあるのか，いまひとつわかりにくい，というのは事実でしょう。「社会学入門」と名乗るテキストを取り出してみても，コントという人がいて……という記述から延々と昔の偉い人たちが紹介されているものもあれば，「いろいろな理論がある」という立場で各章ごとに「いろいろな理論」が紹介されている本もある。冒頭でふれたギデンズの『社会学』などはその典型例でしょう。

　また，世の中には「理論もデータも方法を持たずに印象論を語っているだけの集団」をして社会学者と呼び揶揄する人もいますし，とくに隣接領域でありながら，「入門書で教えるべきこと」が定まっているという自負のある経済学者の視線には厳しいものがあります。それに対して「そもそもウェーバーを君はちゃんと読めていない」「社会学のなんたるかの無知を晒している」とか返されても，別に物理学者はニュートンの原著論文を読む必要がないわけですし，シャノンの原著論文を読まずとも情報理論は学べます。原著を読んでいないとできない学問というのはもちろんあるわけですが，社会学はそういう類の知ということでよいか，というと疑問ではあります。

　ルーマンという有名で評価の高い人の論文を読んでも難しすぎてなにがいいたいのかわからないし，だいたいルーマンの使っている用語を一

切知らなくても社会学者を名乗っている人もいるわけだから,「最新（?）の理論」を共有しているのが社会学者共同体への参入条件ではなさそうです。そこにはバラバラな理論がバラバラなままに散らばっているようにみえます。なので,揶揄されても私自身そんなに強くは言い返せないのです。それは半面の真理をついていると思われるからです。

　しかし一方で,学生が書くものを指導しているときに,「こうすると社会学になるんじゃないか」「これでは社会学的ではない」となんとなく区別できてしまえている自分もいて,以前からその区別の規準がなんなのか,私自身が考え込んだりしていました。

　現在では（専門）社会調査士という資格制度があり,バランスのとれた質的・量的研究法の修得のチャンスは少なくない大学で用意されています。私も大変によいことだと思うのですが,その調査士であることと,たとえば医師であること,法曹であること,そして経済学者であることはどうも違っているように思えるのです。社会調査士のプログラムには社会学者たることの必要条件は用意されているのですが,十分条件がない。必要条件といってもなにも資格がないと調査ができないというわけでもなく,実際私も調査や調査法教育をしつつ,調査士ではありませんし,今後もとるかどうかわかりません。もっと違うところに社会学の「境界線」があるように思うからです。

　自分がやってきた仕事で自分で社会学だと思えるものをピックアップしてみると,理論研究,歴史研究,概念分析と呼ばれるエスノメソドロジー系の仕事,学説史というか社会学の社会史みたいなもの,それと計量研究……われながら落ち着きがないと思うのですが,どうもどれをとっても一様に意識していると思えることがありました。──「カテゴリー」「意味」の問題です。

　20代のときに書いた『責任と正義』（勁草書房, 2003年）という本では行為や出来事の意味づけが大きな焦点になっていましたし,『広告の誕生』（岩波書店, 2000年）というメディア史研究では「広告である／ない」という区別をどう人びとが達成しているかということを,『〈意味〉への抗い』（せりか書房, 2004年）などでは映画館で「映画をみる・という行為」を人びとがどう意味づけし,それを変化させていったかということを考えていました。

また酒井泰斗さんのご提案もあって取り組んだ，私がどうにも苦手としていたエスノメソドロジー系の概念分析の論文「彼女たちの『社会的なもの』」[1]の主題は，世紀転換期におけるソーシャルワーカーの専門職化の過程で，「社会的・調査」という実践がどのように意味づけられていくのか，ということでしたし，最近取り組んでいるアメリカ社会学史でも，社会学という学問がいかにして「社会」を調査するという実践をとおして自身を再定式化してきたのか，ということが主題になっています。

　2017年に，解体研という（当時の）院生有志のグループとで出した編著『社会にとって趣味とは何か』(河出書房新社)という本では基本的に計量的な手法を使っていますが，そこで問題化しているのも「いかにして人びとがある趣味を自らの趣味であるとするのか」「趣味を持つということの意味は，趣味によって異なるのではないか」ということでした。あまり自覚的に考えたことはなかったですし，実際『責任と正義』以外ではおまけのようにしか出てこないのですが，なんとなく私は「ルーマンならどう考えただろう」と考えながら作業を進めていたように思います。かれの等価機能主義と社会システム理論ですね。

　『社会制作の方法』(勁草書房，2018年)にまとめた理論論文だとルーマンについていろいろ書いたりしているのですが，しかしかれの理論の抽象度はあまりにも高く，他方できわめて示唆的であり，かつ社会学的思考の現時点での到達点であると思うものの／からこそ，気軽に学生に「ルーマンを使ってみたら」とはいえません。「ルーマンを使った社会現象分析」は世に散見されるのですが，日本のみならずドイツ本国の状況を見渡してもけっして生産的な成果を生み出していない（というか，ルーマンの理論に反する使い方がなされている）ように私には思えます。ルーマンの設定した規準は，なにしろ中世以降の社会構造と意味連関の変化であり，分化した機能システムの比較分析ですから，当然抽象度は高くなります。それぐらいの抽象性がないと比較そのものができません。

　そういうわけで，学生さんには，その人の準拠問題に適ったかたちでの先行研究を——先輩の博士課程の院生さんにお願いしている場合がほ

1　酒井泰斗・浦野茂・前田泰樹・中村和生・小宮友根編『概念分析の社会学2——実践の社会的論理』(ナカニシヤ出版，2016年)所収。

とんどですが——提示して，「対象は違うけれども，理論枠組みや方法を真似しましょう」と言い続けることになります。

　その後は各人それぞれがそれぞれのやり方でやってもらうしかないわけですが，学生にダメ出ししたり（「準拠問題を精査して適切にハードルを下げる」という作業だと思っています。），他の方法をすすめたりするとき，たぶん私の念頭にあったのは，「問題意識を立てて，その問題意識において有意味と思われる機能項目を設定せよ」「その機能項目が解答となるような準拠問題を明示せよ」「その対象はだれにとってのどのような準拠問題を解くものであったかを説明せよ」「その際，機能項目にとっての環境（これは人びとが環境と考えたものでもいいし，分析者が検出した文脈でもいい）を明示せよ」「それらの記述が最初の問題意識に適合的かを検証せよ」といった事柄であり——こんな言葉は使いません！　あくまで再構成してみると，ということです——，よくよく考えてみると，それはルーマンやマートンの等価機能主義そのものであったように思います。

　また「資料をある状態の記述に真理値を与える証言として捉えるか，そうではなくて，それ自体が実践的な行為であるのかをその都度確認せよ（いずれであるかを明示せよ）」「それはだれがだれ／なにに対してなしたカテゴリー化なのか」「それは言及（としての使用）なのか使用（としての使用）なのか」といったこと，こちらは，ルーマンのシステム理論に通じる考え方かもしれません。私はかなり大雑把な人間なので，自分の研究では，一応こうしたことを気にはしているのですが，それをルーマンの名前を出して精緻に遵守しようとは考えていません。最初の問題意識に対して適合的な記述であれば，おおよそ遵守していればよい，というイメージです。

　この「おおよそ」という態度が，必ずしも社会システム理論に忠実であるべきだ，とは思わない，もう少し穏やかな準拠集団論——もちろん一個人は複数の準拠集団に属します——に近いものかもしれないと思うようになったのはアメリカ社会学史の文脈でマートンを読み込むようになってからです。つい数年前のことです。

　2000 年代にドイツ語の勉強のつもりで退屈しながら「機能と因果性」を訳出していたのですが，以前ほとんど興味を持てなかったその意味が「わかった！」と感じたのは，本当に 5，6 年前のこと。ここで提示され

ている等価機能主義はたぶんマートンよりも適切であるが，ルーマンの分析課題にまでつきあうつもりはないので，だいたいルーマン的に再構成した準拠集団論でいいのではないか，と思われました。というのは，アメリカの社会学・社会心理学調査においては「準拠集団」という概念を用いて，社会の出来事の記述の多様な可能性とその収束とをなんとか表現しようとしているように感じられたからです。

　院試のときにだけ使った古びた社会学入門書で出てくる「準拠集団」という，どうしようもなく「はあ，それで？」と思えてしまう素朴そうな概念が，かなり切実な問題意識のなかで生み出されてきたことを知ると，俄然輝いてみえてきます。そんなこんなで，講義ではストゥファの「相対的剥奪」などを引き合いに出して準拠集団論と比較の方法などを説明するようになりました。また佐藤俊樹さんの『社会学の方法』（ミネルヴァ書房，2011年）やスメルサーの『社会科学における比較の方法』（玉川大学出版部，1996年）などの助けを借りながら，ときどきは現代的なトピックを扱いつつ，「古典的な研究が，どういう問題をどのようにして解決することをめざしたのか」「かれらはどのようにして比較をおこなったのか」「比較を可能にする準拠集団とはなんだったのか」といった話をするようになりました。2017年1月25日の「社会情報学研究法」の講義の準備をしていたところ，一挙に書き出してしまったのが本書です。

　古典の意義と比較の方法と調査プランを一挙に説明しようというこの講義は私はわりと好きで，いつか本にできたらなあとは思っていましたが，想像以上の速さで書いてしまいました。私には，社会学を経済学のようにスマートな数理モデルで理論化することは不可能ではないけれども，それが「社会学者なら全員知っているべき」範型となるとは思えません。ですが，歳をとったからでしょうか，それとは異なったかたちで，社会学を名人芸ではなく——もちろん芸の巧拙も練習量の効果もあるけれども——基本的に継承可能な，そして方法や理論によってある程度は知見が蓄積されていく方向性を推し進めたいと感じています。

　現在，私が研究対象としている第二次世界大戦前までのアメリカ社会学は，意外なほど「共通語彙」が共同的に模索され，また実際に使われてもいました。大陸系の哲学的な社会理論のような難渋さもなく，とに

かくデータをとりたい，でもどうやったらとれるか，それでなにがいえるのか，どうやってそれで社会改良の方向性を指し示すのか，ということをしばしば対立しつつも共同的に志向していたように思います。

　本書でおすすめしている等価機能主義のみでそうした機能を十分に担えるとは思いませんが，指導学生の人たちにはなるべく明快かつ誠実なかたちで，こんなふうに私は考えるけれども，あなたはどうですか，と問いかけて，「社会学とはなにか」というアイデンティティ・クライシスに陥っている学生さんと対話していきたいな，と思っています。その話し合いのなかで，実際に書かれる論文が，生活史であれ計量分析であれエスノメソドロジーであれ構築主義であれ，有意味なデータを生み出していってくれることを願っています。「理論」や「思想」を外挿するのだけは勘弁してほしいところです……。

＊

　結局，社会学という共同的プロジェクトは，いったいなにを共有する準拠問題とすべきなのでしょう。

　私はこれを制限することは社会学にとってきわめて難しく，自殺行為にもなりかねないあやうい問いであると思います。しかし，ナチスの台頭でいったん退潮を余儀なくされ，生まれ故郷のドイツやフランスから遠く離れたアメリカの地で──制度的にも資金的にも──開花したこの社会学という学問が，「社会問題の解決」という目標を掲げており，どのような対立がある場合でも社会問題を直視し，ありうべき共同性を構想していた，ということは胸のどこかにとどめておいてほしいと思います。

　実質的な始祖ウェーバーもデュルケームも，急激な産業化のなかで人びとが直面している生活世界における問題を準拠問題としていました。相対的にその色彩の薄いジンメルの理論も，実践的な社会改良をめざすシカゴ学派によって「社会問題の理論」として翻案されていきました。「起源が……だから……であるべき」というのは起源学的・語源学的誤謬とでもいうべきもので，私は好みませんが，しかしそうしたスピリッ

2　近年に研究が進んでいるように，実はこの間もドイツ社会学は「生きて」いたのですが，それはまた別のお話ですね。

トのなかで成長してきた学問であること，いわば漸進的な改良主義を志向する「中範囲」の規範理論でもあったことを疑うことはできません。そもそも人びとの意味づけや理解可能性に照準するということ自体が，マルクス主義的な大理論や功利哲学的な演繹的規範理論との距離を示しています。「この研究はどのように社会に役立つのですか」という質問はたしかに犯罪的で応える必要性の薄いものです。しかし，本当に社会学がその問いを消去しきることができるのか，消去したときになにが残るのかはわかりません。

　「社会問題は存在する」——私自身は，このことをきわめて大きな意味を持つ共同的な準拠問題の「他でもありうる」が，有力ではある解答の一つであると考えています。

　予想外に長くなってしまいました。

　ご清聴，ご精読ありがとうございました。

あとがき

　本書を，データをみて思考し考えることのおもしろさと難しさとを，私の人生においてはじめて教えていただいた，故権田雅幸先生に捧げたいと思います。

　私は自著をだれかに捧げるということはこれまであまりしてきませんでしたし，これからもすることはそうはないでしょう。しかし，この本は，権田先生の講義，講義本を強く意識し，暗記合戦でも知識の多寡を競うのでもなく，共同的に「考える」という営みのおもしろさを18歳だか19歳だかの私に教えてくれた権田先生のご講義の記憶を想起しながら，書かせていただきました。権田先生は，河合塾の地理の担当講師で，いつも講義前に差し入れされるビールを飲みながら講義されるという，いま考えるとなかなかすごいスタイルですが，地理という科目を媒介として，高校生までの勉強と，大学からの学問とを架橋してくれたすばらしい先生でした。

　権田先生は，地理という受験科目を通じて，いくつかの自然環境に関する法則性を持つ知識と，いまになって思うと「社会学的な」としか形容しようのない思考の枠組を備えていれば，無理に暗記に走らなくても，人文・自然科学的な地理の理は理解できるのだ，ということを丹念に教えてくれました。

　よく記憶に残っているのが，権田先生が受講生に「仮想の東大地理入試問題」をつくらせていたことです。いまはどうなのかよくわかりませんが，当時の東大入試の地理は，暗記科目というよりは，基本的な人文・自然地理学的知見，あるいは社会学的な知見をそなえていれば，とくに無理して地名を暗記しなくても解けるような，どこか知的な好奇心をくすぐるパズルのような問題が出題されていました。その過去問を見ながら，講義をふまえて自分で過去問をつくってみろ，というのです。「過去問」をつくるという作業は，なにが重要かつ，ある種の推論から論理的に知識を生み出しうる知識であるかを識別し，その知識を炙り出すために地理学的なデータを探索するという実践であり，私がそれまで

277

体験したことのないような，頭の働かせ方を要するものでした。

　大学で講義を持つようになってからも，権田先生のこうした独特の講義スタイル，課題設定の仕方は忘れることができず，なんとか講義で似たようなことができればなあ，とつねづね思っていました。質的であれ量的であれ，データをもとに「準拠問題」に取り組んでいく社会学は，権田先生が教えてくれたような思考様式・教育のシステムの強みがいかんなく発揮される場であると考えていたのです。

　いつか権田先生の講義録のような，「問い」自体を喚起する講義録的な本をつくりたいと考えていました。ちょうど出身大学の同期にあたる有斐閣の松井智恵子さんから教科書執筆のお話をいただいたとき，これこそ権田スタイルで書くチャンスだと思い，喜んでお引き受けしました。実際に松井さんにテープ起こしなどをしていただいたのですが，しかし，大人数を相手にした私の講義はおおよそ権田先生のそれに比せるようなものではなく，つくづく教育者としての権田先生の偉大さをかみしめながら，長らくお蔵入りになっておりました。

　転機は 2012 年ぐらいに訪れました。社会調査法の講義で，初心者向けに社会統計などをおこなうようにもなり，その際も統計学の技術的なことよりなにより，数字を使うことの意味そのものを伝えることがいかに難しいかを痛感しました。そこでふたたび権田先生の講義様式を思い返し，想定問題をつくりながら，「暗記しなくても，考えればわかる」「逆に，いかに『理論』を知っていても考えないとわからない」ということを伝えることを目標に掲げ，講義を組みなおしました。そうして何年か繰り返されたその講義の準備をしていたとき，なぜか筆が走り，それまで講義でやってきた事柄をつらつらと書き出しはじめ，気がついたら 10 日ほどでほとんどこの分量になっていました（修正・校正にとんでもない時間がかかってしまったのですが）。

　長らくご連絡もせず，ご迷惑をおかけしていた松井さんに急いで連絡をとり，四竃佑介さんに引き継いでいただき，出版の準備にとりかかってできたのが本書です。積年の宿題をやっと果たすことができました。本当はもっと凝った，権田先生をうならせるような「問題」をつくりたかったのですが，いまの私ではまだ力不足のようです。しかし，あらためて，「社会学する」だけではなく，「社会学を教える」ということの意

味を考える機会を得ることができました。この過程で，荒削りの草稿を部分的あるいは全体的にお読みいただいた浅井健一郎さん，稲葉振一郎さん，岸政彦さん，酒井泰斗さん，中河伸俊さん，前田泰樹さん，三谷武司さん，吉川浩満さん，そして個別のお名前を挙げることはかないませんが，受講生のみなさんに，心よりお礼を申し上げたいと思います。

　いまは亡き権田先生におほめいただけるとはとうてい思えませんが，30年越しのお礼として，本書を捧げます。50代に突入したいま，教育することの「力」を教えてくれた先生の意志を私なりに受け取った証文です。天国でのビールのつまみにしていただければ，それに勝る喜びはありません。

　　2022年8月

　　　　　　　　　　　　　　　　　　　　　　　北田 暁大

索　引

人名索引

実況中継・社会学──等価機能主義から学ぶ社会分析

Sociology Lectures on Live:

Introduction to The Theory and Perspectives of Functional Equivalence

2022 年 9 月 30 日　初版第 1 刷発行

著　　者	北田暁大
発 行 者	江草貞治
発 行 所	株式会社有斐閣

〒 101-0051　東京都千代田区神田神保町 2-17

http://www.yuhikaku.co.jp/

印　　刷	株式会社理想社
製　　本	大口製本印刷株式会社

© 2022, Akihiro Kitada.　　　　　　　　　　　Printed in Japan

ISBN 978-4-641-17444-3